# 현대 한국어
# 방위명사 연구

# 현대 한국어
# 방위명사 연구

곽 휘 지음

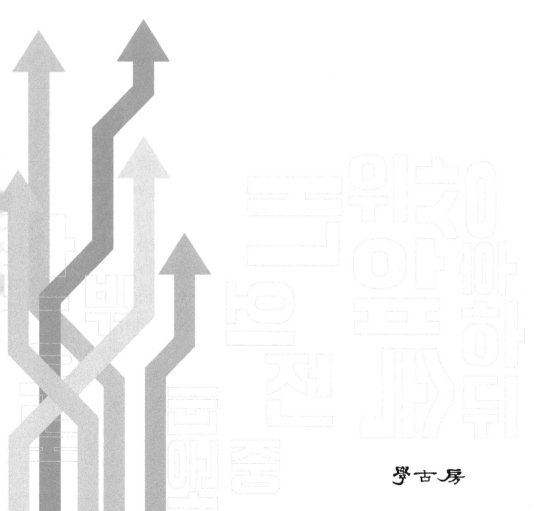

學古房

　　이 연구는 현대 한국어에서 공간 개념을 나타내는 방위명사를 대상
으로 하여, 방위명사의 의미를 살펴보는 데 목적을 둔다. 더 나아가
고유어 방위명사와 한자어 방위명사의 의미 차이를 밝히며 중국어
방위명사와 대조하여 한·중 방위명사의 공통점과 차이점도 찾아낼
것이다.

　　방위명사에 대한 연구를 보면, 인지언어학을 바탕으로 방위명사의
의미를 논의한 연구가 많은 비중을 차지하고 있다. 그런데, 한국어
고유어 방위명사를 대상으로 한 연구는 많지만 한자어 방위명사에
대한 체계적인 연구는 아직 보이지 않는다. 특히, 한자어 방위명사의
통사적 특징, 단어결합의 양상, 의미 기능 등에 관한 연구가 많이 미흡
하다. 한자어 '상', '하', '전'과 '후' 등 방위명사도 고유어 '위', '아래',
'앞'과 '뒤'처럼 공간적 의미, 시간적 의미와 추상적 의미를 모두 가지
고 있다. 본고는 선행연구에서 이루어진 고유어에 대한 논의를 바탕
으로 하여, 한국어 고유어 방위명사의 의미 기능, 한자어 방위명사의
통사적 특징, 형태적 구조와 의미 기능을 살펴보고, 고유어 방위명사
와 한자어 방위명사를 사용하는 데 나타나는 공통점과 차이점을 찾아
냈다. 아울러, 한국어 방위명사와 중국어 방위명사의 비교연구도 시
도하였다. 한국어는 영어 등 서구어와 달리 공간적 위치 개념이 명사
를 통하여만 실현된다. 이 점은 중국어와 비슷하지만 한국어에는 공

간적 위치를 나타내는 방위명사가 '위, 아래, 앞, 뒤' 등 고유어와 함께, '상, 하, 전, 후' 등 한자어가 존재한다는 점에서 상황이 다르다.

방위명사의 기본적 의미, 즉 원형의미는 공간적 위치를 가리키는 것이다. 예를 들면, '꽃병이 책상 위에 놓여 있다'에서는 방위명사 '위'가 '어떤 기준보다 더 높은 쪽, 또는 사물의 중간 부분보다 더 높은 쪽'의 의미로 나타나 '꽃병'의 위치가 '책상'보다 '높다'를 말한 다. 하지만, 방위명사의 의미는 공간에서 그치지 않는다. '중국의 역사 는 위로 5000년 전까지 거슬러 올라간다'에서 '위'는 시간적 의미를 나타내고, '위로는 회장에서, 아래로는 평사원까지 모두 수련회에 참 석하였다'에서 '위'와 '아래'는 각각 '힘과 권력이 있는 사람', '힘과 권력이 없는 사람'을 가리키는 추상적 의미이다. 한자어 방위명사도 마찬가지이다. '진흙 중에서 나온 연꽃'에서 '중'은 '안이나 속'의 공간 적 의미로 나타나지만, '그는 내일 중으로 출국할 예정이다'에서의 '중'은 '어떤 시간의 한계를 넘지 않는 동안'의 시간적 의미로 나타나 고, 문법화 과정을 거쳐 '여행하던 중에 만난 사람'에서처럼 '중'이 '무엇을 하는 동안'과 같은 시제의 의미로 나타날 수도 있다. 이처럼 고유어 방위명사와 한자어 방위명사는 모두 공간적 의미뿐만 아니라, 시간적 의미와 추상적 의미도 가지고 있다. 본고는 방위명사의 이러 한 의미적 특징에 대하여, 《표준국어대사전》에서 실린 뜻풀이를 바탕 으로 하여 방위명사의 공간적 의미, 시간적 의미와 추상적 의미를 자세히 살펴보았다. 특히 시간적 의미를 살펴볼 때 시간어와 공간어 의 관계를 살펴보았고, 방위명사의 추상적 의미가 대부분 은유 및 문법화와 밀접한 연관을 가지고 있기 때문에 그와 관련하여 추상적 의미가 공간적 의미에서 어떻게 전이해왔는지도 살펴보았다.

제1장에서는 연구목적을 제시하고 연구대상을 선정한 다음 방위명사에 대한 선행연구를 검토하였다. 그리고 본격적인 논의를 시작하기 전에 방위명사의 기본적 이론을 소개하고 설명하였다. 이 부분에서 먼저 공간 개념을 소개한 다음에 그간 사용하던 공간 개념에서 나타나는 용어를 정리하고, 공간어에 새로운 정의를 부여할 필요가 있다. 그 다음에 한국어 방위명사의 양상을 검토하기 전에, 유형론 관점에서 세계 다른 언어에서 공간 위치를 나타나는 문법 개념을 어떻게 표현하고 있는지 살펴보았다. 예를 들면, 영어, 러시아 등 서구어와 중국어, 일본어 등 언어에서 공간적 위치를 나타나는 문법 개념을 소개하였다. 그 다음에 이를 바탕으로 한국어 방위명사의 양상을 보면서 방위명사의 의미와 관련된 은유 및 문법화 개념도 언급하였다.

제2장에서는 본격적으로 고유어 방위명사의 의미 특징을 살펴보았다. 여기서는 《표준국어대사전》에 실려 있는 뜻풀이에 따라 '위/아래(밑)', '앞/뒤', '안(속)/밖'과 '가운데'의 공간적 의미, 시간적 의미와 추상적 의미를 살펴보았다. 특히, 시간적 의미와 추상적 의미는 지향은유와 존재은유를 도입하여 자세히 논의하였고, '밖'의 추상적 의미는 문법화에 관련된 개념으로 설명하였다. 이 부분의 내용은 주로 자립명사로서의 방위명사를 고찰할 것이지만, 논의의 필요에 따라 고유어 방위명사로 만든 복합어도 언급하였다.

제3장에서는 한자어 방위명사의 의미기능, 형태적 구조와 통사적 특징을 살펴보았다. 여기서는 《표준국어대사전》에 실려 있는 뜻풀이에 따라 '상/하', '전/후', '내'/'외', '중'의 공간적 의미, 시간적 의미와 추상적 의미를 살펴보았다. 이 부분의 내용은 자립명사로서의 방위명사를 고찰할 뿐만 아니라, 방위명사로 만든 복합어도 의미에 따라

자세히 논의하였다. 특히 '상'과 '하'는 일부 명사 뒤에 붙어 문법화 과정을 거쳐 추상적 의미로 나타나는데 '-상'과 '-하'는 문중에서 주로 관형어와 부사어의 역할을 하고 있으며 그 뒤에 '에', '에서', '로' 등 다양한 조사가 들어갈 수 있다. 여기서 '-상'과 '-하'가 조사와 결합하는 양상을 살펴보면서 어떤 규칙이 있는지를 밝혔고, 또한 '-상'과 '-하'의 의미에 따라 앞에 오는 명사를 분류하는 작업도 하였다.

고유어 방위명사와 한자어 방위명사는 모두 공간적 의미, 시간적 의미와 추상적 의미를 가지고 있지만 실제 사용 면에서 공통점과 차이점이 여럿 나타날 수 있다. 제4장에서는 공간적 의미 및 시간적 의미와 추상적 의미에서 나타나는 고유어 방위명사와 한자어 방위명사의 공통점과 차이점을 밝혔으며, 또한 중국어 방위명사와 대조하여 한·중 방위명사의 비교 연구도 하였다.

제5장에서는 이 책의 논의를 정리하며 남은 문제를 제시하였다.

제1장

# 서 론

## 1. 연구목적 및 대상

이 연구는 현대 한국어에서 공간 개념을 나타내는 방위명사를 대상
으로 하여, 방위명사의 의미특징을 살펴보는 데 목적을 둔다. 더 나아
가 한국어 고유어 방위명사와 한자어 방위명사의 의미 차이를 밝히고
중국어 방위명사와 대조하여 한·중 방위명사의 공통점과 차이점도
찾아낼 것이다.

공간 개념과 관련된 문법 형식은 보통 공간을 표현하는 어휘를
통하여 실현된다. 공간을 표현하는 어휘로는 먼저 지리적 공간 위치
를 나타내는 '동', '서', '남'과 '북' 등 방위명사를 말할 수 있다. '동',
'서', '남'과 '북'은 기본적으로 지리적 위치를 나타내지만, '존비', '생
사'와 '오행' 등 많은 문화적 의미와 깊은 연관을 가지고 있기 때문에
본고는 이들을 연구대상으로 삼지 않는다. 본고에서 말하는 공간을
표현하는 어휘는 보통 일반적 공간 위치와 관련되는 '위/아래', '앞/뒤'
등의 명사를 말하는 것이다. 그 외에는 공간이 감각과 관련되는 '크다/

작다', '길다/짧다', '가깝다/멀다' 등 이른바 공간감각어 형용사가 있다.[1] 본 연구는 공간 개념 중에 공간 방향 및 위치와 직접적인 관련이 있는 '위/아래', '앞/뒤' 등 방위명사를 연구대상으로 삼고, 공간 지각과 관련되는 대상물의 크기, 거리, 상태 등을 표현하는 공간감각어는 논의하지 않는다.

영어의 경우, 명사의 하위 부류에 속하는 'front, back, top, bottom' 등 공간 명사도 있지만 방향 및 위치와 같은 문법 개념은 주로 전치사를 통하여 실현된다.[2] 예를 들면, 'in, on, under, below, above' 등 공간 전치사가 명사 앞에 나타나 두 사물의 위치 관계를 표현한다. 중국티베트어족에 속하는 중국어에서는 방위명사를 통하여 공간적 관계를 나타낸다. 하지만, 중국어의 방위명사에 속하는 '上'과 '下'는 단순히 공간명사의 역할을 수행할 뿐만 아니라, 동사, 심지어 결과보어(結果補語)로 나타날 수도 있다. 한국어는 영어 등 서구어와 달리

---

1) 최현배(1971)에서 공간 감각과 관련된 공간 감각어를 다음과 같이 분류하였다.
　ㄱ. 시각적
　　a. 빛: 검다, 희다, 푸르다, 누르다, 붉다
　　b. 볕: 밝다, 어둡다
　ㄴ. 시간, 공간 감각
　　a. 시간: 빠르다, 더디다, 지루하다, 급하다, 늑다, 이르다, 늦다
　　b. 공간: ① 뜨기: 멀다, 가깝다.
　　　　　　② 물형: 크다, 작다, 길다, 짧다, 좁다, 둥글다, 모나다, 바르다, 비뚤다, 비뚜름하다, 곧다, 굽다
　　　　　　③ 상하: 높다, 낮다, 깊다, 얕다, 돋다, 뾰족하다
2) 전치사: 인도 유럽어족 문법에 있어서 명사나 대명사의 앞에 놓여, 두 요소를 연결시켜서 다른 품사와의 관계를 나타내는 의미 기능을 하는 품사이다.

공간적 위치 개념이 명사를 통해서만 실현된다. 한국어에서 공간적 위치를 나타내는 방위명사는 '위, 아래, 앞, 뒤' 등 고유어도 있고, '상, 하, 전, 후' 등 한자어도 존재한다는 점에서 중국어 연구와 구별되는 고려사항이 한 가지 더 있는 셈이다.

방위명사의 기본적 의미, 즉 원형의미는 공간적 위치를 가리키는 것이다. 예를 들면, '꽃병이 책상 위에 놓여 있다'에서는 방위명사 '위'는 '어떤 기준보다 더 높은 쪽, 또는 사물의 중간 부분보다 더 높은 쪽'의 의미를 나타내 '꽃병'의 위치가 '책상'보다 '높다'는 것을 말하는 것이다. 하지만, 방위명사의 의미는 공간에만 그치지 않는다. '중국의 역사는 위로 5000년 전까지 거슬러 올라간다'에서 '위'는 시간적 의미를 나타내고, '위로는 회장에서, 아래로는 평사원까지 모두 수련회에 참석하였다'에서 '위'와 '아래'는 각각 힘과 권력이 있는 사람, 힘과 권력이 있는 사람 없는 사람을 가리키는 추상적 의미를 나타낸다. 한자어 방위명사도 마찬가지이다. '진흙 중에서 나온 연꽃'에서 '중'은 '안이나 속'의 공간적 의미를 나타내지만, '그는 내일 중으로 출국할 예정이다'에서의 '중'은 '어떤 시간의 한계를 넘지 않는 동안'의 시간적 의미를 나타내고, 문법화 과정을 거쳐 '여행하던 중에 만난 사람'에서처럼 '중'은 '무엇을 하는 동안'과 같은 시제의 의미를 나타낼 수도 있다. 이처럼 고유어 방위명사와 한자어 방위명사는 모두 공간적 의미뿐만 아니라, 시간적 의미와 추상적 의미도 가지고 있다. 본고는 방위명사의 이러한 의미적 특징을 대상으로 하여, 《표준국어대사전》에 실린 뜻풀이를 바탕으로 하여 방위명사의 공간적 의미, 시간적 의미와 추상적 의미를 자세히 살펴볼 것이다. 특히 시간어와 공간어의 관계, 그리고 방위명사의 추상적 의미는 대부분 은유 및 문법화와 밀접한 연관을 가지고 있기 때문에 추상적 의미가 공간적 의미에서 어떻게 전이해왔는지도 살펴볼 것이다.

한자어 방위명사 중에 특히 '상'과 '하'는 일부 명사 뒤에 붙어 문법화 과정을 거쳐 추상적 의미를 나타낼 수도 있다. 예를 들면, '건강상, 관리상, 성격상, 경영상' 등에서의 '-상'은 '그것과 관계된 입장, 또는 그것에 따름'의 뜻이고, '지배하, 인도하, 계획하, 배경하' 등에서의 '-하'는 '그것과 관련된 조건이나 환경'을 가리키는 것이다. '-상'과 '-하'는 접사로서 앞에 다른 명사와 결합하여 문중에서 주로 관형어와 부사어의 역할을 하고 있으며 뒤에 오는 체언이나 명사구 사이에 '에', '에서', '로' 등 다양한 조사가 들어갈 수 있다. 이 연구에서는 '-상'과 '-하'가 조사와 결합하는 양상을 살펴보면서 어떤 규칙이 있는지 밝힐 것이고, '-상'과 '-하'의 의미에 따라 앞에 오는 명사를 분류하는 작업도 수행할 것이다.

한국어에는 고유어 방위명사와 한자어 방위명사가 공존한다. 고유어 방위명사와 한자어 방위명사는 모두 공간적 의미, 시간적 의미와 추상적 의미를 가지고 있지만 구체적인 의미와 사용 제한 조건에 따라 실제 사용 면에서는 많은 공통점과 차이점이 나타날 수 있다. 본고는 공간적 의미, 시간적 의미, 추상적 의미 면에서 고유어 방위명사와 한자어 방위명사가 가진 공통점과 차이점을 밝힐 것이며, 나아가 한자어 방위명사와 밀접한 연관이 있는 중국어 방위명사와의 비교 연구를 통하여 한국어 방위명사와 중국어 방위명사의 차이도 찾아낼 것이다.

홍종선(1992)에서는 공간 개념에서 나타나는 어휘는 위치어라고 부르고 위치어와 관련된 낱말은 '위, 아래, 앞, 뒤, 안, 밖, 겉, 속, 옆, 곁, 사이, 틈, 가운데, 왼쪽, 오른쪽' 등이 있다고 하였다. 본고에서는 이 중에 사용 빈도가 제일 높은 '위, 아래, 앞, 뒤, 안, 밖, 가운데'를 고유어 방위명사로 연구대상으로 삼고, 각 방위 개념에 해당하는 한 자어도 같이 논의할 것이다. 이 외에 '아래'와 비슷한 의미를 가지고 있는 '밑', '안'과 비슷한 의미를 가지고 있는 '속'도 본고의 연구대상에 포함시켰다. 본고의 연구 대상으로 삼는 방위명사의 목록은 아래 〈표 1〉과 같다.

〈표 1〉 연구 대상

| 방위명칭 | 고유어 | 한자어 |
|---|---|---|
| 上下 | 위, 아래/밑 | 상, 하 |
| 前後 | 앞, 뒤 | 전, 후 |
| 內外 | 안/속, 밖 | 내, 외 |
| 中 | 가운데 | 중 |

본고의 연구 대상이 〈표 1〉과 같이 선정되는 이유로는 세 가지로 들 수 있다.

첫째, 홍종선(1992)에 따르면 위치어는 공간적 위치어와 시간적 위치어로 나뉘고 공간적 위치어와 관련된 낱말은 '위/아래', '앞/뒤', '안/밖'과 '가운데' 등뿐만 아니라, 좌우를 나타내는 '왼/오른-', 측위를 나타내는 '옆', 다른 위치 관계를 표현하는 '곁', '끝', '가장자리' 등도 있다. 하지만, 실제 용례를 보면 '왼/오른-', '곁', '끝', '가장자리' 등이 공간적 의미를 나타내는 빈도는 '위/아래', '앞/뒤'와 '안/밖'보다 훨씬 낮은 편이다. 이러한 이유로 본고는 출현 빈도가 제일 많은 '상하', '전후', '내외'와 '중간'이라는 위치관계에 해당하는 어휘들을 선정하여 연구 대상으로 삼았다.

둘째, 본고는 방위명사의 의미적 특징을 살펴보는 데 목적을 두고 있고, 특히 의미적 특징에서 방위명사의 공간적 의미, 시간적 의미와 추상적 의미를 자세히 논의할 것이다. '위/아래', '앞/뒤'와 '안/밖' 등 방위명사는 공간적 의미, 시간적 의미와 추상적 의미를 모두 가지고 있고, 각 의미는 또 다양하게 여러 가지로 나눌 수 있다. 예를 들면, '위'의 공간적 의미는 '어떤 기준보다 더 높은 쪽, 또는 사물의 중간 부분보다 더 높은 쪽', '길고 높은 것의 꼭대기나 그쪽에 가까운 곳', '어떤 사물의 거죽이나 바닥의 표면', '글 따위에서, 앞에서 밝힌 내용'과 '강 따위의 물이 흘러가는 반대 방향이나 부분' 등 다섯 가지로 나눌 수 있다. 반대로, '겉', '옆', '곁', '왼/오른-' 등은 '위/아래', '앞/뒤', '안/밖'과 달리 공간적 의미, 시간적 의미와 추상적 의미를 모두 가지고 있지 않고 이 중의 한 가지 의미만 가지는 경우가 많다. 예를 들면, 《표준국어대사전》에 따르면, '옆'은 공간적 의미만 가지고 있으며 '겉'은 공간적 의미와 추상적 의미만 가지고 있다. 추상적 의미를 가지고 있더라도 '위/아래', '앞/뒤'와 '안/밖'과 달리 다양하게 나타나지 않고 한 가지 의미만 가지고 있다. 이처럼 '겉', '옆', '곁', '왼/오른-' 등의 방위명사는 의미가 단조롭기 때문에 논의대상으로 삼기가 마땅하지 않다.

셋째, 본고는 방위명사의 의미적 특징을 살펴볼 뿐만 아니라, 고유어 방위명사와 한자어 방위명사의 의미 차이도 논의할 것이다. '위/아래', '앞/뒤', '안/밖' 등 고유어 방위명사는 해당하는 한자어 방위명사 '상/하', '전/후', '내/외'가 존재하기 때문에 고유어 방위명사와 한자어 방위명사의 비교 연구를 진행할 수 있지만 '겉', '옆', '곁' 등 고유어 방위명사는 해당하는 한자어 방위명사가 없기 때문에 고유어 방위명사와 한자어 방위명사의 비교 연구를 진행할 수 없다.

이상의 세 가지 이유로 본고에서는 고유어 방위명사 중 '위/아래(밑)', '앞/뒤', '안(속)/밖', '가운데'와 해당하는 한자어 고유명사 '상/하', '전/후', '내/외', '중'을 연구대상으로 선정하여 논의를 진행할 것이다. 논의의 필요성에 따라 방위명사뿐만 아니라, '상급'과 '사실상'처럼 '상', '하', '전', '후', '내', '외'와 '중' 요소가 어근이나 접사로 나타나 생성된 복합어도 함께 다룰 것이다.

## 2. 선행연구 검토

방위명사와 관련된 선행연구는 주로 인지언어학을 바탕으로 하며, 고유어 방위명사를 중심으로 하는 연구들이다. 박경현(1986)에서는 上下, 前後, 左右, 內外, 側位 관계를 지시하는 공간개념어의 의미를 고찰하였다. 이 논문에서 방위명사는 공간 개념어를 가리키고, 공간을 차지하고 있는 대상의 위치, 방향, 크기, 거리, 상태 등을 인식하는 지각능력 곧 공간지각을 통하여 얻는 개념을 나타내는 낱말을 총칭하는 용어라고 하였다. 그 다음에 상하개념어, 전후개념어, 좌우개념어, 내외개념어와 측위개념어로 나누어 '위/아래', '앞/뒤', '왼-/오른-', '안/밖'과 '옆, 곁'의 공간적 의미와 의미영역의 확장 양상을 살펴보았다. 의미를 살펴볼 때, 공간 개념어가 단어의 구성요소로서 만든 복합어의 의미도 같이 고찰하였다. 박경현은 이 논문에서 세 가지 결론을 내렸다. 첫째, 자연언어의 의미연구에서 공간개념어를 고찰하는 경우, 임의의 영점과 벡터(vector)를 가지는 기하학적 공간과는 달리 3개의 축을 가지는 좌표체계에 대하여 말하는 것이 일반적이다. 둘째, 상하,

전후, 좌우, 내외, 측위 관계를 지정하는 공간개념어들은 참조대상이 본질적, 전형적 또는 상황지시적인 방향체계를 가지느냐의 여부에 따라 해석방법이 다를 수 있다. 이들 공간개념어들은 기준점에 따라 상대적으로 결정된다. 셋째, 공간개념어들은 대상의 상대적 위치나 방향을 나타내는 관계적 의미를 가질 뿐만 아니라, 그 의미영역이 확장되어 시간적인 관계 더 나아가 추상적인 관계를 나타내는 의미를 가질 수 있다.

임혜원(2003)에서는 인지언어학을 바탕으로 하여, 실제 대화 말뭉치에 나타난 한국어 사용자의 공간 은유의 양상, 유형, 성격 등을 살펴보았다. 이 논문에서는 공간 은유와 관련된 다양한 도식 가운데 이동 도식, 그릇 도식, 척도 도식의 세 가지 영상도식을 중심으로 분석하였다. 이 중에 그릇 도식 은유는 다시 '몸은 그릇', '건물은 그릇', '장소는 그릇', '소속은 그릇', '범위는 그릇', '통합체는 그릇', '사건은 그릇'으로 나누고, 척도 도식은 다시 수직적 척도 도식 은유와 수평적 척도 도식 은유로 나눠서 살펴보았다. 수직 공간 은유는 '많은 것은 위, 적은 것은 아래' 은유에 기초하여 '위/아래' 기본 도식에 근거하여, 사건, 사회 문화적 현상, 물리적 심리적 활동 등과 같은 경험 내용을 이해하는 방식이라고 하고, 수평 공간 은유는 '나는 가까운 것, 남은 먼 것' 은유에 기초하여 수평적 척도 도식에 근거하여 사건, 사회 문화적 현상, 물리적 신체적 활동과 같은 경험 내용을 이해하는 방식이라고 할 수 있다고 하였다.

서은(2004)에서는 인간의 신체적·문화적 체험을 기반으로 한 은유가 개념화 과정에서 중심적인 역할을 한다고 보고, 체험주의적 관점에서 공간어에 나타나는 개념적 은유의 양상을 살펴보았다. 이 논문에서는 먼저 은유의 종류를 존재은유, 지향은유와 구조은유로 나누어 그 특성을 살핀 다음에 《21세기 세종계획 연구·교육용 현대 국어 말뭉치》에서 추출한 자료를 중심으로 '가운데, 간, 곁, 구석, 귀퉁이, 근처, 꼭대기, 끝, 내, 둘레, 뒤, 모, 모퉁이, 밑, 바깥, 바닥, 밖, 복판, 사이, 상, 속, 아래, 안, 앞, 어름, 언저리, 옆, 외, 위, 전, 주변, 주위, 중, 중간, 중심, 중앙, 지경, 짬, 테두리, 틈, 하'에 나타나는 개념적 은유의 양상을 구체적으로 살펴보았다. 공간어에 나타나는 존재 은유의 양상을 살펴본 결과 공간어는 '그릇은유', '장소은유', '사물은유'의 과정을 통해 은유적으로 개념화된다는 것을 확인할 수 있고, 지향은유에는 '위-아래' 은유, '중심-주변' 은유, '안-밖' 은유, '앞-뒤' 은유의 과정을 통해 은유적 개념화된다는 것을 확인할 수 있다고 하였다.

노재민(2009)에서는 공간과 낱말들을 인지 의미론적 관점에서 살펴보았다. 이 논문에서는 먼저 공간어들을 차원을 기준으로 분류한 후 기본적 의미자질을 제시하고, 공간어의 정도성 탐색 실험 결과를 참고하여 원형의미를 설정하였다. 그 다음에 공간어의 의미확장 양상을 차원을 기준으로 살펴본 결과를 보면, 공통적으로 '은유적 방식'을 통해 의미를 확장해 가는 양상을 확인할 수 있었고, 특히 의미확장의 방향은 공통적으로 '공간영역→시간영역→추상영역'의 방향으로 진행된다고 하였다. 1차원 공간어의 경우, 방향과 관련된 공간어들은 대체로 물리적인 공간개념의 원형의미가 사용빈도상 매우 높다고 하고, 2차원 공간어인 '넓다/좁다'의 경우는 공간영역과 추상영역의 의미확장은 정상적으로 진행되지만 시간영역은 의미의 확장이 일어나지 않는다고 하였다. 그리고 3차원 공간어 중에서 '굵다/가늘다'의 경우는 공간영역에서 다른 영역으로의 의미확장이 활발하지 않은 것이 특징이지만 '크다/작다'의 경우에는 모든 영역에서 활성화되어 의미가 고르게 사용되고 있다고 하였다.

정수진(2010)에서는 인지언어학의 의미 탐구 관점 중 하나인 신체화에 기초하여 한국어 공간어의 의미 확장 양상을 체계적이고 종합적으로 논의하였다. 이 논문에서는 공간은 물리적 실체 및 사건의 공간 정보를 측정하거나 기술할 수 있는 추상적인 환경을 정의하고 공간어는 '점, 선, 면' 등 특정 대상의 형태나 '길이, 넓이, 깊이'와 같은 대상의 차원성, '앞, 뒤, 위, 아래'와 같은 일정한 공간을 차지하고 있는 위치, '넣다, 오르다, 가다'와 같은 공간에서의 대상의 움직임 등 공간 지각을 통해 형성되고 고착된 공간 개념을 나타내는 어휘는 물론이고, '높이 솟은 장대 위에서는 하연 깃발이 나부끼고 있었다'처럼 이들의 결합을 통해 공간 정보를 제공하는 언어 표현을 통틀어 지칭하는 말이라고 하였다. 이 중에 공간 명사는 '점', '선', '면', '입체', '공간', '위치', '방향', '영역', '안', '밖', '앞', '뒤', '위', '아래', '가운데' 등 15개 어휘를 대상으로 하여 다의적 체계를 분석한 다음에, 그 결과 물리적 대상의 형태적 특성 및 특성 특정 부분을 나타내는 공간 명사의 구체적인 공간 의미는 〈범위·한계〉, 〈상황·상태〉, 〈조건·기준〉, 〈원인·이유〉, 〈시간〉, 〈질〉 등의 추상적 의미로 확장된다는 것을 살펴보았다. 지금까지 제시한 선행연구들은 주로 방위명사의 원형 의미와 의미의 확장 양상에 대한 논의이다.

전수태(1996)에서는 한국어의 공간 개념들이 대립관계 또는 반의관계로 되어 있다고 보고 이에 대한 전체적 구조를 반의 관계의 틀 속에서 파악하였다. 이 논문에서는 우선 공간 개념어를 영역별로 '위/아래', '안/밖' 등의 절대 공간과 '앞/뒤', '왼쪽/오른쪽'의 상황 공간,

그리고 '여기/저기/거기' 등의 지시 공간의 세 가지로 나누어 이들이 표현하는 공간 개념어들을 반의 구조의 관점에서 파악하여 보았고, 다음으로는 공간에 퍼져 있는 어떤 지시물이 공간을 점유하고 있는 양상을 수평 공간, 수직 공간, 수평·수직 공간의 세 가지로 나누고 그 지시물이 공간을 차지하는 정도를 '길다/짧다', '넓다/좁다', '높다/낮다', '크다/작다' 등의 대소 반의 관계로 살펴보았다.

신은경(2005)에서는 공간 위치라는 의미 영역에 속하는 단어들을 대상으로 각각의 의미 변화 양상을 통시적으로 살펴보았다. 이 논문에서는 '위치'는 공간에 대한 일차원적, 이차원적, 삼사원적 인식을 반영한 개념이라고 설정하고, '앞, 뒤, 왼, 오른, 옆, 곁, 위, 아래, 꼭대기, 밑, 안, 밖, 속, 겉' 등의 어휘를 대상으로 하여, 이들이 중세국어, 근대국어, 현대국어에서 어떠한 의미로 사용되었는지를 고찰하였다. 예를 들면, '앞/뒤'는 각각 '남/북'을 의미하기도 하였으며, '옆'과 '곁'은 신체어의 의미가 강하였다고 분석하였다.

김한샘(2006)에서는 '앞, 뒤, 위, 아래, 안, 밖, 가운데'의 통시적 의미 변화를 분석하였다. 이들은 구체적인 공간의 의미에서 추상적인 의미로의 전이 현상을 공통적으로 보였으며 가깝게는 의존명사 범주에서 멀게는 어미 범주까지 범주의 확장 전이가 이루어졌다고 하며, 한국어의 관계 공간 명사는 개별 명사에 따라 정도의 차이가 있지만 의미의 측면에서는 '구체적 공간→심리적공간(범위, 양)→조건, 상황→원인→시간→질'의 변화를 보였다고 하였다.

손뢰(2010)에서는 현대 한국어의 위치어 및 관련 단어의 구조적 양상과 어휘 의미적 특징을 살펴보았다. 이 논문에서는 한국어 위치 관련 단어 중 '上下', '前後', '左右', '內外', '表裏'에 해당하는 단어가 복합어의 제1 요소 자리에 나타날 때의 해당 복합어의 형태 구조와 그러한 복합어 속에 나타나는 위치어의 의미를 고찰하였다. 위치어와 관련된 복합어는 주로 '명사+명사'나 '명사+ㅅ+명사'형 합성명사이고, 파생어 위치어보다 합성어 위치어가 더 많다는 형태적 특징을 가지고 있고, 위치어가 문장에서 자립명사로 쓰일 때는 공간적 의미, 시간적 의미와 추상적 의미를 드러내는데, 복합어에서도 그러한 의미를 가지고 있다는 특징을 있다고 밝혔다.

방위명사 중에 '前後', '左右', '內外' 등을 나타내는 낱말을 통틀어 연구대상으로 하여 탐구한 논의도 있지만, 개별 방위명사에 대한 연구도 있었다. 먼저 박지영(1996)에서는 '안, 속, 바깥, 겉'의 의미 성분의 분석을 통한 의미를 분석하였고, 의미 성분을 비교하여 이들의 의미관계(다의성, 유의성, 반의성)를 살펴보았다. 예를 들면, '속'+어근의 복합어에서 '속'은 '마음, 이성, 감성', '곱다', '드러나지 않다', '가운데, 중간', '알맹이', '배', '실제'의 의미를 가지는 다의어임을 알 수 있다고 하며, '드러나지 않다'가 중심의미가 되고 있고, 이들 의미는[-드러나다]의 의미성분을 공통적으로 가지고 있음을 알 수 있다고 하였다.

이정해(1996)에서는 '안, 밖, 속, 겉'을 대상으로 하여, 공간적인 지시 범주가 1차적 의미를 형성하고 있으며, 그 적용범주가 다른 영역으로 확장된 구조를 가지고 있다는 것과 이들 어휘들의 의미와 쓰임의 확대는 공간 관계를 지각하는 인간의 기본적인 능력에 바탕을 두고 이루어진다는 것을 인지 의미론적 방법으로 설명하였다. 이 논문에서는 '안, 밖, 속, 겉'은 우리의 몸을 하나의 용기로서 생각하여 몸의 포함과 벗어남을 그 기준하여 점차 경계가 뚜렷하지 않은 영역에서도 이러한 공간적 인지를 적용하여 확대하였음을 알 수 있다고 하였고, 특히 뚜렷한 장소 개념인 '안/밖'은 공간 개념→(심리적)공간 개념→ 방향(거리 또는 시간)개념→사람으로 그 의미 범주가 전이되었다고 하였다.

조남호(1998)에서는 내외 개념에서 나타난 '안, 밖, 속, 겉'을 대상으로 하여, 이들이 현대국어에 이르기까지 역사적으로 변천해 온 양상을 살펴보았다. 예를 들면, '안'은 15세기 문헌에 나오는 '안'의 의미를 조사하여 '內部, 未達, 父女, 身中'으로 구분하고, '內部'의 의미로는 15세기부터 현대국어에 이르기까지 많이 사용되었다고 하며, '未達'의 의미는 시간 개념어로도 사용되었다고 하였다.

범기혜(2004)에서는 유의 관계에 있는 '앞/뒤'와 '전/후'가 가지고 있는 의미적 특성을 밝혀내고 그들의 공통점과 차이점을 살펴보았다. 이 논문에서는 '앞/뒤'와 '전/후'의 독립된 단어로서의, 단어 속의 한 성분으로서의, 또는 공기관계를 이루는 한 부분으로서의 의미적 특성을 살펴보면서, 독립된 단어로 쓰일 때 '앞'은 고유어로서 공간 개념을 주로 나타내는 반면에 '전'은 한자어로서 시간 개념을 주로 나타난다고 하였고, 같은 경우에 '뒤'는 고유어로서 공간 개념과 시간 개념을 모두 나타낼 수 있지만 '후'는 한자어로서 시간 개념만 나타낸다고 하였다.

유현경(2007)에서는 유의 관계에 있는 어휘쌍인 '속'과 '안'의 결합 관계와 의미를 말뭉치 용례 분석을 통하여 살펴보았다. 이 논문에서는 '속'과 '안'은 공통적으로 '어떤 물체의 둘레로 싸인 가운데 부분'의 의미를 가지고 있으며 각각의 어휘가 독자적으로 가지는 의미 영역도 있다고 밝히면서 '속'은 기본적 의미는 부피가 있는 물체의 둘레 가운데 부분을 가리키고, 이러한 의미가 전이되어 '어떤 상태나 상황이 지속되는 가운데'의 의미를 가질 수 있다고 하였다. '안'은 '한계 지정'을 기본적인 의미로 하고 있기 때문에 시간적 범위를 한정할 때 쓰일 수 있게 한다고 하였다.

김건희(2009)에서는 '밖에'의 의미와 형태에 대하여 살펴보았다. 이 논문에서는 먼저 '부정극어'와 '논항성'에 대한 살펴보았고, 특히 '밖에'의 형태, 의미적 특징이 잘 나타나는 '부정극어'로서의 면모에 대해 자세히 고찰한 결과 '밖에'는 일반 부정극어와 다른 준-부정극어로 볼 수 있다고 하였다. 그 다음에 현대 국어와 이전 시기인 개화기 국어에 나타난 '밖에'에 대해 말뭉치를 통해 유형별로 분류하고 그 빈도를 살펴보았다.

유혜원(2008)에서는 명사구에서 공간의 의미를 가지는 명사의 특성을 살펴보고, 명사구의 구성과 명사구를 이루는 명사들의 의미적 속성의 상관성에 대해 고찰하였다. 이 논문에서는 명사구의 하위 구조를 나누는 기준이 되는 것으로 양식 공간 명사와 서술성 명사를 들 수 있다고 하며, 명사의 의미적 속성과 특정 의미 속성들의 조합은 명사구 구성을 분석하는 데 중요한 기준이 된다고 하였다.

손평효(2012)에서는 공간을 나타내는 '앞'과 '뒤'의 의미 변화와 그에 따른 문법화, 그리고 '앞', '뒤'가 결합함으로써 형성되는 낱말들의 짜임새와 의미적 특성에 대한 논의하였다. 이 논문에서는 먼저 중세부터 현대국어까지 '앞'과 '뒤'의 의미와 의미 변화의 양상을 보여주면서 구체적인 공간을 나타내는 것이 '앞/뒤'가 가진 본디 의미이겠지만 중세국어와 근대국어를 거치면서 시간적 의미와 추상적 의미로 계속 확장되어 가는 것으로 나타난다고 하였다. 그 다음에 '앞'과 '뒤'

로 형성된 합성어와 파생어를 유형화 시키고, 그 짜임새를 분석하면서 합성어와 파생어의 의미도 살펴보았다.

고영근(1980)에서는 한자어 '중'을 대상으로 한국어의 진행상 형태를 처소론적 관점에서 해석하였다. 이 논문에서는 한국어 진행상 형태로 지금까지 논의된 '-고 있다' 이외에, '-는 중이다'와 '중이다'도 있다고 하며, 이들 형태는 '-고 있다'와 비교해 볼 때 통사론적 제약만 받는 것이 아니라, 화자의 마음의 介入如何에 따라 제약을 받기도 하고 제약이 해소되는 일도 있었다고 하였다.

공간 개념과 시간 개념의 관계에 대한 논의도 찾아볼 수 있다. 임지룡(1980)에서는 한국어에서 공간 개념과 시간 개념이 어떻게 조응하고 있는지 구체적인 사례를 중심으로 하여 살펴보고, 시간어의 의미 분석과 그 전이 관계를 고찰하였다. 이 논문에서는 시간 개념과 공간 개념을 나타내는 데 어휘적 장치와 통사적 장치가 있는데, 이들은 상호보완적인 유기성을 지닌다고 하며, 한 어휘가 시간 표현과 공간 표현에 공존하는 경우는 공간어의 구체성이 감각적 의식의 유추에 의해 정신적 인식인 시간어로 전이된 것으로 나타난다고 하였다.

김선희(1988)에서는 시간의 개념을 공간적 은유와 모형에 의해서 이해할 수 있다는 것을 설명하고, 공간어 중 시간어도 쓰일 수 있는 '앞/뒤'와 '안/밖'의 기본적인 개념을 살핀 다음에, 순서와 방향을 나타내는 공간어의 시간적 의미를 고찰하였다. 이 논문에서는 인간의 인지작용에서 중심이 되는 것은 공간어임을 확인하고, 공간어와 시간적인 의미와의 관계를 '순서, 방향, 길이와 거리' 등으로 나누어 간략히 고찰하였다.

민현식(1990)에서는 시간성과 공간성의 범주는 전혀 별개인 것 같으면서도 의미론적으로는 서로 밀접한 전이관계를 보인다고 하며, 시간성과 공간성의 상관관계가 한국어에서 나타난 양상을 살피면서 특히 품사분류에서 공간, 시간성이 차지하는 비중을 새로운 품사 하위분류법으로 살펴보았다. 이 논문에서는[+人間性(=人稱性)],[+事物性],[+空間性],[+時間性]이라는 네 자질을 인간존재의 기본인식의 자질로 보고 단어의 의미분류에 적용하여 명사도 人間(=人稱)명사, 事物명사, 공간명사, 시간명사로 나누었고 대명사도 이 명사를 代名指示하여 각각[+代名指示性]을 띠는 인간대명사, 事物대명사, 공간대명사, 시간대명사로 나눌 수 있다고 하였다.

홍달오(2011)에서는 한국어에 나타나는 순수 공간 개념어의 시간 개념화 양상을 인지언어학적인 연구 방법론인 영상도식 이론을 통하여 살펴보았다. 이 논문에서는 먼저 위치와 방향의 범주로 '앞'과 '뒤'를 다루어, 이 두 단어가 가진 위치 관계의 의미가 시간 표현에도 그대로 적용되어 '앞'은 상대적인 과거로, '뒤'는 미래로 표상됨을 볼 수 있다고 하며, 방향 관계인 '앞'과 '뒤'의 경우에는 그 의미의 균형 관계가 깨져, '앞'이 과거와 미래를 동시에 표상하게 되는 현상이 발생하였다고 하였다. 또한, '안'과 '가운데', 한자어 '내'와 '중'도 위치 개념으로서 시간 표현으로 활발히 쓰이고 있는 단어들이라고 하였다.

이상으로 살펴본 방위명사의 선행 연구를 크게 네 가지로 정리할 수 있다. 첫째, 인지언어학적인 연구를 바탕으로 하여, 방위명사가 가지고 있는 의미를 중심으로 하는 연구들이다. 이러한 연구는 먼저 방위명사의 기본적인 공간적 의미를 살피고, 그 다음에 은유 중의 영상도식 이론을 도입하거나 문법화 과정을 거친 후 생성된 시간적 의미와 추상적 의미를 고찰하는 것이다. 박경현(1986), 임혜원(2003),

서은(2004), 노재민(2009)과 정수진(2010) 등으로 예를 들 수 있다. 둘째, 방위명사의 형태, 통사적 특질과 통시적 변화를 추적한 연구이다. 예를 들면, 전수태(1996)에서 수행된 한국어의 공간 개념들이 대립관계 또는 반의 관계에 대한 연구, 신은경(2005)에서 수행된 공간 위치어의 통시적 연구, 김한샘(2006)에서 수행된 '앞, 뒤, 위, 아래, 안, 밖, 가운데'의 통시적 의미 변화에 대한 논의를 거론할 수 있다. 셋째, 방위명사 중에 일부 어휘만 연구대상으로 삼아 이들의 의미, 통사, 통시적 변화까지 연구한 것이다. 이러한 연구는 박지영(1996)의 '안, 속, 바깥, 겉'의 의미관계 연구, 조남호(1998)에서 '안, 밖, 속, 겉'을 대상으로 한 통시적인 연구, 유현경(2007)의 '속'과 '안'의 비교연구, 김건희(2009)의 '밖에'의 의미와 형태에 대한 논의를 예로 들 수 있다. 네 번째는 공간 개념과 시간 개념의 관계에 대한 논의이다. 이에 관한 논의는 임지룡(1980), 김선희(1988), 민현식(1990)과 홍달오(2011) 등을 예로 들 수 있다.

지금까지의 방위명사에 대한 연구를 보면, 인지언어학을 바탕으로 방위명사의 의미를 논의한 연구가 많은 비중을 차지하고 있다. 그리고 한국어 고유어 방위명사를 대상으로 한 연구는 많지만 한자어 방위명사에 대한 체계적인 연구는 아직 보이지 않는다. 특히, 한자어 방위명사의 통사적 특징, 단어결합의 양상, 의미 기능 등에 관한 연구가 많이 미흡하다. 한자어 '상', '하', '전'과 후' 등 방위명사도 고유어 '위', '아래', '앞'과 '뒤'처럼 공간적 의미, 시간적 의미와 추상적 의미를 모두 가지고 있다. 본고는 선행연구에서 이루어진 고유어에 대한 논의를 바탕으로 하여, 한국어 고유어 방위명사의 의미 기능, 한자어 방위명사의 통사적 특징, 형태적 구조와 의미 기능을 살펴보고, 고유어 방위명사와 한자어 방위명사를 사용하는 데 나타나는 공통점과 차이점을 찾아낼 것이다. 아울러, 한국어 방위명사와 중국어 방위명사의 비교연구도 시도하려고 한다.

## 3. 방위명사의 성격

한국어 방위명사의 의미적, 통사적 특징을 살펴보기 전에 먼저 방위명사의 기본적 이론을 소개할 필요가 있다. 먼저 방향 및 위치와 밀접한 연관을 가지고 있는 공간 개념을 소개한 다음에 그간 사용하던 공간 개념에서 나타나는 용어를 정리하고, 본고에서 방위명사라는 용어를 택하는 이유를 밝히고, 방위명사의 새로운 정의를 수립할 것이다. 2절에서 한국어 방위명사의 양상을 검토하기 전에, 유형론의 관점에서 세계의 다른 언어가 방향 및 위치를 나타나는 문법 개념을 어떻게 표현하고 있는지 살펴볼 것이다. 예를 들면, 영어, 러시아어 등 서구어와 중국어, 일본어 등에서 공간적 위치를 나타나는 문법 개념을 소개할 것이다. 그 다음에 이를 바탕으로 한국어 방위명사의 양상을 보면서 방위명사의 의미와 관련된 은유 및 문법화 개념도 언급할 것이다.

### 1) 방위명사의 개념

방위명사를 쉽게 말하자면 방향 및 위치를 나타나는 명사이다. 지점을 기준으로 하여 어떤 사물의 위치를 개념화하는 방식은 내재적 참조틀(intrinsic frame of reference), 절대적 참조틀(absolute frame of reference)와 상대적 참조틀(relative frame of reference)의 세 가지로 구분할 수 있다. 절대적 참조틀은 참조대상과 발화자의 위치와 상관없이 대상물이 자체가 가지고 있는 위치를 말하는 것이다. 일반적으로 지리적 공간 위치를 나타내는 '동', '서', '남'과 '북' 등은 절대적 참조틀을 지시한다. 예를 들면, '핀란드는 북쪽에 있다'에서 핀란드의 위치는 다른 지역을 참조해서 정해져 있지 않고, 발화자가 소재한 위치에 따라 수시로 변동할 수도 없다. 핀란드의 위치가 다른 외부 요인과 상관없이 지구상에서 늘 북쪽에 있기 때문에 절대적인 위치라고 할 수 있다. '동', '서', '남'과 '북'은 기본적으로 지리적 위치에서 나타나지만, '존비', '생사'와 '오행' 등 많은 문화적 의미와도 깊은 연관을 가지고 있다. 예를 들면, '존비'와 관련된 의미에서 보통 동쪽은 '존'이고 서쪽은 '비'이며, 남쪽은 '존'이고 북쪽은 '비'이다. '생사'와 관련된 의미에서 동쪽은 '생'이고 서쪽은 '사'이며, 남쪽은 '생'이고 북쪽은 '사'이다. '오행'과 관련된 의미에서는 '목', '화', '토', '금', '수'는 각각 '동', '남', '중', '서', '북' 다섯 방위를 표하는 것이다.3) 본고는 '물리적으로나 심리적으로 널리 퍼져 있는 범위'와 관련된 공간 개념을 논의의 대상으로 선정하기 때문에 '동', '서', '남', '북'과 같은 절대적인 방향 및 위치를 나타내는 지리적 공간 명사를 다루지 않는다. 내재적 참조틀은 일종의 2원 공간 관계이며 대상물의 위치는 참조물의 위치에 따라 결정된다. 예를 들면, '고양이가 집 앞에 있다'에서는 집 전체가 한 공간으로 간주되며 고양이가 소재한 위치는 집의 일부 공간이고, 여기서 말하는 일부 공간은 집의 '앞'이다. 상대적 참조틀은 일종의 3원 공간 관계이며 대상물의 위치는 참조물의 위치와 발화자

---

3) 이에 대한 구체적인 설명은 靳雅姝(2003)을 참조.

의 위치에 따라 결정된다. 예를 들면, '고양이가 집 왼쪽에 있다'에서 고양이, 집과 발화자 총 3가지 요소를 언급한다.

내재적 참조틀, 절대적 참조틀과 상대적 참조틀 중 본고의 연구대상과 직접적인 연관이 있는 것은 내재적 참조틀과 상대적 참조틀이다. 오채환(1988)에서는 '공간'은 세상에 존재하는 모든 생명체와 사물의 기본 환경이므로, 철학 및 물리학을 비롯하여 기하학, 생물학, 사회문화학, 문학, 회화, 디자인, 건축, 도시공학, 영화 등 다양한 분야와 관련되어 있다고 하였다. 공간 개념은 걸치는 분야가 많은 만큼 공간을 차지하고 있는 방향, 위치, 크기, 형태, 척도, 거리, 이동 등은 모두 공간 개념으로 인식할 수 있다.[4] 공간의 방향 및 위치를 나타내는 '위, 아래' 등은 명사에 속하고, 척도 및 거리 등을 나타내는 '크다, 멀다' 등은 형용사에 속하고, 이동을 나타내는 '오르다, 가다' 등은 동사에 속해 있다. 이 외에, '에, 로' 등 조사도 공간 개념을 나타날 수 있다. 민현식(1990)에서는 의미에 따라 공간어 품사를 공간명사, 공간대명사, 공간수사, 공간동사, 공간형용사, 공간관형사와 공간부사로 분류하였다. 이처럼 공간 개념을 표현할 수 있는 문법 형식은 기본적인 공간 명사 외에도 공간 동사, 공간 형용사와 공간 조사가 있다.[5]

---

4) 박경현(1986)에서는 공간은 공간을 차지하고 있는 대상의 위치, 방향, 크기, 거리, 상태 등을 인식하는 인지능력 곧 공간지각을 통하여 얻는 개념이라고 하였다.

5) 정수진(2010)에서는 공간 개념의 언어학 형식을 공간 명사, 공간 형용사, 공간 동사와 공간 조사로 나누었다.
   공간 명사: 사물의 형태적 공간성 및 특성 부분.
   공간 형용사: 사물의 점유하고 있는 공간의 특성.
   공간 동사: 공간을 차지하는 사물의 존재 상태 및 공간에서 위치가 부여

공간 개념은 공간을 차지하고 있는 방향, 위치, 크기, 형태, 척도, 거리, 이동 등 많은 분야를 아우를 수 있지만 일반적으로 우리가 말하는 공간 개념어는 한 공간 상태에서 대상물의 방향 및 위치를 나타내는 낱말이라고 한다. 공간 개념과 관련된 선행연구들에서는 공간 개념어를 '공간어', '공간 차원어', '공간 감각어', '위치어' 등으로 부르기도 한다. 노재민(2009)에서는 공간어를 물리적 범주 중에서 공간을 지각하고 개념화하여 표현하는 낱말들이라고 하고, 공간어 기본 범주로 공간 고유명사와 공간 형용사를 설정하였다. 이 중 공간 고유명사는 방향 및 위치를 나타내는 '위/아래', '앞/뒤'라고 한다. 홍종선(1992)에서는 위치어를 공간적 위치어와 시간적 위치어로 나눌 수 있다고 하고, 공간적 위치어는 그 자체가 공간적 위치 개념만을 나타내는 어휘라고 정의하였다. 민현식(1990)에서는 공간어에 대한 논의를 자세히 안 했지만 명사의 하위 분류에서 공간 명사라는 개념을 언급한 적이 있다. 공간 명사는 공간성의 자질을 갖는 공간 지칭 관련 명사를 가리킨다고 하였다.[6] 손뢰(2010)에서는 위치어는 어떤 한 공간에서 참조대상을 전제로 하여 지시대상의 위치를 표현하는 용어이며, '위,

---

되거나 변동되는 사물의 움직임.
공간 조사: 사물들의 공간적 관계.
6) 민현식(1990)에서 공간명사에 대해 다음과 같이 분류하고 있다.
공간고유명사: 구체물: ① 자연물: 백두산, 한강, 개마고원, 서울, 뉴욕....
                    ② 인공물: 도산공원, 세종문화회관, 경복궁....
추상물: 유토피아, 무릉도원, 율도국, 컴퓨토피아....
공간보통명사: 구체물: ① 자연물: 하늘, 땅, 산, 강, 들
                    ② 인공물: 집, 강당, 학교, 공원...
추상물: 공간, 자리, 터, 앞, 뒤, 위, 아래, 가운데. 틈, 사이...

아래, 앞, 뒤' 등과 같이 어휘 자제가 위치의 개념을 포함하고 있는 낱말들의 총칭이라고 하였다. 본고는 공간 개념 중 방향 및 위치를 나타내는 낱말을 대상으로 삼고 논의하기 때문에 선행연구에서 나타난 공간 개념과 관련된 용어를 사용하지 않고 방향과 위치 중 각 한 글자만 선택해서 방위명사라는 새로운 용어를 만들었다. 이처럼 본고의 논의 대상인 방위명사는 아래와 같이 정의한다.

**방위명사**
명사의 하위 부류로서 공간 개념에서 방향 및 위치를 표현하는 낱말들의 총칭.

## 2) 방위명사의 유형론

한국어 방위명사를 논의하기 전에 먼저 다른 언어에서 공간적 위치 개념과 문법 형식이 어떻게 실현되어 있는지를 살펴보자. 앞에서 공간 위치를 판정하는 기준을 참조대상에 따라 내재적 참조틀, 절대적 참조틀과 상대적 참조틀로 세 가지를 구분할 수 있다고 하였다. 언어에 따라 이 세 가지 표현 형식을 모두 사용하는 언어도 있지만, 이 중의 한 가지만 사용하는 언어도 존재한다. 예를 들면, 우리가 잘 아는 영어에서는 이 세 가지 방위 표현 형식을 모두 사용한다. 다만, 절대적 공간 위치는 주로 지리적 위치를 나타낼 때 사용하고, 일반적으로는 상대적 공간 위치를 제일 많이 사용한다. 반면 오스트레일리아 원주민 언어(Arrernte language, Guugu Yimithirr)와 마야어(Tzeltal)에서는 절대적 공간 위치로 방위를 표현한다. 호주 퀸즈랜드 지역에서 쓰이는 언어인 Guugu yimithirr는 '고양이가 집 왼쪽에 있다'라는 표현을 사용하지 않고 고양이와 집의 위치 관계를 오직 '고양이가 집 남쪽에 있다'와 같은 한 가지 표현으로만 나타낼 수 있다. 고유한 공간 위치로 공간을 표현하는 언어로는 Mopan 및 Totonac이 있다.[7]

방위명사는 일종의 관계명사로 볼 수 있다.[8] 관계명사는 문장에서 명사의 기능을 수행하고, 세계 여러 언어에서 찾아볼 수 있다. 중앙아메리카에서 사용하는 마야어(Mayan languages), 멕시코 일부지역에서 사용하는 Mixe-Zoquean languages, 그리고 남아시아에서 사용되는 베트남어와 태국어, 동아시아에서 사용되는 중국어나 일본어에서도 관계명사의 양상을 많이 찾아볼 수 있다. 반면 서구어인 영어, 불어, 러시아어에서는 관계명사의 기능이 전치사 혹은 후치사를 통해 수행된다.[9] 관계명사는 명사의 하위 부류에 들어가 있지만, 일반 명사와 달리 사물의 이름을 나타내는 것이 아니라, 문장에서 두 명사나 명사구 간의 공간 관계, 시간 관계, 인과 관계, 목적 관계, 위치, 이동 등 여러 관계를 실현할 때 사용된다.

   (1) 가. 나와틀어 :[10]

        Ca ī-pan petlatl in mistōn.
        The cat is on the mat.

      나. 일본어 :

---

7) Mopan는 마야어이고 과테말라와 벨리즈에서 사용한다. Totonac는 멕시코 동부 해안과 내륙 산간 지역에서 사용하는 언어이다.
8) 영어에서는 관계명사를 relational nouns 혹은 relator nouns로 부른다.
9) 이에 대한 구체적인 설명은 위키백과에서 나온 'Relational noun 부분을 참조.
10) Nahuatl: 멕시코남부와 중미 일부 지방의 원주민이 사용하는 언어이다.

猫はむしろの上に寝ている。

Neko wa mushiro no ue ni neteiru.

The cat is sleeping on top of the mat.

다. 중국어:

他在房子里頭。

Ta zai fangzi li tou.

She is in the house.


위의 예에서 나와틀어의 'pan', 일본어의 '上'과 중국어의 '里'는 각 문장에서 앞에 있는 주어 명사가 뒤에 있는 명사와 맺는 위치 관계를 나타낸다. 이처럼 관계명사는 두 명사 간의 여러 관계를 실현하는데 이 관계들 중 공간 관계도 쉽게 찾아볼 수 있다. 공간 관계와 관련된 용어는 많은 언어에 존재하고, 이들을 공간개념어로 부르기도 한다. 한국어에서도 '위'와 '아래' 등 방향 및 위치관계를 표현하는 공간적 관계명사를 찾아볼 수 있다. 세계 여러 언어에 방향 및 위치와 관련된 공간 개념어가 존재하지만 언어마다 실현방법은 서로 다르고, 통사 기능 및 의미적 특징도 한국어와 다르다. 인도 유럽어족 중에 대표적인 영어는 명사의 하위 부류에 들어가 있는 'front, back, top, bottom' 과 같은 공간 명사도 있지만 방향 및 위치를 기술할 때 주로 전치사를 이용한다.[11] 즉 'in, on, under, below, above' 등 공간 전치사가 명사 앞에 나타나 두 사물의 위치 관계를 표현한다. 뿐만 아니라, 공간 전치사가 공간 명사 앞에 나타나 'in + front of, in + back of,

---

11) 인도 유럽어족 문법에 있어서 명사나 대명사의 앞에 놓여, 두 요소를 연결시켜서 다른 품사와의 관계를 나타내는 의미 기능을 하는 품사이다.

on + top of' 와 같은 전치구가 되어 방향 및 위치 관계를 기술하는 경우도 많다.

(2) 가. The **front** of the building was covered with ivy.
그 건물 앞면은 담쟁이덩굴에 뒤덮여 있었다.

나. We climbed to the very **top** of the hill.
우리는 산의 바로 꼭대기까지 올라갔다.

(3) 가. The car is **in front of** the truck.
승용차가 트럭 앞에 있다.

나. The people are **on top of** a mountain.
사람들이 산 정상에 있다.

위의 (2가)와 (2나)에서의 'front'와 'top'은 명사로서 방향 및 위치를 나타나고 (3가)와 (3나)에서에서의 'front'와 'top'은 각각 앞에 전치사 'in'와 'on'에 나타나 'in + front of'와 'on + top of'처럼 전치구로 방향 및 위치 관계를 기술한다.

러시아어의 전치사는 기능에 따라 장소, 위치, 차례, 시간, 방향, 인과 등으로 나눌 수 있고 그 중 자주 사용되는 공간 전치사가 총 22개(в, на, внутри, из, с, от, около, к, у, возле, через, сквозь, перед, впереди, за, позади, между, среди, по, вдоль, мимо)로, 주로 상하, 전후와 내외 관계를 나타난다.[12] 하지만 영어와 달리 러시아어는 공간 관계를 표현할 때 '공간전치사

---

12) 구소련 과학기술학원에서 1980년에 편집한 〈러시아문법〉에서는 현대 러시아어에서 전치사가 총 204개 있고, 그 중에 자주 사용되는 공간전치사가 22개 있다고 하였다.

+ 격이 바뀐 명사'의 형식으로 나타나기 때문에 러시아어의 공간 표현을 연구할 때에는 명사의 격변화를 함께 고려하여야 한다.[13] 왜냐하면 한 공간전치사가 어떤 격에 적용되는지 정해져 있기 때문이다. 그리고 러시아어 공간 전치사는 의미에 따라 방향, 시작점과 장소 3가지로 나누어져 있어서 같은 공간 전치사라도 후행 명사의 격에 따라 전달하는 방위 관계가 다르다. 예를 들면, в + 대격(방향: 안쪽), на+ 4(방향: 위쪽)는 방향을 나타나지만 в + 전치격 (위치: 안), на+ 전치격(위치: 위)은 위치를 표현한다. (엄순천 2011:70-91)

중국티베트어족에 속하는 중국어에서는 방위사를 통하여 방향 및 위치 관계를 표현한다. 연구자에 따라 중국어 방위사를 명사의 하위 부류에 속하는 것으로 보기도 하지만, 독립적인 품사로 인정하는 의견도 있다. 張志公(1955)에서는 명사 중에 방위를 나타내는 낱말을 방위사라고 하였다.

    (4) 가. 花瓶在桌子上。
          꽃병은 탁상 위에 있다.
      나. 足球在床下面。
          축구는 침대 아래에 있다.

위에 (4가)와 (4나)에서의 '上'과 '下'는 방위사로서 '어떤 기준보다 낮/높은 위치'의 의미를 나타난다. '上'과 '下'의 이러한 용법은 한국어

---

13) 한국어는 단어 자체는 변하지 않고 뒤에 각각의 조사가 붙는 형식이지만 러시아어는 격에 따라 단어 자체의 어미가 변한다. 러시아어는 총 6개의 격이 있다: 주격, 생격, 여격, 대격, 조격, 전치격.

의 '위/아래'와 같다고 볼 수 있다. 중국어의 일부 방위사는 위치 표현 외에 동사와 방향보어로 사용되기도 한다. 예를 들면, '上(상)'은 '书桌上(책상 위)'에서 '어떤 기준보다 더 높은 쪽, 또는 사물의 중간 부분보다 더 높은 쪽'이라는 위치 의미도 있지만 '上班(회사에 다니다)'에서처럼 동사로 쓰이기도 하고, '朝上(위쪽으로 향하다)'에서처럼 동사 뒤에 나타나 방향보어의 기능을 수행하기도 한다. 중국어 방위사는 단일 방위사와 복합 방위사로 나누어져 있다. 즉 '上(상), 下(하), 内(내), 外(외)'는 단독으로 쓰이기도 하지만 '上下(상하), 左上(왼쪽 상단)'과 같이 두 개 단음절 방위사를 합성하여 한 단위가 되는 경우도 있다.

### 3) 한국어 방위명사의 양상

앞에서 공간 위치를 판정하는 기준을 참조대상에 따라 고유한 공간 위치, 절대적 공간 위치와 상대적 공간 위치로 세 가지로 구분할 수 있다고 설명하고, 세계 다른 언어에서 공간적 위치 개념과 문법 형식이 어떻게 실현되어 있는지를 살펴보았다. 한국어는 영어처럼 고유한 공간 위치, 절대적 공간 위치, 상대적 공간 위치와 같은 방위 표현 형식을 모두 사용한다. 다만, 영어 등 서구어에서는 공간 위치를 주로 전치사를 통하여 나타내지만 한국어는 공간적 위치 및 방향을 '상하', '전후', '내외' 등으로 명사를 통하여 표현한다는 점이 서구어와 다르다. 예를 들면, '위'는 '어떤 기준보다 더 높은 쪽'을 가리키고, '아래'는 '어떤 기준보다 낮은 위치'를 말하는 것이다. 여기서 공간적 위치를 나타내는 '위'와 '아래'는 명사에 속해 있다. 그리고 한국어에서 공간적 개념을 나타내는 방위명사는 '위/아래'와 같은 고유어뿐만 아니라,

'상/하'와 같은 한자어도 존재한다. 예를 들면, '상'은 '물체의 위나 위쪽'을 이르는 말이고, '하'는 '아래 또는 아래쪽이나 밑'을 가리키는 것이다.

(5) 가. 바로 집 **위**가 산이고 집 **아래**로도 한참 내려가야 민가들이
　　　있었다.
　　나. 도로상에 대형 비닐봉지 여러 개가 떨어져 있어 사고의
　　　위험이 있다.

위의 (5가)에서 고유어 '위'와 '아래'는 '어떤 기준보다 낮/높은 위치'의 뜻으로 공간적 의미를 나타내고, (5나)에서 한자어 '上'은 '어떤 사물의 거죽이나 바닥의 표면'의 뜻으로 공간적 의미를 나타낸다. 이처럼 고유어와 한자어는 모두 공간적 의미를 가지고 있다. 방위명사의 의미는 공간에서 그치지 않고, 은유와 문법화 과정을 거쳐 시간적 의미와 추상적 의미로 확장되기도 한다.

(6) 가. 중국의 역사는 **위**로 5000년 전까지 거슬러 올라간다.
　　나. **위**로는 회장에서, **아래**로는 평사원까지 모두 수련회에
　　　참석하였다.
(7) 가. 이 사과는 품질이 **상**에 속하다.
　　나. 성적이 **하**에 머물렀다.

위의(6가)와 (6나)에서 고유어 '위/아래', (7가)와 (7나)에서 고유어 '상/하'는 공간적 의미에서 벗어나 은유를 통하여 시간적 의미와 추상적 의미를 나타난다. 이처럼 방위명사의 원형 의미는 방향 및 위치를 가리키는 것이지만 은유를 통하여 시간적 의미와 추상적 의미도 가지

게 된다.

Lakoff and Johnson(1980)에서는 은유를 어떤 종류의 사물을 다른 어떤 종류의 사물의 관점에서 이해하고 경험하는 과정으로 정의하였다. 쉽게 말하자면, 은유는 어떤 사물이나 경험을 다른 것으로 이해하는 것으로 생각할 수 있다. 가령 '인생은 여행이다'라는 문구는 사람이 세상을 살아가는 일을 여행으로 비유해서 이해하는 것이다. Lakoff and Johnson(1980)에서 은유를 구조은유(structural metaphor), 지향은유(orientational metaphor), 존재은유(ontological metaphor)의 세 가지로 나누어 설명하였다. 구조은유는 한 개념이 다른 개념의 관점에서 구조화되는 은유이다. 예를 들어 '인생은 여행이다'에서 '인생'은 구조화된 '여행'의 관점에서 이해되는 것이다. 지향은유는 추상적 개념에 '상/하', '전/후' 등 지향을 부여하는 은유이다. 예를 들면, '20평짜리가 없는데, 그 위는 많다'에서 정해진 숫자에 지향을 부여해서 '평수'를 이해시키는 것이다. 존재은유는 추상적인 개념을 구체적인 물건(보통 그릇)으로 간주하고 이해하는 은유이다. 예를 들면, '십만 원 안에서 물건을 사라'에서 정해진 금액을 그릇으로 간주하고 이해시키는 것이다. 그러므로 공간 개념과 많이 연관되는 은유는 지향은유와 존재은유라고 할 수 있다.

(8) 가. 하나**밖에** 없는 자식은 이 아비를 버리고 떠나 버렸다.
    나. 그를 만나 여러 가지 얘기를 하는 **중**에 새로운 사실을
       알게 되었다.

위의 (8가)와 (8나)에서 '밖에'와 '중'의 의미는 공간개념과 전혀 연관 없는 것으로 보인다. 여기서 '밖에'와 '중'은 문법화 과정을 거쳐

각각 '그것 말고는'나 '그것 이외에는'과 '무엇을 하는 동안'의 뜻을 나타낸다.

Kuryłowicz(1965)에서는 문법화에 대하여 한 형태소가 어휘적 지위에서 문법적 지위로, 혹은 파생형에서 굴절형으로의 변화처럼 덜 문법적인 것으로부터 더 문법적인 것으로 범위가 증가되는 현상이라고 하였다. 서양에서 문법화에 관한 이론을 들어오기 전에 한국 학계에서 사용하던 문법화와 비슷한 용어는 '허사화'가 있다. 유창돈(1962)에서는 허사화를 일정한 의미를 가지고 쓰이던 실사가 태어사의 뒤에 연결되어 선행어사의 영향하에 들어가게 될 때, 그로 인하여 본래의 어의가 희박화 내지 소실되며 선행어사의 기능소인 허사로 변하는 현상이라고 하였다. Heine(1991)에서는 문법화를 한 단어의 의미가 점점 추상적으로 변하는 과정이라고 하고, 이 과정의 이동 방향은 다음과 같이 배열할 수 있다고 설명하였다.

(9) 사람 ➔ 물체 ➔ 행위 ➔ 공간 ➔ 시간 ➔ 질

예를 들면, '앞'은 사람이 신체의 전면(前面), 완곡 표현으로 흔히 몸에서는 젖가슴이나 음부를 가리키지만 '향하고 있는 쪽'과 같은 공간적 의미로 전이되고, 또 '이미 지나간 시간이나 장차 올 시간'의 시간적 의미로 전이하기도 한다. 마지막으로 공간 의미에서 '어떤 조건에 처한 상태'의 의미로 확장된다.

한국어 고유어 방위명사는 자립명사로서 공간적 의미, 시간적 의미와 추상적 의미를 나타낼 수도 있고, 단어의 한 구성요소로써 다른 명사와 결합하여 복합어를 만들어서 공간적 의미, 시간적 의미와 추

상적 의미와 관련된 의미를 나타낼 수도 있다. 예를 들어 '앞'은 자립명사로서 공간적, 시간적, 추상적 의미를 나타낼 뿐만 아니라, 단어의 구성요소로서 '앞거리', '앞집', '앞일', '앞날', '앞가림' 등 공간적, 시간적, 추상적 의미를 가지는 복합어도 생성한다. 반면에 '상/하'와 같은 한자어 방위명사는 자립명사로 공간적 의미, 시간적 의미와 추상적 의미를 나타내는 경우는 드물고, 주로 단어의 구성요소로 사용되거나 후치사적인 용법으로 사용되는 것으로 보인다. 예를 들어 '상'은 단어의 구성요소로서 '상단', '상부', '상등', '상급', '경영상', '사정상' 등 복합어를 이룬다. 특히 '상/하'는 일부 한자어 명사 뒤에 쓰여 'N + 상/하'의 구성으로 '사유, 처지, 조건' 따위의 뜻으로 나타내는데, 이 경우 '-상/하'는 후치사적인 용법과 아주 비슷하다.

## 4. 연구방법 및 논의의 구성

본고에서 방위명사 중 연구대상으로 삼고 있는 '위', '아래', '앞', '밑', '뒤', '안', '속', '밖', '가운데', '상', '하', '전', '후', '내', '외', '중'의 구체적인 의미는 사전에 실린 각 어휘의 뜻풀이에 따라 논의를 진행할 것이다. 먼저 사전에 위에 제시된 16개 어휘의 뜻풀이를 조사하고 정리하는 작업이 필요하다. 이를 위하여 본고는 《표준국어대사전》, 《고려대 한국어대사전》과 《우리말 큰사전》에 실린 뜻풀이를 조사하였다. 방위명사 중 상하 개념어 '위'로 예를 들면, 세 사전에 '위'의 의미가 어떻게 해석되어 있는지 검토하여 뜻풀이의 공통점과 차이점을 찾아냈다. 그 다음에 공간적 의미, 시간적 의미와 추상적 의미로 《표준국어대사전》에 실린 '위'의 뜻풀이를 분류하였다. 분류한 결과에 따라 '위'의 의미를 구체적으로 살펴보았다. 한자어 방위명사로 생성된 복합어는 방위명사가 제1 요소로 나타나느냐와 제2 요소로 나타나느냐에 따라 웹 버전 《표준국어대사전》에 따로따로 뽑아 놓고 정리 및 분류 작업을 하였다. 나머지 필요한 용례 및 복합어는 21세기 세종계획 형태 분석 말뭉치와 웹 버전 《표준국어대사전》에 수집하였다. 본고의 논의의 구성은 다음과 같이 되어 있다.

제1장에서는 연구목적을 제시하고 연구대상을 선정한 다음에 방위 명사에 대한 선행연구를 검토할 것이다. 본격적인 논의를 시작하기 전에 방위명사의 기본적 이론을 소개하고 설명할 것이다. 이 부분에서 먼저 공간 개념을 소개한 다음에 그간 사용하던 공간 개념에서 나타나는 용어를 정리하고, 공간어에 새로운 정의를 부여할 필요가 있다. 그리고 한국어 방위명사의 양상을 검토하기 전에, 유형론 관점에서 세계 다른 언어에서 공간 위치를 나타나는 문법 개념을 어떻게 표현하고 있는지 살펴볼 것이다. 예를 들면, 영어, 러시아 등 서구어와 중국어, 일본어 등 언어에서 공간적 위치를 나타나는 문법 개념을 소개할 것이다. 그 다음에 이를 바탕으로 한국어 방위명사의 양상을 보면서 방위명사의 의미와 관련된 은유 및 문법화 개념도 언급할 것이다.

제2장에서는 본격적으로 고유어 방위명사의 의미 특징을 살펴볼 것이다. 《표준국어대사전》에 실린 뜻풀이에 따라 '위/아래(밑)', '앞/뒤', '안(속)'/'밖'과 '가운데'의 공간적 의미, 시간적 의미와 추상적 의미를 살펴본다. 특히, 시간적 의미와 추상적 의미는 지향은유와 존재은유를 도입하여 자세히 논의할 것이고, '밖'의 추상적 의미는 문법화에 관련된 개념으로 설명할 것이다. 주로 자립명사로서의 방위명사

를 고찰할 것이지만, 논의에 필요한 경우 고유어 방위명사로 이루어진 복합어도 언급할 것이다.

제3장에서는 한자어 방위명사의 의미기능, 형태적 구조와 통사적 특징을 살펴볼 것이다. 《표준국어대사전》에 실린 뜻풀이에 따라 '상/하', '전/후', '내/외', '중'의 공간적 의미, 시간적 의미와 추상적 의미를 살펴본다. 자립명사로서의 방위명사를 고찰할 뿐만 아니라, 방위명사로 만든 복합어도 의미에 따라 자세히 논의할 것이다. 특히 '상'과 '하'는 일부 명사 뒤에 붙어 문법화 과정을 거쳐 추상적 의미를 나타내는데 '-상'과 '-하'는 문중에서 주로 관형어와 부사어의 역할을 하고 있으며 뒤에 오는 체언이나 명사구 사이에 '에', '에서', '로' 등 다양한 조사가 들어갈 수 있다. 여기서 '-상'과 '-하'의 조사와의 결합 양상을 살펴보면서 어떤 규칙이 있는지를 밝힐 것이고, 또한 '-상'과 '-하'의 의미에 따라 앞에 오는 명사를 대상으로 분류하는 작업도 할 것이다.

고유어 방위명사와 한자어 방위명사는 모두 공간적 의미, 시간적 의미와 추상적 의미를 가지고 있지만 실제 사용하는 데 많은 공통점과 차이점이 나타날 수 있다. 제4장에서는 공간적 의미부터, 시간적 의미와 추상적 의미까지 고유어 방위명사와 한자어 방위명사의 공통점과 차이점을 밝힐 것이며, 중국어 방위명사와 대조한 한 · 중 방위명사의 비교 연구도 해볼 것이다.

제5장에서는 본고의 논의를 정리하며 남은 문제를 제시할 것이다.

제2장

# 고유어 방위명사

## 1. '위'와 '아래/밑'

지구상의 모든 생물은 지구 중력의 영향을 받아 살아 있고 존재한다. 지구의 중력 때문에 인간이나 물체는 부유물처럼 공중에서 뜰 수 없고, 다른 의존물이 없거나 받침대로 받치지 않으면 반드시 낮은 곳으로 떨어진다. 이러한 원리로 인간은 수직 방향과 관련된 공간 개념에 대한 인식을 다른 어느 공간 개념보다 먼저 지각하고 느낀다.[1] 노재민(2009)에서는 수직차원을 보다 먼저 파악하는 것은 직립보행을 하는 사람들의 신체적 경험이 바탕을 이룬다고 하였다.[2] 현대 한국

---

1) Hill(1991)에서는 사람들이 방향을 인지할 때 수직축을 수평축보다 더 쉽게 지각하며, 수평축 가운데서는 '앞/뒤'축이 '왼쪽/오른쪽'축보다 개념화가 더 잘 되어 있다고 하였다. Lyons(1977)에서는 사람들이 지각하는 수직차원은 인간이 물리적으로나 심리적으로 인지하는 공간 차원 가운데 가장 뚜렷한 지각불변요소이며 가장 유용한 참조체계가 된다고 하였다.
2) 박경현(1986)에서는 '상'과 '하'를 수평차원상의 일정한 기준을 중심으로 그 기준보다 수직차원상의위치가 높은/낮은 곳을 가리키는 곳이라고 하였다.

어 고유어에서 상하관계를 나타나는 위치표현은 '위/아래'를 들 수
있다. 본고는 上下관계와 관련된 방위명사를 논의할 때 '위'와 '아래'
를 중심으로 논의대상으로 삼아 이들의 기본의미와 확장의미를 살펴
보고, 필요하면 '아래'와 비슷한 의미를 가지고 있는 '밑'도 언급할
것이다. '위/아래'는 방위명사로서 기본적인 의미는 공간 개념을 나타
나 방향 및 위치를 지시하는 것이다.

> (1) 가. 주인공이 거주하는 아파트를 임씨는 무대 위에 사실적으
> 로 재현해 놓았다.
> 나. 호수 위에 고요히 떠 있다가 사람들에게 칭얼대며 다가오
> 는 고니들과 더불어 여행객들은 자연공동체의 가족이 된
> 다.
> 다. 책상 위에 책을 잔뜩 쌓아 놓고 무엇인가 자기만의 공부
> 를 하곤 했답니다.
> 라. 30일 서울 청계천 다리 아래서 많은 사람들이 더위를 피
> 하고 있다.
> 마. 간단한 근력운동을 가능하게 하는 탄력 밴드와 아령은
> 책상 아래에 놓고 쓰기 좋은 운동기구다.
> 바. 산길을 내려가던 A씨의 화물트럭이 50m 언덕 아래로 추
> 락했다.

(1가)-(1다)에서 '무대 위', '호수 위'와 '책상 위'의 '위'는 공간적인
의미로 '어떤 기준보다 더 높은 쪽'을 뜻하고, (1라)-(1바)에서 '다리
아래', '책상 아래'와 '언덕 아래'의 '아래'는 공간적인 의미로 '어떤
기준보다 낮은 위치'를 의미한다. (1가)-(1바)에서 보인 바와 같이 '위/
아래'의 기본적인 공간적 의미는 공간차원에서 한 기준점을 선정하

여, 수직차원에서 봤을 때 그 기준점보다 높은/낮은 방향과 위치를 가리키는 것이다. 하지만 '위/아래'의 의미는 공간차원으로 그치지 않는다.

(2) 가. 중국의 역사는 **위**로 5000년 전까지 거슬러 올라간다.
　　 나. 북한은 이러한 인식 **위**에서, 이 체제를 유지하기 위해서 는 핵개발을 해야 한다고 봅니다.
　　 다. 그 가운데 독일이 통독 부담으로 고전하는 상황 **아래** 유 독 돌출된 일본의 '패권적 경제 제국주의'가 서방 국가들 의 분노의 표적이 되고 있는 것이다.

(2가)-(2다)에서 '위/아래'는 방향과 위치를 지시하는 공간적 의미에서 벗어나 시간적 의미, 또 은유를 통하여 다른 추상적 의미를 나타내기도 한다. 이렇듯 방향 및 위치와 같은 공간 개념을 표현하는 '위/아래'는 공간적 의미 외에 의미가 확장되어 시간적이나 추상적인 뜻으로도 많이 사용된다. 사전에 '위/아래'의 뜻풀이가 어떻게 기술되어 있는지 살펴보자.《표준국어대사전》,《고려대 한국어대사전》과《우리말 큰사전》에는 '위'의 의미가 다음과 같이 나와 있다.

〈표 2〉 '위'의 사전적 의미

| 위 | | |
|---|---|---|
| 《표준국어대사전》 | 《고려대 한국어대사전》 | 《우리말 큰사전》 |
| ① 어떤 기준보다 더 높은 쪽. 또는 사물의 중간 부분보다 더 높은 쪽. | ① 일정한 기준보다 높은 곳 ⑪ 몸에서, 허리보다 높은 부분. | ① 기준으로 삼는 사물이나 부분보다 높은 쪽. ④ 몸의 허리보다 높은 부분. |

| 위 | | |
|---|---|---|
| 《표준국어대사전》 | 《고려대 한국어대사전》 | 《우리말 큰사전》 |
| ② 길고 높은 것의 꼭대기나 그쪽에 가까운 곳. | ② 어떤 사물의 꼭대기나 그 곳에 가까운 부분. | ② 어떤 사물의 꼭대기나 겉이 되는 부분. |
| ③ 어떤 사물의 거죽이나 바닥의 표면. | ③ 어떤 대상의 거죽이나 표면. ④ 어떤 사물의 겉이나 바깥. | |
| ④ 신분, 지위, 연령, 등급, 정도 따위에서 어떠한 것보다 더 높거나 나은 쪽. | ⑤ 높은 지위에 있는 사람, 또는 상급의 위치에 있는 기관. ⑧ 수준이나 정도 따위가 일정한 기준보다 나은 쪽. ⑨ 수량이나 연령 따위가 일정한 기준보다 더 많은 쪽. | ⑤ 조직이나 기관에서 높은 자리. ⑥ 수준, 정도, 질들이 나은 쪽. ⑦ 많은 쪽. |
| ⑤ 글 따위에서, 앞에서 밝힌 내용. | ⑦ 글이나 말 따위에서, 앞에 적거나 든 내용. | |
| ⑥ 강 따위의 물이 흘러가는 반대 방향이나 부분. | ⑩ 강이나 냇물 따위에서, 물이 흐르는 방향의 반대 쪽. | ③ 강 따위의 물이 흘러오는 쪽. |
| ⑦ 시간적 순서가 앞에 오는 것. | ⑫ 일정한 기준보다 시간적으로 앞서는 과거. | |
| ⑧ 어떤 일이나 조건 따위에 의하여 특징지어지는 테두리나 범위. | ⑥ 일부 명사 뒤에서 '위에'의 꼴로 쓰여, 일정하게 특징 지어지는 범위나 테두리를 이르는 말. | |
| ⑨ 어떤 것의 바깥이나 이외. | | |

〈표 2〉에서는 《표준국어대사전》, 《고려대 한국어대사전》과 《우리말 큰사전》의 '위'의 뜻풀이를 제시하였다. 《표준국어대사전》과 《고려대

한국어대사전》은 '위'의 뜻풀이가 비슷하지만 《우리말 큰사전》은 이들과 달라 다소 차이를 나타내는 것으로 보인다. 뜻풀이 항목을 보면 《표준국어대사전》에는 '위'의 의미를 9개로, 《고려대 한국어대사전》에서는 12개로 풀이하는데 《우리말 큰사전》의 뜻풀이는 7개뿐이다. 《표준국어대사전》에 ①번과 ④번에 해당하는 '위'의 의미를 《고려대 한국어대사전》과 《우리말 큰사전》에서는 더 구체적으로 세분하였다. 그 외에 《표준국어대사전》의 ③번, ⑤번, ⑦-⑨번의 의미는 《우리말 큰사전》에 나타나지 않는다. 결론적으로 말하자면 《표준국어대사전》과 《고려대 한국어대사전》에 실린 '위'의 뜻풀이는 《우리말 큰사전》보다 더 세분하고 상세하게 잘 분류되어 있다.

〈표 3〉 '아래'의 사전적 의미

| 아래 | | |
|---|---|---|
| 《표준국어대사전》 | 《고려대 한국어대사전》 | 《우리말 큰사전》 |
| ① 어떤 기준보다 낮은 위치. | ① 기준으로 삼는 일정한 높이보다 낮은 쪽의 공간 또는 위치. ② 높이를 지닌 물체에서 지면에 가까운 부분이나 바닥 부분. ③ 밖으로 드러난 물체의 지면과의 경계면보다 낮은 부분. ④ 일정한 공간에서 입구 또는 시선의 출발점으로부터 상대적으로 먼 곳. 또는 상대적으로 방위의 남쪽에 해당하는 곳. ⑧ 서로 겹쳐진 가운데 다른 것에 의해 가려진 부분. | ① 기준으로 삼는 사물이나 부분보다 낮은 쪽. ② 어떤 사물의 낮은 쪽. ④ 몸의 허리보다 낮은 부분. |

| 아래 | | |
|---|---|---|
| 《표준국어대사전》 | 《고려대 한국어대사전》 | 《우리말 큰사전》 |
| ② 신분, 지위, 연령, 등급, 정도 따위에서 어떠한 것보다 낮은 쪽. | ⑤ 어떤 계통 속에서, 또는 지위나 등급 따위의 비교에서 낮은 위치. | ⑤ 조직이나 기관에서 낮은 자리. ⑥ 수준, 정도, 질들이 못한 쪽. ⑦ 적은 쪽 |
| ③ 조건, 영향 따위가 미치는 범위. | ⑦ 조건이나 영향 따위가 미치는 범위. | ⑧ 어떤 말 다음에 쓰이어 어떠한 조건이나 환경이 됨을 나타내는 말. |
| ④ 글 따위에서, 뒤에 오는 내용. | ⑥ 그 다음에 적혀 있는 글. | |
| ⑤ '음부'를 완곡하게 이르는 말. | ⑨ '음부'를 완곡하게 이르는 말. | |
| | ⑩ 만유인력이 작용하는 공간에서 사물이 떨어지는 방향. | ③ 강 따위의 물이 흘러가는 쪽. |

〈표 3〉은 '위'와 반대 의미를 가진 '아래'의 뜻풀이를 제시하였다. '아래'의 뜻풀이를 보면 《고려대 한국어대사전》이 제일 상세하게 잘 분류되어 있다. 《표준국어대사전》에는 '아래'의 공간적 의미가 한 가지밖에 나타나지 않지만 《고려대 한국어대사전》과 《우리말 큰사전》에는 몇 가지로 나누어져 있다. 그 외에 '글 따위에서'와 관련된 공간 개념과 완곡 표현은 《표준국어대사전》과 《고려대 한국어대사전》에 모두 나와 있지만 《우리말 큰사전》에는 해당 의미가 보이지 않는다.

《표준국어대사전》에 제시된 '위/아래'의 뜻풀이를 보면, 방위명사 '위/아래'의 의미는 공간적 의미, 시간적 의미와 추상적 의미의 세 가지로 나눌 수 있다.[3] '위'의 의미 중 ①-③번, ⑤번과 ⑥번은 공간적 의미이고, ⑦번은 시간적인 의미이고, ④번, ⑧번과 ⑨번은 추상적인 의미이다. '아래'의 의미에서는 ①번과 ④번이 공간적 의미이고, ②번과 ③번이 추상적인 의미이다. ⑤번은 일종의 완곡 표현으로 인체의 어느 특정한 신체부위를 가리키는 곳이다. 시간적 의미는 《표준국어대사전》에 '위'와 대칭적으로 실려 있지 않지만 '시간적 순서가 뒤에 오는 것'과 같은 용법도 종종 나타난다. 그러면 《표준국어대사전》에 제시된 뜻풀이를 바탕으로 '위/아래'의 공간적 의미와 확장된 의미를 구체적으로 살펴보자.

## 1) 공간적 의미

사전의 뜻풀이 중 '어떤 기준보다 더 높은/낮은 쪽, 또는 사물의 중간 부분보다 더 높은/낮은 쪽'이 '위/아래'의 공간적 의미에서 제일 기본적이고 핵심적인 의미라고 할 수 있다. '위/아래'는 보통 대칭적으로 쓰여 수직차원에서 일정한 참조 기준을 중심으로 그 기준보다 수직선상의 높은/낮은 위치를 지시한다. 예를 들면, '꽃병이 책상 위/아래에 놓여 있다'에서는 '책상'을 참조 기준으로 하여 '꽃병'이 놓이는 위치가 '책상'에 대하여 '상-하'로 위치관계가 이루어진다. 그런데 '꽃병이 책상 위에 놓여 있다'에서 '꽃병'과 '책상'은 서로 접촉되어 있지만, '꽃병이 책상 아래에 놓여 있다'에서는 '꽃병'과 '책상'이 서로 접촉되어 있지 않고 일정한 거리를 유지한다. '꽃병'과 '책상'의 경우

---

3) 본고에서 방위명사의 기본의미와 확장의미를 살펴볼 때는 《표준국어대사전》에 실린 뜻풀이를 바탕으로 하고, 필요하면 《고려대 한국어대사전》과 《우리말 큰사전》에 실린 뜻풀이도 참조하여 논의할 것이다.

는 서로 별개의 사물이 '상-하'의 위치를 나타내는 공간 개념을 가지는 것이지만, 어떤 경우에는 대상물이(X) 참조물(Y)의 일부가 될 수도 있다.[4] X와 Y는 수직차원에서 '상-하'의 위치관계를 가지게 되는데, 구체적인 위치에 따라 X와 Y의 위치 형태를 몇 가지 유형으로 나눌 수 있다. 'X가 Y 위에 있다'로 예를 들면, X와 Y의 위치 형태는 세 가지 유형으로 나눌 수 있다.

(3) 가. 꽃병이 책상 **위**에 놓여 있다.
    나. 무릎 **위**에 담요를 하나 걸쳐져 있다.
    다. 양국은 그동안 각각 테이블 **위**에 올려놓았던 초안을 하나로 합쳤다.

(3가)는 책상의 윗면과 꽃병의 밑바닥이 서로 접촉하고 있는 상태이고, (3나)는 담요가 무릎에 걸쳐져 있는 상태로 서로 부착되어 있는 것으로 볼 수 있다. (3다)도 초안 서류로 된 종이가 테이블에 놓여 있는 상태로 종이는 테이블 표면과 맞닿아 서로 밀착되어 있다. 이처럼 X가 Y위에 놓이고 두 사물이 서로 접촉하고 있는 상태가 '위'의 공간적 의미 중 제일 일반적인 경우라고 할 수 있다.

(4) 가. 축구공이 책상 **아래**에 놓여 있다.
    나. 친구의 엄마는 지붕 **아래** 매달린 백열등을 켰고 부엌으로 들어갔다.
    다. 젖은 티슈들을 침대 **아래**로 떨어뜨렸다.

---

4) 이하 대상물은 X로 하고, 참조물은 Y로 한다.

(3가)-(3다)에서는 'X가 Y 위에 있다'고 할 때 X와 Y가 서로 접촉되어 있다고 했지만, '아래'는 경우가 다르다. (4가)와 같이 '축구공이 책상 아래에 있다'고 하면 보통 축구공은 책상과 서로 접촉하지 않고 책상 아래에 있는 바닥에 놓이는 것이다. (4나)와 같이 지붕 아래 걸려 있는 '백열등'은 전깃줄로 '지붕'과 연결되어 있으며 실제로 '지붕'과 '백열등'은 서로 접촉하지 않는다. 마찬가지로 (4다)에서의 티슈도 침대와 일정한 거리를 유지하고 있다.

(5) 가. 사람들이 머리 **위**의 짐칸으로 가방을 올리고 있다.
　　나. 바로 집 **위**가 산이고 집 아래로도 한참 내려가야 민가들이
　　　　있었다.
　　다. 갈매기는 바다 **위**에 날아가고 있다.

'X가 Y 아래에 있다'뿐만 아니라, 'X가 Y 위에 있다'의 경우에도 X와 Y가 서로 유리되는 경우를 많이 발견할 수 있다. (5가)에서는 '사람의 머리'가 '짐칸'과 서로 접촉되어 있는 것이 아니라 수직차원에서 짐칸과 일정한 거리를 둔다. (5나)에서는 산이 집을 기준으로 하고 그 위쪽에 있을 뿐, 산과 집이 서로 밀착되어 있는 것은 아니다. 산과 집이 서로 떨어져 있고 그 사이에 호수, 풀밭이나 숲, 혹은 다른 농가들이 있을 수도 있다. (5다)에서는 갈매기가 바다 수면에 날아가는 것이 아니라, 바닷물을 묻히지 않고 그 위에 있는 상공에서 나는 것이다.

지금까지 수직차원에서 '상하'의 위치관계를 가지고 있는 X와 Y에 대하여, X와 Y의 구체적인 위치형태에 따라 서로 접촉된 상태와 분리된 상태로 나눠서 살펴보았다. 지금까지 살펴본 X와 Y는 서로 접촉되

든 분리되든 각각 별도의 사물이지만, 〈그림 1〉의 서랍과 옷장은 각각 별도의 사물이 아니다. 구조상으로 상자가 옷장 안에 위치한다.

(6) 가. 상자가 옷장 **위쪽**에 있다.
　　나. 상자가 장롱 **아래쪽**에 있다.
　　다. 엄마가 나보고 **위층**에 올라가서 내 방 정리 좀 하라고 하셨다.
　　라. 아버지가 동생보고 **아래층**에 내려와서 저녁을 먹으라고 하셨다.

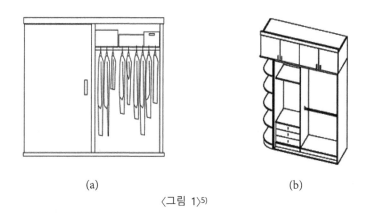

(a) (b)

〈그림 1〉[5]

(6가)-(6라)는 X와 Y가 서로 별도로 분리될 수 있는 것이 아니라 X가 Y에 포함되어 있거나, 혹은 구조상 X가 Y의 일부라고 할 수 있는 예이다. 〈그림 1〉을 보면 알 수 있듯이, 상자와 옷장, 혹은 서랍과 장롱은 별도의 두 개 분리된 사물이 아니라, 서랍이 옷장 안에 포함되

---

5) 출처: a. http://www.92983.com/jianbihua/89.html
　　　　 b. http://www.homekoo.com/

어 있다. 〈그림 1a〉에서 구조상으로 상자는 옷장 안에 옷을 걸리는 공간 위쪽에 놓여 있다. 옷장이 한 사물이라고 간주될 때, 상자는 옷장 중간 부분보다 더 높은 쪽에 있기 때문에 '옷장 위쪽에 있다'고 말할 수 있다. 〈그림 1b〉의 장롱은 여러 칸으로 나누어져, 다양한 물건이 배치되어 들어갈 수 있다. 그 중에 서랍의 위치는 장롱 중간 부분보다 더 낮은 쪽이기 때문에 '장롱 아래쪽에 있다'고 할 수 있다. (6다)를 보면, 집 구조가 2층으로 되어 있을 경우, 보통 현관에 들어가서 바로 보이는 곳은 거실이고, 안방이나 다른 방은 계단에 올라가서 2층에 있는 경우가 많다. 집 전체 구조가 이처럼 2층으로 되는 경우이면, 수직 차원에서 침실의 위치가 거실 위쪽에 있다고 말할 수 있다. (6라)의 경우는 2층짜리 구조로 된 집에서 주방과 거실이 1층에 있고, 침실이 2층에 있는 것이다. 수직차원에서 주방은 침실보다 아래에 있기 때문에 주방에 계신 아버지가 침실에서 공부하는 동생보고 아래로 내려와서 저녁을 먹으라고 하신다고 할 수 있다.

'위/아래'의 공간적 의미는 수직차원에서 '어떤 기준보다 더 높은/낮은 쪽'을 의미하지만, 이 공간 개념의 의미가 전의되어 지리상에서 '북'과 '남'의 의미도 나타낼 수 있다. 즉, 한 위선을 기준으로 하여, '위'는 북쪽 지대를 가리키는 것이고, '아래'는 남쪽 지대를 말하는 것이다.

(7) 가. 서울은 부산 **위**에 있다.
　　나. 호주는 중국 **아래**에 있다.

동서남북과 같은 지리적 방향에 따르면, 서울과 부산은 같은 한반도에 있지만 서울은 북쪽에 있고, 부산은 남쪽에 있다. 지도상 수직차원에서 볼 때, 서울이 소재한 위도는 부산보다 높기 때문에 지리상으로 서울에 부산 위에 있다고 말할 수 있다. 반대로 부산이 소재한 위도는 서울보다 낮기 때문에 지리상으로 부산은 서울에 아래에 있다고 할 수 있다. 마찬가지로 지구본에서 중국은 북반구에 있고, 호주는 남반구에 있기 때문에 수직차원에서 어느 경선을 기준으로 하면, 중국은 위에 있고, 호주는 아래에 있다고 할 수 있다. 이처럼 지리상에서 '위'는 북쪽, '아래'는 남쪽을 의미한다.

지금까지 《표준국어대사전》을 바탕으로 '위/아래'의 공간적 의미 중 '어떤 기준보다 더 높은/낮은 쪽, 또는 사물의 중간 부분보다 더 높은 쪽/낮은 쪽'이라는 '위/아래'의 제일 기본적이고 핵심적인 의미를 살펴보았다. 수직차원에서 X와 Y는 '상하'의 위치관계를 가지게 되는데, X와 Y의 구체적인 위치형태를 X와 Y가 서로 접촉되는 경우, X와 Y가 서로 일정한 거리 두고 분리되는 경우, X가 Y에 포함되는 경우로 나눠서 논의하였다. 수직차원으로 볼 때, 이 세 가지 경우에 X와 Y는 거의 대칭적으로 나타나지만 '위/아래'의 다른 공간적 의미에서는 그렇지 않다.

《표준국어대사전》에는 '위'의 ②번 뜻풀이로 '길고 높은 것의 꼭대기나 그쪽에 가까운 곳'이라고 기재하였다. '위'의 이러한 의미는 '꼭대기'의 ②번 뜻풀이와 같다.[6]

---

6) 꼭대기:
   ① 높이가 있는 사물의 맨 위쪽.
   ② 단체나 기관 따위의 높은 지위나 그런 지위에 있는 사람을 속되게 이르는 말.
   ③ =정수리「1」

(8) 가. 높이 솟은 장대 **위**에는 하얀 깃발이 나부끼고 있다.

　　나. 수부 하나가 돛대 **위**로 기어오른다.

(8가)의 '장대 위'는 '장대'보다 더 높은 쪽이나, 혹은 '장대'의 중간 부분보다 더 높은 쪽을 말하는 것이 아니라, '장대'의 맨 위 '꼭대기'를 가리키는 것이다. 마찬가지로 (8나)의 '돛대 위'도 '돛대'를 기준으로 하여 그보다 높은 쪽이나, 혹은 '돛대'의 중간 부분보다 더 높은 쪽을 말하는 것이 아니라, '돛대'의 맨 위 '꼭대기'를 의미한다. '위'의 이러한 의미는 '꼭대기'와 일치하므로 서로 대치가 가능하다.

(8) 가'. 높이 솟은 장대 **꼭대기**에는 하얀 깃발이 나부끼고 있다.

　　나'. 수부 하나가 돛대 **꼭대기**로 기어오른다.

'위'는 방향과 위치의 의미를 가지고 있을 뿐만 아니라, 어떤 물체 표면의 의미를 나타내기도 한다. 《표준국어대사전》의 '위'의 ③번 뜻풀이는 '어떤 사물의 거죽이나 바닥의 표면'이다. 예를 들면, 무용가가 무대에서 춤을 추고 있을 경우에는, 우리가 그 무대를 한 평면 공간으로 간주하고 무용가가 무대 위에서 춤을 춘다고 할 수 있다.

(9) 가. 얼어붙은 호수 **위**에서 사람들이 스케이트를 타고 있었다.

　　나. 거기서 흰색 분말의 세제가 남자의 바지 **위**로 쏟아진다.

　　다. 벽돌벽 **위**에는 점토를 바르고 사신도를 네 면에 그려 놓았다.

(9가)-(9다)에서의 '위'는 '어떤 사물의 거죽이나 바닥의 표면'의 뜻이다. 여기서 참조물 Y를 어떤 실체적인 평면 공간으로 간주하고,

그 공간에서 활동을 하거나 어떤 사건이 일어나는 것이다. (9가)는 호수 안에 있는 물이 결빙한 다음에 빙판이 돼서 사람들이 이 빙판으로 된 수평 공간에서 스케이트를 타고 있는 것이다. 빙판이 얼어붙은 호수의 표면이기 때문에 우리는 '사람들이 호수 위에서 스케이트를 타고 있다'고 말할 수 있다. (9나)에서 '세제'는 바지보다 더 높은 데에서 쏟아진 것이 아니라 바로 바지를 만들 때 사용하는 옷감에 쏟아진 것이다. 조사 '에'가 이미 '처소'의 의미를 나타내기 때문에 보통은 따로 방위명사를 첨가하지 않고 '세제가 바지에 쏟아졌다'고 하지만 '위'와 같이 사용하기도 한다. (9다)에서도 '벽'보다 높은 곳에서 점토를 바르는 것이 아니라 벽이 평면 공간으로 간주되고 벽면에 점토를 바르는 것이다.

'위'는 지면적인 공간과 관련된 의미도 나타낸다. 《표준국어대사전》의 '위'의 ⑤번 뜻풀이는 '글 따위에서, 앞에서 밝힌 내용'이다. 이러한 의미는 '아래'에서도 대칭적으로 나타난다. 즉, 지면상으로 볼 때 먼저 나온 내용은 '위'에 있고, 나중에 혹은 뒤에 밝힌 내용은 '아래'에 있다고 할 수 있다.

(10) 가. 이 방안에 따르면 **위**에서 설명한 시장 조성 의무를 인수 계약서에 명기하지 않은 등록신청서는 접수가 불가능해진다.
     나. **위**에서 얘기한 게임의 규칙들도 그러한 역할을 한다.
     다. 자세한 내용은 **아래**를 참고하길 바랍니다.
     라. **아래** 내용은 2월 말에 출간된 내용을 요약 정리한 것이다.

(10가)-(10라)에서의 '위/아래'는 지면적인 공간과 관련된 의미를

나타낸다. '위/아래'의 이러한 용법을 시간적인 의미로 보는 주장도 있지만, 이들은 공간적 지면과 더욱 밀접한 연관을 가지고 있기 때문에 본고는 공간적인 의미로 간주한다. (10가)와 (10나)의 '위'는 말이나 글 따위에서 지면상에서 먼저 언급한 내용을 말하는 것이고, (10다)와 (10라)의 '아래'는 반대로 나중에 혹은 뒤에 기술할 글이나 내용을 가리키는 것이다.

'위/아래'의 마지막 공간적 의미는 '강 따위의 물이 흘러가는 방향'과 관련된 것이다. 《표준국어대사전》에는 '위'에 대하여 '강 따위의 물이 흘러가는 반대 방향이나 부분'이고, '아래'에 대하여 '강 따위의 물이 흘러가는 쪽'이라고 하였다.

(11) 가. 강을 따라 가다 보면 그 **위**에 산이 있다.
　　나. 쌍둥이 건물이 하버드의 기숙사이며 강 **아래**쪽은 보스턴 대학이다.

(11가)에서 '위'는 '강에서 물이 흘러가는 반대 방향'을 의미한다. 즉, 산이 소재한 위치가 강물이 흘러가는 방향과 반대로 되어 있다. 여기서 '위'는 위치보다는 방향을 지시하는 것이다. 반대로 '아래'는 '강에서 물이 흘러가는 쪽'을 가리키는 것인데, (11나)에서 보듯 강물이 흘러가는 방향을 지시한다기보다 그 방향에 있는 공간이나 지역을 가리키는 것이다.

이상으로 《표준국어대사전》을 바탕으로 '위/아래'의 공간적 의미를 살펴보았다. 사전에는 '위/아래'의 의미를 몇 가지로 나누었고, 그 중 공간적 의미가 제일 큰 비중을 차지한다. X와 Y는 수직차원에서 '상-하'의 위치관계를 가지게 되는데, 구체적인 위치에 따라 X와 Y의 위치

형태를 세 가지 유형으로 나눠서 고찰하였다. 세 가지 유형이란 X와 Y가 접촉되는 경우, X와 Y가 일정한 거리를 두고 분리되는 경우와 X가 Y에 포함되는 경우이다.[7] '위/아래'는 기본적인 공간적 의미를 가지고 있을 뿐만 아니라, 의미를 전이하여 보다 더 확장된 공간적 의미도 많이 나타낸다.

## 2) 시간적 의미

일반적으로 공간성 범주는 공간명사와 처소명사를 통하여 실현되고, 시간성 범주는 시간명사와 시간부사를 통하여 실현되지만 공간명사와 시간명사가 서로 밀접한 관계를 가지고 있기 때문에 공간명사의 의미가 전이되어 시간적 의미를 나타낼 수도 있다. 공간명사를 사용

---

7) 박경현(1986)에서는 '위/아래'는 대상들 사이에 지각되는 공간적 상하관계를 지정하기도 하고, 한 대상 자체 내의 상하부분을 지정하기도 한다고 하였다. 그리고 이 두 가지 경우는 그림으로 표시하였다. 두 그림에서 X는 대상물이고, Y는 참조물이다. 왼쪽에 있는 그림은 X와 Y가 별개의 대상인 경우이고, 오른쪽 그림은 X가 Y의 한 부분인 경우이다.

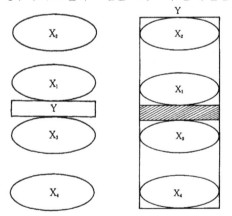

하여 시간적인 의미를 나타내는 것은 여러 언어에 보편적으로 존재하는 현상이다.[8] 임지룡(1980)에서는 한 어휘가 시간 표현과 공간 표현에 공존하는 경우 공간어의 구체성이 감각적 인식의 유추에 의해 정신적 인식인 시간어로 전이된 것으로 나타난다고 하였다. 수직차원에서 '상-하'관계를 나타나는 '위/아래'는 기본적인 공간적 의미뿐만 아니라 시간적 의미도 가지고 있다. 시간 축에서 볼 때 '위'는 '시간적 순서가 앞에 오는 것', '아래'는 '시간적 순서가 뒤에 오는 것'을 의미한다. '위/아래'의 시간적 의미는 '과거와 먼저'를 뜻하는 경우가 더 많이 나타난다.

(12) 가. 중국의 역사는 **위**로 5000년 전까지 거슬러 올라간다.
　　　나. 우리 집안은 아버지 **윗대**까지는 벼슬 한자리 못한 집안이다.
　　　다. **아랫대**에게 재산을 많이 물려주신 모양이다.

(12가)의 '위'는 '시간적 순서가 먼저 오는 것'을 의미한다. 즉, 여기서 '현재'를 기준으로 하여, 역사상으로 볼 때 이미 지나간 수백 년 혹은 수천 년이라는 과거 시간은 '위'이다. 이처럼 수직차원에서 역사의 길고 긴 흐름을 보면, '과거'는 추상적으로 '위'에 위치하고, '미래'는 '아래'에 위치한다. 하지만 '아래'가 자립명사로서 '미래'의 의미를 나타내는 경우는 발견되지 않는다. (12나)와 (12다)의 '윗대/아랫대'

---

8) 홍종선(1992)에서는 위치개념에 대하여 보통 공간성과 시간성으로 나누어 생각하고, 공간 위치와 시간 위치를 얻지 못하면 어떠한 사상이든 그 존재성이 인식의 영역으로 들어올 수 없다는 것이라고 하였다.

는 '위/아래'가 다른 명사와 결합하여 생성된 합성명사이다. '윗대/아랫대'는 집안 족보나 세대에서 현재에 있는 대보다 먼저/뒤의 대를 의미한다. (12나)의 '윗대'는 '조상(祖上)의 대'를 의미하고, (12다)의 '아랫대'는 '뒤에 오는 세대나 시대'의 뜻이다. 즉 '윗대'는 옛날 조상 시대와 그 시대에 사는 사람을 말하는 것이고, '아랫대'는 미래 혹은 앞으로 올 시대와 그 시대에 사는 사람을 가리키는 것이다.

### 3) 추상적 의미

'위/아래'는 공간적 의미에서 시간적 의미로 전이되고, 더 나아가 은유를 통하여 추상적인 의미까지 가지게 된다.《표준국어대사전》의 '위/아래'의 뜻풀이를 보면, '위/아래'의 추상적 의미는 크게 두 가지로 나눌 수 있다. 첫 번째는 '신분, 지위, 연령, 등급, 정도 따위에서 어떠한 것보다 높은 쪽/낮은 쪽'의 의미이고, 두 번째는 '조건, 영향 따위가 미치는 범위'의 의미이다. '위/아래'의 추상적 의미는 은유나 문법화 과정을 거쳐 실현된다. 은유는 '어떤 사물이나 경험을 다른 것으로 이해하고 경험하는 것이다'라고 정의된다.9) Lakoff and Johnson (1980)에서는 은유를 네 가지로 대별하고 있고, 그 중에 공간 개념과 많이 연관되는 은유는 지향은유이다.10) 지향은유는 '상하'의 의미관

---

9) 박영순(2000)에서는 은유(metaphor)는 그리스어 동사 'metapherein'에서 왔으며, 어원상 'meta'(초월, over, beyond)와 'phora'(옮김, 전이 carring, transfer)의 합성어로서 '의미론적 전이'란 뜻인데, 결국 to speak about X in terms of Y가 되는 것이라고 하였다.

10) Lakoff & Johnson(2003, 2nd ed.)에서는 은유를 다시 구조은유(structural metaphor), 지향은유(orientational metaphor)와 존재은유(ontological metaphor) 세 가지로 나누었다. 'The division of metaphors into three types---

계 등의 공간적인 지향성과 밀접한 관련을 가지고 있고, 사회적 및 문화적 영향까지 끼치고 있다.

    (13) 가. **위로**는 회장에서, **아래로**는 평사원까지 모두 수련회에
            참석하였다.
        나. 그보다 세 살 **아래**였지만, 그녀는 그를 남동생처럼 대했
           고 많이 챙겼다.
        다. 우리 고유 문화의 바탕 **위**에 외국 문화를 받아들여야
           한다.
        라. 8일자에서도 합참 발표를 인용해 '서해 교전은 북한 해
           군이 치밀한 계획 **아래** 저지른 의도적 도발임이 밝혀졌
           다'고 보도했다.

  (13가)의 '위/아래'는 힘과 권력이 있는/없는 사람을 가리키는 것이고, (13나)의 '아래'는 '나이'가 적다는 의미를 나타난다. (13다)의 '위'는 '어떤 일이나 조건 따위에 의하여 특징지어지는 테두리나 범위'라는 뜻이고, (13라)의 '아래'는 '조건, 영향 따위가 미치는 범위'라는 의미이다. Lakoff and Johnson(1980)에서는 'UP/DOWN'의 첫 번째 추상적 의미에 대하여 아래 도표처럼 'UP'에 대한 영상 도식을 '좋은 것, 많은 것, 통제나 힘이 있는 것, 높은 지위, 의식, 건강과 삶, 미덕, 행복, 이성적인 것, 미래, 앞'으로 나누고, 'DOWN'은 '나쁜 것, 적은

---

orientational, ontological, and structural--- was artificial.
Kovecses(2002)에서는 지향은유는 한 개념이 상향지향으로 특징이 지어지면 그 반대 개념은 하향지향으로 특징이 지어지는 것과 같이 일관성이 있게 개념화되는 방식이기 때문에 지향은유는 결속성 은유(coherence metaphor)라고 부르는 것이 더 적절하다고 하였다.

것, 통제나 힘에 따르는 것, 낮은 지위, 무의식, 아픔과 죽음, 타락, 슬픔, 감정적인 것, 과거, 뒤'로 분류하였다.[11]

〈표 4〉'UP/DOWN'에 대한 영상도식의 분류

| UP | DOWN |
| --- | --- |
| 좋은 것 | 나쁜 것 |
| 많은 것 | 적은 것 |
| 통제나 힘이 있는 것 | 통제나 힘에 따르는 것 |
| 높은 지위 | 낮은 지위 |
| 의식 | 무의식 |
| 건강과 삶 | 아픔과 죽음 |
| 미덕 | 타락 |
| 행복 | 슬픔 |
| 이성적인 것 | 감정적인 것 |
| 미래 | 과거 |
| 앞 | 뒤 |

〈표 4〉는 Lakoff and Johnson(1980)의 '위/아래'에 대한 영상도식의 분류이다. 분류된 항목을 보면, '위/아래'는 크게 '긍정적/부정적'을 기준으로 하여 구분되었다.[12] 예를 들면, '많은 것, 좋은 것, 행복'등은 긍정적인 의미를 담고 있고, '적은 것, 나쁜 것, 슬픔'등은 부정적인

---

11) Johnson(1987)에서는 영상도식은 지각과 운동 경험을 통해 얻어진 것들을 의미 있게 만들기 위해 질서를 잡아가는 활동의 반복적, 역동저그 규칙적 유형이며, 경험과 이해를 조직화하는 구조라고 했다.
12) 노재민(2009)에서는 '위/아래'가 추상적 의미로 쓰일 때 흔히 질적인 극성의 대립 곧 긍정 대 부정의 가치평가 개념이 나타난다고 하였다.

의미가 포함되어 있다. 이 분류에서 '미래'는 '위', '과거'는 아래로 되어 있지만 한국어는 이와 다르다. 앞서 '위/아래'의 시간적 의미에 대한 논의에서 시간 축에서 볼 때 '위'는 '시간적 순서가 앞에 오는 것', '아래'는 '시간적 순서가 뒤에 오는 것'을 의미한다고 하였다. 즉 한국어의 경우에는 Lakoff and Johnson(1980)에서 제시한 '미래'는 '위'에 있고, '과거'는 '아래'에 있는 것과 반대로 나타난다. 임지룡 (1997)에서는 〈표 4〉에 나와 있는 '위/아래'의 영상 도식을 한국어에 적용하여 '위/아래'가 포함하는 지향은유를 '양', '평가'와 '지배'로 세 가지로 나누었다. 본고는 이를 바탕으로 '위/아래'의 영상 도식을 한국어에 적용할 때 아래 〈표 5〉와 같이 네 가지로 분류한다.

〈표 5〉 '위/아래'에 대한 영상도식의 분류

| 위 | 아래 |
|---|---|
| 많은 것 | 적은 것 |
| 좋은 것 | 나쁜 것 |
| 통제나 힘이 있는 것 | 통제나 힘에 따르는 것 |
| 높은 지위 | 낮은 지위 |

➤ **많은 것은 위, 적은 것은 아래:**

우리가 연령, 금액, 정도 등을 숫자로 언급하고 비교할 때, 단순히 그 숫자를 가지고 '양'이 많고 적다고 판단하기는 어렵다. 하지만, '양'을 나타나는 숫자를 '위/아래'와 같은 수직차원에서 보면 우리가 그 '양'이 많은지, 적은지 쉽게 이해할 수 있게 된다. 가령 어떤 회사의 2014년 수익은 2억이고 2015년 수익은 3억이라고 하자. 이 금액만 가지고서는 전년에 비해 수익이 어느 정도 증가했는지 짐작이 어려울 수도 있다. 하지만 2014년과 2015년의 수익금액이 좌표축에서 직방체로 반영되면 그 증폭이 쉽게 인지된다. 2015년의 수익금액은 2014년의 수익금액보다 많기 때문에 수직차원에서 기준축이 같다면 2015년의 수익금액에 해당하는 직방체가 2014년에 수익금액에 해당하는 직방체보다 높다. 수직선에서 볼 때 2015년의 수익금액에 해당하는 직방체는 높이가 길기 때문에 2014년의 수익금액에 해당하는 직방체 '위'에 있고, 마찬가지로 2014년의 수익금액에 해당하는 직방체는 높이가 짧기 때문에 2015년의 수익금액에 해당하는 직방체 '아래'에 있다. 이처럼 '양'에 대한 판단이 어려울 때 수직차원에서 '위/아래'의 개념을 사용하면 '양'의 많고 적음을 쉽게 이해할 수 있다. '위/아래'는 연령에 관한 의미를 자주 나타낸다.

> (14) 가. 내겐 나보다 일곱 살 **위**인 언니도 있다.
> 나. 우리보다는 서너 살 **아래**로 보이는 사람이 사사편찬실
> 팀장이었다.

(14가)와 (14나)에서의 '위'와 '아래'는 연령에 관한 개념이다. 연령은 시간과 밀접한 연관이 있기 때문에 이 용법을 '위/아래'의 시간적 의미로 간주하는 주장도 있다. 그러나 본고는 《표준국어대사전》에 제시된 뜻풀이에 따라 '위/아래'가 연령에 관한 의미를 나타내는 용법은 추상적 의미로 간주한다. (14가)에서의 '위'는 연령이 '나의 연령'을 기준으로 하여, 그보다 나이가 더 많다는 뜻이고, (14나)에서의 '아래'는 '우리의 연령'을 기준으로 하여, 그보다 나이가 더 어리다는 의미한다.

(15) 가. 20평짜리가 없는데, 그 **위**는 많다.

　　　나. 동생이 50만원대 **아래**로 메탈시계를 추천해 달라고 했
　　　　 어요.

　연령뿐만 아니라, 생산량, 금액, 면적 등 숫자로 '많다/적다'의 의미
를 나타나는 경우라면 어느 경우에나 '위/아래'를 많이 찾아볼 수 있
다. 즉, 일정한 수량을 기준으로 하여, 그 수량보다 많은 것은 '위'로
간주하고, 반대로 설정한 수량보다 적은 것은 '아래'로 인식한다. 예를
들면, (15가)에서는 20평의 방 크기를 기준으로 설정하여, '위'가 20평
보다 더 넓은 방을 의미한다. (15나)에서는 50만원을 기준으로 설정하
여, 그 '아래'는 50만원보다 더 적은 액수를 의미한다. 이처럼 우리가
수량을 비교할 때, 일정한 수량을 기준으로 설정하여, 그보다 더 많은
수량은 '위쪽'으로 인식하고, 그보다 적은 수량은 '아래쪽'으로 생각한
다.

#### ➤ 좋은 것은 위, 나쁜 것은 아래:

　수량의 많고 적음뿐만 아니라, 사회적 가치와 인식도 '위/아래'와
밀접한 연관을 가지고 있다. Lakoff and Johnson(1980)에서는 건강과
삶, 미덕, 행복 등 사람에게 좋은 것들을 위로 인식하고, 아픔과 죽음,
타락, 슬픔 등 부정적인 것들을 아래로 인식한다고 하였다.[13] 이 이론
을 한국어에 적용하면, 좋은 가치관, 높은 수준, 훌륭한 성품, 적극적
인 생각, 좋은 결과 등은 위에 있고, 반대로 나쁜 가치관, 낮은 수준,

---

13) Taylor(1989)에서는 삶, 건강, 의식 등이 긍정적 의미로 받아들여지는 것은
　　인간의 직립 자제와 관련이 있다고 하였다.

비도적적인 성품, 소극적인 생각, 나쁜 결과 등은 아래에 있다고 할 수 있다.

> (16) 가. 이번 출품작들은 대체로 평균 수준에 **웃도는** 것들이었다.
> 　　나. 이번 시험은 평균 점수 **아래**로 떨어졌다.

(16가)의 '웃돌다'는 접두사 '웃-'과 다른 동사가 결합하여 형성된 파생어이다.[14] '위'는 파생어를 형성할 때 주로 '위', '윗'과 '우' 형태로 나타나고, '웃-'은 '위'의 뜻을 더하는 접두사이다.[15] 일반적으로 수준이나 정도를 판단할 때 높은 수준, 혹은 좋은 품질은 설정한 기준으로 하여 그 '위'에 있고, 반대로 낮은 수준, 혹은 좋지 않은 품질은 그 '아래'에 있다고 생각한다. (16가)의 '웃돌다'는 출품작이 설정한 평균 수준에 비해 더 넘어서 높은 수준에 있다고 말하는 것이다. (16나)의 경우, 시험점수를 평가할 때 일정한 점수를 기준으로 하여, 그 기준보다 높은 점수는 '위'로 하고, 반대로 낮은 점수는 '아래'로 인식하는 것이다.

➤ **통제나 힘이 있는 것은 위, 통제나 힘에 따르는 것은 아래:**
　Lakoff and Johnson(1980)에서는 통제나 힘이 있는 것은 위, 통제나 힘에 따르는 것은 아래라고 제시하였다. 즉 힘이 있는 것은 '위'로

---

14) 《표준국어대사전》에 '웃-'은 아래위의 대립이 없는 몇몇 명사 앞에 붙어 '위'의 뜻을 더하는 접두사라고 해석되어 있다.
15) 이동석(2000)에서는 '웃-'은 원래 '웋ㅅ'에서 유래되고, '우ㅎ'는 명사로 존재하다가 현대 한국어에서 '위'로 교체되어 '위' 형태의 합성어 요소로서 작용할 수 없게 되었다고 해석하였다.

나타나고, 힘이 없는 것은 '아래'로 나타난다. 특히 봉건 시대부터 인간사회에서는 지배관계를 형성하며 힘을 가진 사람이나 집단은 힘이 없는 사람이나 집단을 관리하기 때문에 통제하는 쪽이나 힘이 있는 쪽은 '위'로, 반대로 피지배자나 힘이 없는 쪽은 '아래'로 인식한다.

(17) 가. 가부장적 위계질서는 국가와 사회의 관계에도 적용되어 국가가 사회 **위**에 존재하는 국가우위론이 당연하게 받아들였다.

나. 교회사 속에서 교회는 국가 **위**에 군림하기도 하였으며, 국가와 대등의 관계에 있기도 하였으며, 국가의 지배를 받기도 하였다.

다. 1624년 네덜란드의 침공으로 37년간의 지배 **아래** 놓였던 타이완은 1661년 대륙의 명나라가 침공하여 다시 한족(漢族)의 지배를 받았다.

라. 특히 군사 통치 **아래**서 많은 제약을 받아 온 출판의 자유는 6·29 선언 이후 민주화 과정에서 자유의 폭이 크게 넓혀져 온 것이 사실이다.

(17가)에서 '국가가 사회 위에 존재하는 것'은 '국가'가 가지는 권력이나 힘이 '사회'보다 더 많고, (17나)에서 '교회는 국가 위에 군림하는 것'은 '교회'가 '국가보다' 영향력이나 힘이 더 세다는 뜻이다. 국가는 일정한 영토와 거기에 사는 사람들로 구성되고, 주권에 의한 하나의 통치 조직을 가지고 있는 사회 집단이고, 사회는 같은 무리끼리 모여 이루는 집단이다. 국가는 사회가 이루어지는 사람과 집단을 다스리며 사회보다 권력이나 힘이 더 많기 때문에 계층으로 보면 국가는 사회 '위'에 존재한다. 유럽 일부 국가의 역사를 보면, 그 나라는 역사상에

서 교회와 뗄래야 뗄 수 없는 존재이다. 예를 들면, 로마 시대에 천주교의 권력과 영향력은 국가보다 더 강했기 때문에 국가 위에 군림할 때가 있었다. 일반적으로 '위'는 '힘이 있는 쪽'에서 나타나지만, '우리 조직은 위로 갈수록 힘이 없어진다.'에서처럼 거꾸로 되는 경우도 있다. (17다)의 경우, 당시에 지배를 당한 타이완은 네덜란드에 비해 힘이 없는 존재였기 때문에 지배를 하는 쪽인 네덜란드가 '위'로, 지배를 당하는 쪽인 타이완이 '아래'로 인식되었다. 마찬가지로 (17라)에서도 군대, 군비, 전쟁 따위와 같은 군에 관한 일은 힘이 더 세서 '위'에 위치하고, 힘에 따르는 사람과 집단은 통치를 받기 때문에 '아래'에 위치한다.

➤ **높은 지위는 위, 낮은 지위는 아래:**

  봉건사회 이래로, 사회를 이루는 사람이나 집단은 계층별로 나뉠 수 있었다. 예를 들면, 고대 혹은 근대의 입헌군주제 정체 하에서는 황제가 모든 권력을 가지고 있기 때문에 황제는 그 나라에서 제일 높은 사람이고, 모든 신하나 백성들은 황제에게 통치를 당하기 때문에 사회에서 낮은 계층에 속해 있다. 수직선상에 황제와 백성의 관계를 볼 때, 황제는 위에 있고, 백성은 아래에 있다. 이와 비슷한 조직 관계가 오늘날도 존재한다. 우리 사회에서 정부기관이나 회사와 같은 조직에서 권력을 가진 고위 관계자는 힘이 없는 부하 직원들을 관리한다.

  (18) 가. **위로**는 회장에서, **아래**로는 평사원까지 모두 수련회에
        참석하였다.
      나. **위**에서 명령하면 **아래**에서는 복종한다.

(18가)에서 '위'와 '아래'는 각각 회사의 '회장'과 '평사원'을 지칭한다. 회장은 회사에서 모든 권력을 가지고 있고, 모든 업무를 총괄하기 때문에 제일 높은 자리에 위치하고, 반대로 평사원은 권력이 없고, 업무를 수행만 하는 역할을 하기 때문에 조직에서 낮은 위치에 있다. 수직선상에서, 회장은 '위'에 있고, 평사원은 '아래'에 있다. 마찬가지로 (18나)에서 '위'와 '아래'는 각각 지칭된 대상이 명시적으로 나타나지 않지만 보통 한 기관이나 조직에서 높은 지위에 있는 사람, 상급의 위치에 있는 기관 등은 '명령'을 내리고, 신분이나 지위가 낮은 쪽에서 그 '명령'에 복종하는 것이다. 이처럼 높은 지위에 있는 사람과 낮은 지위에 있는 사람 간의 종속관계는 수직선상에서 전자가 '위'에 있고, 후자가 '아래'에 있다.

----------\* \* \*----------

지금까지 Lakoff and Johnson(1980)에서 제시한 '위/아래'에 대한 영상도식의 분류를 한국어에 적용하여 다시 네 가지로 나눠서 '위/아래'의 추상적 의미를 살펴보았다. 살펴본 결과를 보면, '좋은 것, 많은 것, 힘이 있는 것, 높은 것'등과 같은 긍정적인 것은 '위'로 나타나고, 반대로 '나쁜 것, 적은 것, 힘이 없는 것, 낮은 것'등과 같은 부정적인 것은 '아래'로 나타난다. 《표준국어대사전》에 제시된 '위/아래'의 추상적 의미를 보면, '위/아래'는 '일정한 범위'의 의미도 가지고 있다. '위'는 '어떤 일이나 조건 따위에 의하여 특징지어지는 테두리나 범위'라는 의미이고, '아래'는 '조건, 영향 따위가 미치는 범위'라는 의미이다.

(19) 가. 공고한 기초 **위**에 좋은 건설이 있다.

나. 우리 고유문화의 바탕 **위**에 외국 문화를 받아들여야 한다.

(20) 가. 그 모든 고모의 보호 **아래**서 나는 고모로부터 탈출이 나에게 가져다 줄 자유와 해방감을 기다리고 있었을 것이다.

나. 정교한 계획 **아래** 신중하게 추진할 것을 당부한다.

(19)과 (20)에서는 '위'와 '아래'의 더욱 추상적인 용법이 보이고 있다. (19가)와 (19나)의 '위'는 '어떤 일이나 조건 따위에 의하여 특징지어지는 테두리나 범위'의 의미이다. (19가)의 '좋은 건설'은 '공고한 기초'를 전제로 하고, '좋은 꽃과 열매'는 '튼튼한 뿌리'를 전제로 한다. 즉, 앞에 있는 것이 뒤에 있는 것의 전제 조건이다. (19나)에서도 외국문화를 받아들이는 조건으로 '고유문화'를 전제한다. (20가)와 (20나)에서의 '아래'는 '조건, 영향 따위가 미치는 범위'의 의미이어서, '아래' 앞에 있는 것은 보통 어떤 환경이나 사람의 도움을 받거나 힘을 빌려서 실현하는 행위의 전제 조건이 된다.

'위/아래'는 사람의 허리를 기준으로 각각 인체 상반신과 하반신을 가리키기도 한다. 보통 상반신은 몸의 허리보다 높은 부분이고, 하반신은 몸의 허리보다 낮은 부분이라고 한다. 하지만 '아래'는 하반신 외에 완곡 표현으로 '음부'를 지칭하기도 한다. 완곡 표현은 불쾌하고 가증스럽거나 공격적인 어떤 것을 직접적인 용어를 사용하는 대신 모호하고 보다 우회적인 용어로 완곡하게 표현하는 방법이다. '음부'를 직접으로 말하면 좋지 않은 느낌을 받기 때문에 불쾌감, 혹은 혐오감을 최대한 회피하고 부드럽게 우회적으로 '아래'라는 위치로 그 부위를 말하는 것이다.

한국어에서 '어떤 기준보다 낮은 쪽'과 같은 의미를 가진 공간 표현은 '아래' 외에 '밑'도 있다. '아래'와 '밑'은 모두 '어떤 기준보다 더 낮은 쪽'이라는 의미를 가지고 있지만 '밑'은 '아래 쪽'뿐만 아니라 '물체의 맨 아래 쪽', 즉 '밑바닥'이라는 의미로도 쓰인다. 먼저 사전에 '밑'과 관련된 뜻풀이가 어떻게 기술되어 있는지 살펴보자.

〈표 6〉 '밑'의 사전적 의미

| 밑 | | |
|---|---|---|
| 《표준국어대사전》 | 《고려대 한국어대사전》 | 《우리말 큰사전》 |
| ① 물체의 아래나 아래쪽. | ① 드리워진 특정한 사물보다 낮은 쪽에 있는 공간. ② 닫힌 공간의 바닥이나 땅에 가까운 부분. ③ 바닥의 아래에 위치한 면. ④ 사물이 높이 솟아 있을 때, 그 사물과 지면의 닿는 잇저리. ⑤ 만유인력이 작용하는 쪽. ⑩ 물건을 쌓거나 괸 줄의 밑이나 글자의 밑. | ① 무엇이 있는 자리의 아래쪽이나 속. |
| ② 나이, 정도, 지위, 직위 따위가 적거나 낮음. | ⑦ 나이, 정도, 지위, 직위 따위가 적거나. | ③ 정도, 지위, 나이 따위가 낮거나 적음. |
| ③ ('밑에서' 꼴로 쓰여) 그 명사의 지배, 보호, 영향 따위를 받는 처지임을 나타내는 말. | ⑥ (주로 '밑에서'의 꼴로 쓰여) 어떠한 대상의 지배나 보호, 영향 등을 받는 처지나 위치. | ⑨ 임자말 다음에 '-에'와 함께 쓰이어 지배, 보호, 영향 따위를 받는 처지임을 나타낸다. |
| ④ 일의 기초 또는 바탕. | ⑧ 어떠한 일이나 주제의 기초 또는 바탕. | ② 일의 기초 또는 바탕. |
| ⑤ 한복 바짓가랑이가 | ⑫ 한복 바짓가랑이가 갈리 | ⑧ 한복 바지 가랑이가 갈 |

| 밑 | | |
|---|---|---|
| 《표준국어대사전》 | 《고려대 한국어대사전》 | 《우리말 큰사전》 |
| 갈리는 곳에 붙이는 헝겊 조각. | 는 곳에 붙이는 헝겊 조각. | 리는 곳에 붙이는 헝겊 조각. |
| ⑥ = 밑구멍 | ⑭ '항문'을 속되게 이르는 말. | ④ '밑구멍'의 준말. |
| ⑦ = 밑동 | ⑬ 긴 물건의 맨 아랫동아리. | ⑥ '밑동'의 준말. |
| ⑧ = 밑바닥 | ⑨ 사물의 밑을 이루고 있는 편평한 부분. | ⑤ '밑바닥'의 준말. |
| ⑨ = 밑절미 | ⑯ 일이나 물건의 기초. 또는 본디부터 있는 바탕. | ⑦ '밑절미'의 준말. |
| ⑩ = 밑천 | | |
| | ⑪ '남쪽'을 이르는 말. | |
| | ⑮ 여자의 음부를 속되게 이르는 말. | |

〈표 6〉을 보면, 《표준국어대사전》의 '밑'의 공간적 의미와 관련된 뜻풀이는 ①번, ⑤번, ⑦번과 ⑧번이다.[16] 《우리말 큰사전》의 '밑'의 ①번 뜻풀이는 《표준국어대사전》에의 ①번과 유사하지만, 《고려대 한국어대사전》의 '밑'의 기본적인 공간 의미는 여섯 가지로 세분되어

---

16) 밑동: 「1」긴 물건의 맨 아랫동아리. 늑밑01「7」.
　　　「2」나무줄기에서 뿌리에 가까운 부분.
　　　「3」채소 따위 식물의 굵게 살진 뿌리 부분.
　　밑바닥: 「1」어떤 것의 바닥 또는 아래가 되는 부분. 늑밑01「8」.
　　　「2」어떤 현상이나 사건의 바탕에 깔린 근본적인 것을 비유적으로 이르는 말.
　　　「3」아무것도 없는 상태나 최하층을 비유적으로 이르는 말.
　　　「4」어떤 정체나 속뜻.

있다. '밑'의 공간적 의미를 보면, ①번 뜻풀이와 앞에서 살펴본 '아래' 의 ①번 뜻풀이가 모두 '낮은 위치'의 의미를 뜻하지만 수직차원에서 '밑'은 '아래'보다 한층 더 내려가 '바닥'의 의미도 가지고 있다.[17] 즉, '아래'의 ①번 공간적 의미는 '아래'와 '밑'으로 나눌 수 있고, 광의 적으로 보면 '밑'의 공간적 의미는 '아래'의 ①번 공간적 의미에 포함 되어 있다. 먼저 '아래'의 ①번 뜻풀이와 비교하여, '밑'의 공간적 의미 를 살펴보자.

(21) 가. 숨바꼭질을 할 때는 동생은 책상 **밑**에 숨어 있었다.
　　 나. 가을 하늘 **밑**에 꽃밭의 빛깔도 한결 눈부시다.
　　 다. 와인 병 **밑**에 찌꺼기처럼 남는 것은 보통 주석(Tartaric) 이라고 부른다.
　　 라. 시험관 **밑**에 알코올램프로 불을 붙여 서서히 가열시켰 다.
　　 마. 우리는 책 **밑**에 깔려있는 신문의 한쪽 귀퉁이만 보아도 그것이 신문인지를 알 수 있다.
　　 바. 유람선이 생미셸 다리 **밑**으로 들어간다.

---

17) ⑦번과 ⑧번 뜻풀이는 '밑'의 협의적인 공간 의미로 ①번 뜻풀이를 뜻하는 광의적인 공간의미에 포함되어 있다고 생각한다.

(a)                              (b)

〈그림 2〉18)

　(21가)-(21바)에서의 '밑'은 공간적 의미인 '물체의 아래나 아래쪽'의 의미를 나타내기 때문에 '아래'와 교체하여 사용해도 무방하다. 이 중에 (21다)와 (21라)의 '밑'은 아래 〈그림 2〉에서 나와 있듯이 다시 '물체의 안쪽 바닥'과 '물체 바닥의 바깥쪽'의 두 가지 경우로 나눌 수 있다. 여기서 X가 Y 바닥의 바깥쪽과 접촉하느냐 아니하냐에 따라 다시 두 가지 경우로 나눌 수 있다. (21가)는 수직차원에서 볼 때 책상의 윗면과 책상의 다리가 하나의 입체공간을 이룬다. 책상의 네 개 다리는 하나의 평면공간을 둘러싸고, 이 평면공간은 책상의 밑바닥 부분이라고 할 수 있다. '동생'은 책상 윗면과 책상의 다리로 만든 공간에 있기 때문에 책상 밑에 숨어 있다고 말할 수 있다. (21나)에서 '하늘 밑'은 '어떤 기준보다 낮은 쪽'을 가리키는 것이라고 보는 것이 타당하다. 여기서 '하늘 밑'은 '땅 바닥'을 가리킬 뿐만 아니라,

---

18) 출처: a. http://jianbihuatupian.yipinhome.com/
　　　　 b. http://zuoye.baidu.com/

더 넓은 의미에서 인간 세계를 둘러싸고 있는 천체·산천·식물·동물 따위의 모든 세계를 말할 수도 있다. 이럴 경우에는 '아래'로 대치해도 의미상 큰 차이가 생기지 않는다. (21다)의 경우, 〈그림 2a〉에 나와 있듯이 와인 병의 '밑'은 와인 병의 맨 아래쪽, 즉 와인 병의 안쪽 밑바닥 부분을 말하는 것이다. 찌꺼기가 지구의 인력과 액체의 밀도의 영향을 받아 병에 뜰 수 없어, 와인 병 맨 아래쪽으로 내려가 침전물이 되어 밑바닥에 가라앉을 수 있다. (21라)의 경우, 시험관 안의 물이 비등이 되기 위해 비커를 가열해야 하는데, 보통 물체를 가열시킬 때 물체의 내부를 직접 가열하는 것이 아니라 불을 외부에 대는 것이다. 불이 물체의 외부에 닿으면 열이 전도되어 내부까지 온도가 올라간다. 이러한 원리로 알코올램프로 가열시키는 위치는 시험관의 안쪽 바닥면이 아니라 〈그림 2b〉에 나와 있는 것처럼 시험관 바닥의 바깥쪽이 된다. 알코올램프가 시험관의 바깥쪽 밑바닥을 가열하면 비커 전체가 열을 받는 것이다. (21마)의 경우, 책의 뒤표지는 안쪽과 바깥쪽의 두 가지로 나눌 수 있는데, 보통 '책의 밑'이라면 바깥쪽에 있는 뒤표지를 말하는 것이다. 신문지가 책 밑에 깔려 있는 경우는 신문지는 책의 바깥쪽에 있는 뒤표지와 접촉한 상태이다. (21마)와 같은 경우는 더 많은 예를 들 수 있다. 예를 들면, '찻잔 밑에 스티커를 붙였다', '씹던 껌을 책상 밑에 붙여 놓았다.' 이처럼 (21라)와 (21마)에서 '밑'은 모두 '물체 바닥의 바깥쪽'을 가리키며 X와 Y는 서로 접촉하거나 밀착되어 있다. 한편 (21바)의 '다리 밑'은 물체 바닥의 바깥쪽을 지칭되어 있지만 X와 Y가 서로 일정한 거리를 유지하기 때문에 (21라)나 (21마)의 경우와는 다르다. 여기서 '다리 밑'이라는 위치는 다리의 '밑바닥'을 가리키는 것이 아니라, 수직선에서 보았을 때 교량 노면보다 낮은 곳을 말하는 것이다.

앞에서 '아래'의 ①번 공간적 의미는 '아래'와 '밑'으로 나눌 수 있고, 넓은 의미에서 '밑'의 공간적 의미인 '물체의 아래나 아래쪽'은 '아래'의 ①번 공간적 의미에 포함되어 있다고 언급하였다.

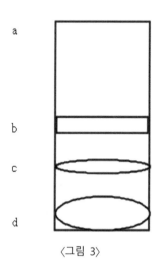

〈그림 3〉

〈그림 3〉을 통해 '아래'와 '밑'의 위치 차이를 쉽게 이해할 수 있다. 〈그림 3〉에서 횡단면 b는 한 직육면체로 된 용기를 대등하게 분할하고 있다. 횡단면 b는 이 직육면체의 중심이며, 수직선에서 횡단면 b 위치보다 높은 구역이 윗부분이고, b 위치보다 낮은 구역이 아랫부분이다. 이 분할로 말미암아 b에서 d 사이에 있는 임의의 한 구역은 이 직육면체의 '아래'에 위치한다고 말할 수 있다. 즉 b-c 구역과 c-d 구역, 혹은 b-d 구역 중에 어느 구역이든 수직선에서 모두 이 직육면체의 '아래'에 위치한다. 한편 이 직육면체의 밑바닥 부분은 맨 아래쪽에 있기 때문에 '아래'보다는 '밑'이라고 부르는 것이 더 자연스럽다.

왜냐하면 '아래'와 '밑'은 모두 '어떤 기준보다 더 낮은 위치'를 뜻하지만 '밑'은 어떤 공간이나 용기의 '바닥'이나 '맨 아래쪽 면'을 가리키기 때문이다. 즉, '밑'은 물체의 아랫부분이나 아래쪽을 가리키는 것을 기본 의미로 하지만 물체 자체에서 땅에 가까운 부분을 가리키기도 한다. 반면에 '아래'는 '밑'의 이러한 의미를 가지지 않고 수직선에서 어떤 점을 기준으로 그보다 낮은 위치만 가리키는 것이다.[19] 입체의 아래쪽 바닥과 관련된 공간 위치를 기술할 때는 '밑'과 '아래'를 구분하여 사용하지만 어떤 물체를 기준으로 그보다 낮은 위치를 가리킬 때는 '밑'과 '아래'의 뜻이 매우 유사하기 때문에 서로 혼용된다. 앞에서 '아래'의 공간적 의미, 시간적 의미와 추상적 의미를 논의한 순서대로 '아래'를 나타내는 자리가 '밑'으로 대치 가능한지 살펴보자.

(22) 가. 젖은 티슈들을 침대 **아래/밑**으로 떨어뜨렸다.
    나. 서론에서 **아래/밑**으로 내려가면 조금 전에 언급한 내용
       이 보일 것이다.
    다. 지도상으로 봤을 때, 멕시코는 미국 **아래/밑**에 있다.

(22가)의 '아래'는 공간상의 낮은 쪽을 말하는 것이고, (22나)의 '아래'는 지면상의 낮은 쪽을 말하는 것이고, (22다)의 '아래'는 지리상의 낮은 쪽을 말하는 것이다. '밑'은 공간적 의미가 '물체의 아래나 아래쪽'이기 때문에 이 세 가지 경우에서 모두 '아래'와 대치하여 사용이 가능하다.

---

19) 전수태(1996)에서는 '밑'은 어떻든 입체의 아래쪽 바닥과 관련이 있고 '아래'는 아래쪽 바닥을 떠나 하부에 떠 있는 것을 의미한다고 하였다.

'밑'에는 시간적인 의미는 없지만 추상적인 의미는 있어서, '아래'와 같이 '나이, 정도, 지위, 직위 따위'에서 '적은 것, 나쁜 것, 통제나 힘에 따르는 것, 낮은 지위'등 부정적인 의미를 주로 나타낸다.

(23) 가. 동생은 나보다 두 살 **아래/밑**이다.
　　 나. 휘발유 값이 두달만에 리터당 1900원선 **아래/밑**으로 떨어졌다.
　　 다. 하늘의 나라(환웅)와 그 지배 **아래/밑**에 있는 동물의 나라는 '신시'에서 서로 만났고, 신시 속에서 인간의 역사가 탄생했다.
　　 라. 위로는 장관급에서 **아래/밑**으로는 사무처 요원에 이르기까지...

(23가)-(23라)를 보면, '아래'의 추상적 의미로 파악된 '나이가 적은 쪽, 정도나 결과가 나쁜 쪽, 통제나 힘에 따르는 쪽, 직위가 낮은 쪽'은 '밑'과 대치해서 사용할 수 있다.

(24) 가. 운이 좋게도 순혈의 뱀파이어로 태어나 부모님의 **아래/밑**에서 자랐다.
　　 나. 좋은 선생님 **아래/밑**에서 좋은 수업을 받으면, 그만큼 여러 가지 다른 상황 속에서도 임기응변이 가능해진다.

《표준국어대사전》에는 '밑'의 ③번 의미로 '그 명사의 지배, 보호, 영향 따위를 받는 처지임을 나타내는 말'을 제시하였다. 이와 '아래'의 '조건, 영향 따위가 미치는 범위'라는 의미는 대체로 일치한다. 예문 (24가)와 (24나)에서 '밑'과 '아래'를 서로 교체해도 의미 전달에 문제가 생기지 않는다는 점에서 이를 알 수 있다.

　지금까지 살펴본 바를 보면, '밑'은 '아래'와 비슷한 의미를 가지고 있기 때문에, 공간적 의미와 추상적 의미는 대체로 '아래'와 대치하여 쓰일 수 있다. 앞에서 '아래'는 하반신 외에 완곡 표현으로 '음부'를 지칭하기도 한다고 하였다. 이와 비슷한 의미를 '밑'도 가지고 있다.

　　(25) 가. 교장선생님 일이라면 **밑**이라도 닦아드릴 뫗이 있는 놈입
　　　　　 니다.
　　　　나. 요즘 날씨가 추워서인지 다방에는 **밑**이 질긴 손님이 한둘
　　　　　 이 아니다.

　(25가)와 (25나)에서는 '밑'이 사람의 신체부위를 가리킨다. (25가)의 '밑'은 항문을 가리키고, (25나)의 '밑'은 엉덩이를 가리킨다. 이처럼 '밑'은 '아래'와 달리 신체부위를 지칭할 때 주로 항문과 엉덩이에 국한되어 있다.

　《표준국어대사전》에 '밑'의 ④번 의미는 '일의 기초 또는 바탕'이라고 하였다. 사전에 실린 뜻풀이를 보면, '밑'과 '아래'의 의미는 대체로 유사하지만 '아래'는 '밑'의 ④번 의미를 가지지 않는다.

　　(26) 가. 금방 **밑**/*아래(이)가 드러날 일을 뫗 때문에 숨기고 난
　　　　　 리야.
　　　　나. 그는 **밑**/*아래도 끝도 모르면서 참견한다.

　(26가)에서의 '밑'은 '사건이나 일의 내막'의 뜻이고, (26나)에서의 '밑'은 '일의 속내'를 의미한다. 이처럼 '밑'은 어떤 일의 기초, 근원,

근본, 기본 등의 뜻을 나타난다. '아래'는 이와 비슷한 의미를 가지지 않기 때문에 '밑'과 교체하여 사용하면 해당 문장이 비문이 된다.

이상으로 《표준국어대사전》에 실린 '밑'의 뜻풀이를 바탕으로 '밑'의 공간적 의미와 추상적 의미를 살펴보았고, 서로 비슷한 의미를 가지고 있는 '밑'과 '아래'의 공통점과 차이점도 밝혔다.

지금까지 '위'와 '아래/밑'의 의미를 살펴보았다. '위'와 '아래/밑'의 기본적 의미는 수직차원에서 일정한 기준을 중심으로 그 기준보다 위치가 높음과 낮음을 지시한다. X와 Y의 관계는 구체적인 위치형태에 따라 서로 접촉된 상태와 분리된 상태로 나눌 수가 있고, X가 Y의 한 부분을 포괄하기도 한다. '위/아래'는 공간적 의미 외에 은유와 문법화 과정을 거쳐 시간적 의미와 추상적 의미도 가지고 있다. 시간적 의미의 '위'는 '시간적 순서가 앞에 오는 것'을 의미한다. '위/아래'의 추상적 의미는 Lakoff and Johnson(1980)의 '위/아래'에 대한 영상도식의 분류를 한국어에 적용하여 다시 네 가지로 분류하여 살펴보았다. '위'와 '아래(밑)'의 의미 분포를 다음 그림과 같이 나타낼 수 있다.

〈그림 4〉에 보이는 바와 같이, '위'와 '아래/밑'은 공간적 의미, 시간적 의미, 추상적 의미를 모두 가지고 있지만 의미 분포가 서로 다르다. 〈그림 4〉에서 흰색 부분은 '위'와 '아래/밑'에 공통되는 의미 영역이라고 볼 수 있다. 즉, 수직 공간, 지면 공간과 신분, 지위 등의 추상적 의미는 '위'도, '아래/밑'도 나타낼 수 있다. 한편 공간적 의미의 '위'는 '아래/밑'은 가지지 않은 '바닥의 표면'이라는 의미도 가지고 있다. 시간적 의미의 '위'는 '시간적 순서가 앞에 오는 것'을 의미하지만 '아래'는 그 반대 의미를 가지고 있지 않다. 추상적 의미로는 '신분, 지위, 연령, 등급, 정도' 외에 '위'는 '어떤 일이나 조건 따위에 의하여

특징지어지는 테두리나 범위'의 의미를 가지고 있고, '아래/밑'은 '조건, 영향 따위가 미치는 범위'의 의미를 가지고 있다.

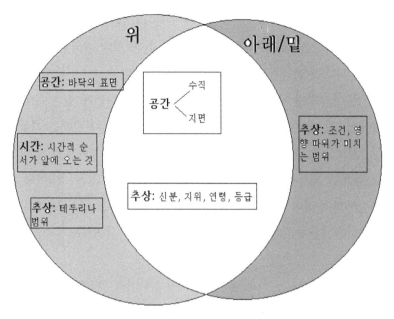

<그림 4> '위/아래(밑)'의 의미 분포

## 2. '앞'과 '뒤'

인간에게 가장 선명하게 인식되는 방향 개념은 지구의 인력에 영향을 받은 수직 개념이지만, 시선을 향하고 있는 쪽으로 움직인다는 점을 비롯한 인간 신체 구조상의 특성 때문에, 수평 방향 개념도 수직 방향 개념 못지않게 인간에게 잘 지각된다.[20] 사람이 사물을 볼 때나

---

20) 박경현(1985)에서는 인간의 신체는 한 면에는 주요 지각 기관이 있고 다른

다른 사람과 대화할 때는 대상을 마주하게 된다. 즉, 인간은 다른 사람이나 사물을 교섭할 때 시선이 나가는 쪽으로 향하고, 상대방과 눈으로 보이는 대면 관계를 유지한다. 인간의 이러한 신체적 특성상의 구조 때문에 눈 앞에 보이는 면과 뒤에 보이지 않는 면이 형성되는데, 이 수평 방향을 흔히 전후(前後)관계라고 한다. 현대 한국어 고유어에서 전후(前後)관계를 나타내는 위치표현은 '앞'과 '뒤'가 있다. 보통 '앞'은 대상의 눈이 향하는 쪽이고, '뒤'는 그 반대편에 있는 쪽이다. 앞에서 '위/아래'로 Y와 X가 공간 차원에서 서로 수직관계를 지정하는 것을 살펴보았고, 이 절에서 논의할 '앞'과 '뒤'는 Y와 X의 전후(前後)관계를 지정하는 것이다. 사전을 보면 '앞'과 '뒤'는 '위/아래'와 비슷하게 수십여 개의 의미를 가지고 있는데, 이 중 방향 및 위치를 나타나는 의미가 기본적인 핵심 의미라고 할 수 있다.

(27) 가. 우리는 학교 **앞** 사거리에서 만나기로 약속했다.
　　나. 노인이 **앞**에 앉은 젊은이의 어깨를 툭툭 쳤다.
　　다. 두꺼운 교안이 책 **앞**에 붙어 있다.
　　라. 등 **뒤**에서 이상한 소리가 난다
　　마. 내 **뒤**에 앉아 있는 사람이 아파 보인다.
　　바. 책 **뒤**에는 그동안 발표한 국어의 어휘 연구 관계논저
　　　　목록을 덧붙였다.

(27가)-(27다)의 '학교 앞', '노인 앞'과 '책 앞'의 '앞'은 공간적인 의미로 '향하고 있는 쪽이나 곳'과 '차례나 열에서 앞서는 곳'을 뜻하

---

한 면에는 그것이 없는 비대칭적인 구조를 이루고 있다고 하였다.

고, (27라)-(27바)의 '소형차 뒤', '내 뒤'와 '책 뒤'의 '뒤'는 공간적인 의미로 '향하고 있는 방향과 반대되는 쪽이나 곳'을 의미한다. (27가)-(27바)에서 보인 바와 같이 '앞/뒤'의 기본적인 공간적 의미는 한 기준점을 선정하여, 수평차원에서 그 기준점과 향하고 있는 쪽, 혹은 반대되는 쪽을 가리키는 것이다. '앞/뒤'는 기본적으로 공간적 의미를 나타내지만 여기서 그치지 않고 더 나아가 시간적인 의미나 추상적인 의미로까지 다양하게 의미가 확장되어 있다.

(28) 가. **앞**세대가 피와 목숨으로 이뤄낸 성과이기도 한다.
　　나. **앞**으로 우리가 어떻게 해야 할지는 중요하다.
　　다. 그는 자기 **앞**도 못 가리는 사람이다.
　　라. 냉엄한 현실 **앞**에서 그들도 어쩔 수 없었다.
　　마. 임직원 회의 **뒤**에 인사 이동 발표가 있었다.
　　바. 그 사람 **뒤**를 추적해 보면 나오는 게 있을 것이다.
　　사. 그는 성격이 괄괄하지만 **뒤**는 없는 사람이다.

(28가)-(28사)에서 '앞/뒤'가 공간적 의미 외에, 시간적 의미와 추상적 의미도 가지고 있다는 사실을 알 수 있다. 사전에 실린 '앞/뒤'의 뜻풀이를 보면, 공간적 의미보다 시간적 의미와 추상적 의미의 항목이 더 많다. 사전에 '앞/뒤'의 뜻풀이가 어떻게 실려 있는지 살펴보자. 《표준국어대사전》,《고려대 한국어대사전》과 《우리말 큰사전》에는 '앞'의 의미가 다음과 같이 기술되어 있다.

〈표 7〉 '앞'의 사전적 의미

| 앞 | | |
|---|---|---|
| 《표준국어대사전》 | 《고려대 한국어대사전》 | 《우리말 큰사전》 |
| ① 향하고 있는 쪽이나 곳. | ① 향하거나 보고 있는 쪽. 또는 그곳. ③ 방향이 있는 사물에서, 정면을 향하는 부분. | ① 향하고 있는 쪽이나 곳. |
| ② 차례나 열에서 앞서는 곳. | ② 시간이나 차례, 이야기의 내용 등에서 먼저인 것. | ② 시간이나 차례의 먼저. |
| ③ 이미 지나간 시간. | | |
| ④ 장차 올 시간. | ④ 장차 올 시간 ⑥ (주로 '앞으로'의 꼴로 쓰여) 이 시간 이후부터. | ③ '앞으로'로 쓰이어, '이 뒤에', '다음에'의 뜻. ④ 앞길이나 장래. |
| ⑤ 신체나 물체의 전면. 흔히 몸에서는 젖가슴이나 음부를 가리킨다. | ⑧ 주로 젖가슴이나 음부를 비유적으로 이르는 말. | |
| ⑥ 차례에 따라 돌아오거나 맡은 몫. | ⑤ 차례에 따라 받거나 맡은바의 몫. | ⑥ '앞에'로 쓰이어, 행동이 미치는 대상을 가리킴. ⑧ 차례지는 몫. ⑦ '가리다'와 함께 쓰이어, 처리해야 할 '당면한 일이나 처지'의 뜻. |
| ⑦ 어떤 조건에 처한 상태. | ⑦ (주로 '앞에서'의 꼴로 쓰여) 직면하게 된 현실이나 상황. | ⑤ '앞에', '앞에서'로 쓰이어, 직접 당한 그 일이나 조건. |
| ⑧ 〈이름이나 인칭 대명사 뒤에 쓰여〉'에게'의 뜻을 나타내는 말. | ⑨ 편지나 초대장 따위에서, 받는 사람의 이름 다음에 쓰여, '에게'의 뜻을 나타내는 말. | ⑨부치는 문서서 물건 따위를 받을 편의 이름 다음에 쓰이어. |

〈표 7〉을 보면 《표준국어대사전》, 《고려대 한국어대사전》과 《우리말 큰사전》에 실린 '앞'의 뜻풀이는 대체로 일치한다고 볼 수 있다.

사전에 기술된 뜻풀이를 보면, '앞'은 공간적 의미보다는 시간적 의미와 추상적 의미가 더 많고, 활발하게 사용되고 있다. '위/아래'의 뜻풀이에서 공간적 의미가 다양하게 세분되어 있는 반면 '앞'의 공간적의미는 단일하다. 의외로 시간적 의미와 추상적 의미가 더 잘 세분되어 있고, 공간적 의미보다 더 다양하게 나타난다.

〈표 8〉 '뒤'의 사전적 의미

| 뒤 | | |
|---|---|---|
| 《표준국어대사전》 | 《고려대 한국어대사전》 | 《우리말 큰사전》 |
| ① 향하고 있는 방향과 반대되는 쪽이나 곳. | ① 공간적으로, 향하고 있는 방향에 반대되는 쪽이나 곳. | ① 향하고 있는 쪽과 반대되는 쪽. |
| ② 시간이나 순서상으로 다음이나 나중. | ② 시간적으로 다음이나 나중. | ③ 다음이나 나중. |
| ③ 보이지 않는 배후나 겉으로 드러나지 않는 부분. | ③ 보이지 않는 존재 또는 장소. | ② 보이지 않는 곳, 즉 배후나 그늘. |
| ④ 일의 끝이나 마지막이 되는 부분. | ⑤ 끝이나 마지막이 되는 부분. | ④ 마지막이나 끝이 되는 부분. |
| ⑤ 선행한 것의 다음을 잇는 것. | ④ 계통성을 띤 현상이나 다음. ⑪ 선행한 것의 다음을 잇는 것. | |
| ⑥ 어떤 일을 할 수 있게 이바지하거나 도와주는 힘. | ⑥ 어떤 일을 잘해 나가도록 대주거나 도와주는 힘. 또는 돌보아 주거나 바라지하는 일. | ⑧ 무슨 일을 다 할 수 있게 도와주거나 이바지하는 힘. |
| ⑦ 어떤 일이 진행된 다음에 나타난 자취나 흔적 또는 결과 | ⑧ 어떤 일이나 시간이 끼친 자취나 흔적 또는 결과. | ⑥ 어떤 일, 사건이 끼친 흔적이나 자취. |
| ⑧ 좋지 않은 감정이 있은 다음에도 여전히 남 | ⑨ 좋지 않은 감정이나 노기 등의 계속적인 작용. | |

| 뒤 | | |
|---|---|---|
| 《표준국어대사전》 | 《고려대 한국어대사전》 | 《우리말 큰사전》 |
| 아 있는 감정. | | |
| ⑨ 사람의 똥을 완곡하게 이르는 말. | ⑩ 사람의 똥을 완곡하게 이르는 말. | ⑩ '똥'을 점잖게 일컫는 말. |
| ⑩ '엉덩이'를 완곡하게 이르는 말. | | |
| ⑪ =망건뒤: 망건의 양쪽 끝. 머리에 두르면 뒤로 가게 되어 있다. | | ⑨'망건뒤'의 준말. |
| ⑫ =뒷밭「1」: 집이나 마을 뒤에 있는 밭. | ⑬ 윷놀이에서, 윷판의 둘레를 따라 처음부터 열째 되는 밭. | |
| ⑬ =뒤대: 어느 지방을 기준으로 하여 그 북쪽 지방을 이르는 말. | | ⑪ '뒤대'의 준말. |
| | ⑫ 대를 이을 자손. | ⑦ 대를 이을 자손. |
| | ⑦ 어떤 기준에 미치지 못하는 상태나 정도. | ⑤ 어떤 기준에 미치지 못하는 상태나 정도. |
| | | ⑫ 똥구멍. |

〈표 8〉은 '앞'과 반대 의미를 가진 '뒤'의 뜻풀이를 제시하였다. '뒤'도 '앞'처럼 세 사전에 실린 뜻풀이 항목이 대체로 일치한다. 〈표 8〉을 보면, '뒤'의 공간적 의미는 모든 사전에 한 가지 항목밖에 보이지 않는다. 시간적 의미도 역시 '다음이나 나중'으로 한 가지 뜻만 존재한다. 하지만 '뒤'의 추상적 의미는 공간적 의미나 시간적 의미와 달리 세분화되어 있다.

《표준국어대사전》에 제시된 '앞/뒤'의 뜻풀이를 보면, 전후관계를 나타내는 공간 개념 '앞/뒤'의 의미는 공간적 의미, 시간적 의미와 추상적 의미의 세 가지로 나눌 수 있다. '앞'의 의미 가운데 ①번은 공간적 의미이고, ②번과 ③번은 시간적인 의미이고, 나머지는 추상적인 의미이다. '뒤'의 의미 가운데 ①번은 공간적 의미이고, ②번은 시간적 의미이고, ③번부터 ⑩번까지는 추상적 의미이다.[21] 그러면《표준국어대사전》에 제시된 뜻풀이를 바탕으로 '앞/뒤'의 공간적 의미, 시간적 의미와 추상적 의미를 자세히 살펴보자.

## 1) 공간적 의미

현대 한국어에서 '앞/뒤'의 가장 기본적이고 핵심적인 의미는 공간 개념을 나타내는 것이다. 이 공간적 의미를 사전에는 '앞'은 '향하고 있는 쪽이나 곳', '뒤'는 '향하고 있는 방향과 반대되는 쪽이나 곳'이라고 기술하고 있다. 앞에서 '위/아래'의 공간적 의미를 살펴보면서 X와 Y의 구체적인 위치에 따라 위치 형태를 세 가지 유형으로 나눠서 고찰하였다. '앞/뒤'도 발화자의 시선과 Y의 특성에 따라 X와 Y의 위치 관계를 몇 가지 경우로 나눌 수 있다. 예를 들어, '자동차 앞'은 자동차가 달리는 방향을 말할 수도 있고, 자동차 움직이지 않고 멈춰 있을 때 차문 쪽을 가리킬 수도 있다. 또 '나무 앞'에서 '나무'는 그 자체가 '앞/뒤'를 가지지 않기 때문에 의미를 전달할 때 화자와 청자가 서로 다르게 해석할 수도 있다.[22] 본고는 참조대상 Y 자체가 '앞'과

---

21) 손뢰(2011)에서는 '뒤'의 의미가 '앞'의 의미보다 상대적으로 더 세분화되고, 보다 더 다양해 보이는데, 이것은 인간이 좋지 않은 것을 표현할 때 직접적으로 하는 것보다 은유를 통해 우회적으로 의사 전달하는 심리를 반영하고 있다고 하였다.

22) Fillmore(1982)에서는 공간 관계를 지시하는 어휘는 다음과 같은 측면을

'뒤'방향을 가지는가의 여부를 크게 두 가지 경우로 나눠서 논의를 펼칠 것이다. 먼저 '앞'과 '뒤'를 가지는 Y를 사람과 사물로 구별해서 살펴보자.

(29) 가. 막상 선생님 **앞**에 서고 보니 무슨 말을 어떻게 꺼내야
　　　할지 막막했다.
　　나. 누나 **앞**에 탁상 하나 있다.
　　다. 어머님이 내 **뒤**에서 책가방을 메어주셨다.
　　라. 무슨 재미있는 일이 벌어질 것 같은 기대로 모두들 웃으
　　　며 **뒤**를 쳐다봤다.

　　　　(a)　　　　　　　　　　　　　　　(b)

---

고려하여 기술한다고 하였다.
① 어떤 물리적 대상이 물리적 세계의 특징 장소에 있다는 것을 말하는
　 방법, 어떤 사건이 어떤 특징 장소에서 일어났다는 것을 말하는 방법,
　 어떤 대상의 가정된 위치를 기준으로 다른 대상의 위치를 말하는 방법.
② 물리적 대상의 크기, 차원성, 형태와 같은 공간적 특성.
③ 지리적 환경에 의해 제공되는 어떤 기준점으로부터 설정된 방향에 따
　 라 지정되는 공간 속에서의 대상의 위치.
④ 주어진 대상이 가지는 비대칭적 구조에 따라 정해지는 공간 속에서의
　 방향.
⑤ 기점과 착점을 가지고 움직이는 대상이 취하는 경로.

(c) (d)

〈그림 5〉23)

〈그림 5a〉를 참조하며 (29가)를 생각해 보자. 학생이 선생님 앞에
서 있는 상황이다. 보통 사람이나 동물처럼 얼굴, 특히 눈이 있는 생명
체의 경우에는, 얼굴, 특히 눈이 향하는 있는 쪽을 '앞'이라고 한다.
다시 말하면, 일반적으로 사람과 동물의 시선이 향하는 쪽은 '앞'으로
지정되어 있다. 선생님을 기준으로 한 '앞'이라는 위치는 바로 선생님
이 시선을 향하는 쪽을 말하는 것이다. 마찬가지로 〈그림 5b〉를 보면
(29나)에서도 누나 '앞'이라는 위치는 누나가 서 있는 위치에서 누나
의 눈이 향하고 있는 곳을 가리킨다. 이처럼 Y가 사람일 경우에는
'앞'이라는 방향과 위치는 그 사람의 눈이 향하고 있는 쪽이나 얼굴과
마주치는 쪽을 말하는 것이다. 한편 (29다)에서 '내'가 Y로 되어 있을
때, '뒤'는 '내 시선이 향하고 있는 방향과 반대되는 쪽'으로 지정되어

---

23) 출처: a. http://www.jbhua.com/lssjbh/1058.html,
　　　　 b. http://www.tom61.com/
　　　　 c. http://www.coloring2000.com/img.php?id_img=7670
　　　　 d. http://marksy.7192.com/show-news-31293.html

있다. 즉 내 눈이 향하지 않고 뒤통수가 향하는 쪽을 말하는 것이다. 특히 〈그림 5d〉에서처럼 사람이 몸을 옆으로 기울이고 있을 때, '뒤쪽'이 '눈으로 향하고 있는 쪽과 반대되는 쪽'을 말한다는 것이 현저히 드러난다. 즉, 일반적으로 우리가 '뒤'를 쳐다본다는 것은 사람의 눈으로 향하는 쪽과 반대인 방향으로 쳐다보는 것을 말하는 것이다.

> (30) 가. 우리는 학교 **앞** 사거리에서 만나기로 약속했다.
> 　　나. 양말을 벗어 욕실 **앞** 빨래 바구니에 던져 넣으며 내가
> 　　　　어물어물 말했다.
> 　　다. 집 **뒤**에 산이 있다.
> 　　라. 해가 아파트 **뒤**로 내려앉은 저녁이었습니다.

(29가)-(29라)의 경우, X와 Y 둘 다 혹은 둘 중 하나가 얼굴과 눈이 있는 생명체이기 때문에, 시선이 나가는 쪽으로 '앞'과 '뒤'를 쉽게 구분할 수 있었다. 반면 (30가)-(30라)의 X나 Y는 사람과 달리 얼굴이나 눈이 없는 사물이다. 이 경우 우리는 그 사물이 가지고 있는 특성을 통하여 '앞'과 '뒤'를 판단한다. (30가)의 '학교 앞'은 학교 정문을 기준으로 하여 향하는 쪽으로 말하는 것이다. 학교는 여러 건축물로 구성되어 있고, 출입구도 여러 곳으로 나누어져 있기 때문에 우리가 임의로 그 중의 한 건물, 혹은 한 출입구가 향하는 쪽으로 '학교 앞'을 정할 수가 없다. 우리가 가진 관습적 인식에 따라 일반적으로 학교와 회사 같은 곳에서 사람들이 출입을 하는 '정문'을 기준으로 하여 정문이 향하는 쪽을 '앞'으로 지정한다. 정문이 없는 경우 출입구를, 출입구가 여러 개 있을 경우 그 중에 제일 많이 사용되는 출입구를 기준으로 간주하고, 그 출입구에서 향하는 쪽을 '앞'으로 지정한다. 예를

들어 '병원 앞'은 병원 출입구가 향하는 쪽을 말하는 것이고, '백화점 앞'은 백화점이 소재한 건물의 출입구가 향하는 쪽을 말하는 것이다. 마찬가지로 (30나)의 '욕실 앞'도 욕실 입구가 향하는 쪽을 의미한다. 한편 '뒤'는 보통 '향하고 있는 방향과 반대되는 쪽이나 곳'이라고 한다. 집에 달린 대문을 기준으로 하여, 대문이 향하고 있는 방향은 '앞'이고, 대문이 향하고 있는 방향과 반대되는 쪽은 '뒤'이다. (30다) 에서는 산이 집에 달린 대문이 향하고 있는 방향과 반대되는 쪽에 있기 때문에 '집 뒤'에 있다고 말할 수 있다. 집이 대문뿐만 아니라, 뒷문도 있는 경우에는 뒷문이 향하는 쪽이 '집의 뒤쪽'이라고 할 수도 있다. 마찬가지로 (30라)에서도 아파트에 달린 출입구가 향하는 쪽과 반대되는 쪽을 '뒤쪽'이라고 한다.

지금까지 Y가 사람인 경우와 Y가 사물인 경우를 나눠서 '앞'과 '뒤' 의 공간적 의미를 살펴보았다. 보통 Y가 사람인 경우에는 사람의 얼굴 이나 눈이 향하고 있는 쪽이 '앞'이고, 사람의 얼굴이나 눈이 향하고 있는 쪽과 반대되는 쪽이 '뒤'이다. Y가 사물인 경우에는 우리가 가진 관습적 인식에 따라 일반적으로 건축물과 건물에 달린 출입구가 향하 고 있는 쪽이 '앞'이고, 출입구가 향하고 있는 쪽과 반대되는 쪽이나 뒷문이 향하고 있는 쪽이 '뒤'이다. 한편 Y가 자동차, 비행기와 배 같은 교통수단인 경우에는 방향에 따라 '앞'과 '뒤'가 다르게 나타날 수 있다.

(31) 가. 철수가 자동차 앞에서 물놀이를 한다.
　　 나. 유람선 **앞**에 요트가 하나 보인다.
　　 다. 고양이가 차 **뒤**에 숨어 있다.
　　 라. 그 차 **뒤**에 다른 차 한대가 바싹 따라붙고 있었어.

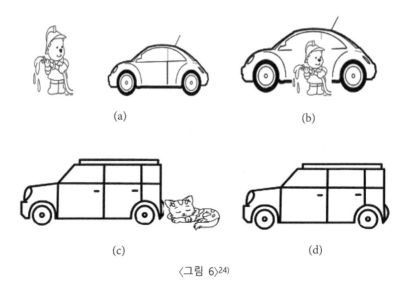

(a)                           (b)

(c)                           (d)

〈그림 6〉[24]

　(31가)에서 자동차 '앞'이라는 위치는 〈그림 6a〉과 〈그림 6b〉에서 보는 바와 같이 두 가지 방향을 가리킬 수 있다. 〈그림 6a〉은 자동차가 달리는 방향을 기준으로 하여 본네트가 있는 쪽을 '앞'으로 지정하고, 반대 방향에 있는 트렁크가 있는 쪽을 '뒤'로 지정한다. 사람이 자동차에서 이러한 '앞/뒤' 방향을 인식하면 '철수가 자동차 앞에서 물놀이를 한다.'는 철수가 본네트가 향하는 쪽, 즉 자동차가 달리는 방향에서 물놀이를 한다고 인식한다. 이것은 바로 내재적 참조틀로 위치를 판정하는 것이다. 한편 〈그림 6b〉에서처럼 사람이 서 있는 자리에서 눈이 향하는 자동차가 양쪽 문을 기준으로 하여, 운전석쪽에 있는

---

24) 출처:　a. http://www.tom61.com/shaoertuku/
　　　　　b. http://www.cnbanbao.cn/
　　　　　c. http://www.5068.com/jbh/313838html
　　　　　d. http://www.cnbanbao.cn/

차문을 '앞'으로 지정하고, 조수석쪽에 있는 차문은 '뒤'로 지정하면, (31가)는 철수가 자동차 운전석쪽 차문이 향하는 쪽에서 물놀이를 한다는 의미가 된다. 이것은 상대적 참조틀로 인식하는 것으로 볼 수 있다. 마찬가지로 (31나)에서 유람선이 운항하는 방향을 '앞'으로 지정하는 경우와 발화자의 시선이 향하는 쪽을 '앞'으로 지정하는 경우에 요트의 위치가 다르게 나타날 수 있다. (31다)에서도 고양이가 숨어 있는 위치가 어느 쪽을 '뒤'로 인식하느냐에 따라 달라진다. 차가 달리는 방향과 반대되는 쪽, 즉 트렁크가 향하는 쪽을 '뒤'로 인식하면 고양이가 〈그림 6c〉처럼 트렁크가 향하는 쪽에 숨어 있다. 이와 달리 발화자의 눈이 향하는 쪽에서 조수석쪽에 있는 차문을 '뒤'로 인식하면 〈그림 6d〉처럼 고양이가 조수석쪽에 있는 차문 뒤에 숨어 있기 때문에 보이지 않는다.

참조대상 Y 자체가 본질적으로 '앞'과 '뒤' 방향을 가지고 있는 경우에는 우리가 X와 Y의 전후 위치를 쉽게 판단할 수 있다. 하지만 나무, 바위, 공과 같이 스스로 움직일 수 없는 사물은 전후위치를 구별하기 어렵다.

(32) 가. 내가 동생보고 나무 **앞**으로 오라고 했다.
　　 나. 축구공 **앞**에서 사진을 찍고는 쇼핑을 시작했다.
　　 다. 나무 **뒤**에 숨어 있는 적을 공격하기 위해선 화살이 적합한 무기가 될 수 없다.
　　 라. 바위 **뒤**에서 아이들이 노는 모습을 훔쳐보곤 했습니다.

〈그림 7〉[25]

　〈그림 7〉을 보면, 나무가 가운데에 있고, '나'와 '동생'이 나무 양
옆에 있다. 나는 '내가' 서 있는 자리에서 내 눈이 향하고 있는 쪽을
'나무 앞'이라고 생각하고, 내 눈이 향하고 있는 쪽에서 나무줄기 뒤를
'나무 뒤'라고 생각한다. 하지만 동생은 '나'와 마주치는 쪽에 있기
때문에 '내가' 지각하고 있는 '앞'과 '뒤'의 위치와 동생이 지각하고
있는 '앞'과 '뒤'의 위치가 서로 반대이다. 즉, 동생이 지각하고 있는
'앞'은 동생이 서 있는 자리에서 눈이 향하고 있는 쪽이고, '뒤'는 동생
의 눈이 향하고 있는 쪽에서 나무줄기 뒤에 있는 쪽이다. (32나)의
경우, 축구공은 원형 물체이기 때문에 어느 쪽이 '앞'인지 '뒤'인지
지정하기 어렵다. 여기서 축구공 '앞쪽'은 사진을 찍을 때 카메라 렌즈
가 향하고 있는 쪽을 말하는 것이다. 마찬가지로 (32라)의 '바위 뒤'도
발화자의 상황 인식에 따라 '바위 뒤'가 가리키는 위치가 다르게 나타
날 수가 있다. 이처럼 '앞'과 '뒤'가 정해져 있지 않은 대상은 발화자의
상황 인식과 대상물이 가지고 있는 특성에 따라 '앞'과 '뒤'가 다르게

---

25) 출처: http://www.baby-edu.com/2015/0117/60562.html

구분된다.

앞에서 '위/아래'를 살펴보면서, X와 Y가 별도의 두 개 사물인 경우도 있지만 X가 Y에 포함되어 있거나, 혹은 구조상 X가 Y의 일부인 경우도 있다고 하였다. 마찬가지로 '앞/뒤'에서도 X가 Y의 한 부분일 경우가 종종 나타난다.

> (33) 가. 두꺼운 교안이 책 **앞**에 붙어 있다.
>    나. 논제 표지란 논문의 제목과 필자의 성명 등이 적힌 **앞표지**이다.
>    다. 책 **뒤**에는 그동안 발표한 국어의 어휘 연구 관계논저 목록을 덧붙였다.
>    라. 책을 뒤집어 보면 **뒤표지**엔 평론가의 글이 가로로 써 있다.

(33가)-(33라)은 X와 Y가 서로 분리된 별개의 대상이 아니고 X가 Y의 한 부분으로 나타나는 예이다. 여기서는 '앞'과 '뒤'가 자립명사로서 위치관계를 나타내기도 하지만, 다른 명사와 결합하여 합성명사로서 위치관계를 나타내기도 한다. (33가)의 '책 앞'은 책이 있는 자리에서 책이 향하고 있는 쪽을 말하는 것 아니고, 책의 분량이나 내용으로 볼 때 앞부분을 가리키는 것이다. 즉, 책에서 먼저 있는 쪽을 말하는 것이다. 예를 들어, 책 한 권의 페이지수가 300이라고 하면, 1페이지부터 100페이지까지는 책의 앞부분이라고 하고, 101페이지부터 200페이지까지는 책의 중간 부분이라고 하고, 마지막 201페이지부터 300페이지까지는 책의 뒷부분이라고 할 수 있다. '교안'이 책 앞에 붙어 있는 경우는 두 가지로 해석할 수 있다. 먼저 '교안'이 책의 분량으로

계산할 때의 책 앞부분, 즉 시작지점으로부터 몇 페이지 자리에 붙어 있을 수 있다. 두 번째는 '교안'이 책이 앞표지의 바깥쪽에 있는 면에 붙어 있을 수 있다. 책의 분량과 내용을 불문하고, 단순히 책의 겉표지로 판단할 책의 제목과 저자가 찍힌 면은 '앞'이고, 정가와 바코드가 찍힌 면은 '뒤'로 인식된다. (33다)의 '책 뒤'는 분량과 내용을 볼 때, 책의 뒷부분을 의미한다. 예를 들면, 책이 300페이지라고 하면, 이 어휘 연구 관계논저 목록은 270페이지부터 300페이지 사이에 나올 수 있다. 그리고 (33나)과 (33라)의 '앞표지'는 책의 앞부분에 있는 겉표지를, '뒤표지'는 책의 뒷부분에 있는 겉표지를 말하는 것이다.

'앞/뒤'는 다른 명사와 결합하여 합성명사로서 공간적 의미에서 지리적 의미로 전이되는 현상도 나타난다.


(34) 앞길(남도)/뒷길(북도), 앞대/뒤대(남쪽/북쪽)


(34)는 '앞/뒤'가 합성명사로서 지리적인 의미를 나타낸 예이다. '위/아래'는 자리명사로서도 지리적 위치를 가리킬 수가 있지만 '앞/뒤'는 주로 다른 명사와 결합하여 나타나 '남/북'을 의미한다. '앞길'은 서북 지방에서 '남도(南道)'를 이르는 말이고, '뒷길'은 남도 지방에서 서도(西道)나 북도(北道)를 이르는 말이다. '앞대'는 어떤 지방에서 그 남쪽의 지방을 이르는 말이고, '뒤대'는 어느 지방을 기준으로 하여 그 북쪽 지방을 이르는 말이다. 뿐만 아니라, 남쪽에서 불어오는 바람이 '앞바람'이라고 하고, 북쪽에 불어오는 바람이 '뒤바람'이라고 한다. 이처럼 우리는 문화적, 신체적 경험을 바탕으로 '앞'으로 '남'을, '뒤'로 '북'을 의미한다.

지금까지 '앞'과 '뒤'의 공간적 의미를 살펴보았다. X와 Y가 별도의 두 개 사물인 경우에는 일반적으로 '앞'이 '향하고 있는 쪽이나 곳', '뒤'가 '향하고 있는 방향과 반대되는 쪽이나 곳'을 가리킨다. Y가 사람인 경우에는 보통 사람의 얼굴이나 눈이 향하고 있는 쪽이 '앞'이고, 사람의 얼굴이나 눈이 향하고 있는 쪽과 반대되는 쪽이 '뒤'이다. Y가 사물인 경우에는 우리가 가진 관습적 인식에 따라 일반적으로 건축물과 건물에 달린 출입구가 향하고 있는 쪽이 '앞'이고, 출입구가 향하고 있는 쪽과 반대되는 쪽이나 뒷문이 향하고 있는 쪽이 '뒤'이다. 참조대상 Y 자체의 '앞'과 '뒤'가 정해져 있지 않을 경우에는 발화자의 상황 인식과 대상물이 가지고 있는 특성에 따라 '앞'과 '뒤'가 다르게 구분된다. X가 Y의 한 부분일 경우에는 '앞'이 Y의 '먼저 있는 쪽', '뒤'가 '먼저 있는 쪽보다 뒤에 있는 쪽'을 의미한다. 그 외에 '앞/뒤'가 다른 명사와 결합하여 합성명사로서 공간적 의미에서 지리적 의미로 전이하면 '앞'이 '남'을, '뒤'가 '북'을 가리킨다.

## 2) 시간적 의미

앞에서도 살펴봤지만 공간 개념은 보통 공간성과 시간성으로 나뉘어 있고, 공간명사와 시간명사는 서로 밀접한 연관성을 가지고 있다. '상하'관계의 의미를 나타나는 '위/아래'는 시간 축이라는 수직차원에서 볼 때 '위'가 '과거', '아래'가 '미래'라는 의미밖에 없지만, '앞/뒤'는 이와 다르다.《표준국어대사전》을 보면, '앞/뒤'에는 시간적 의미뿐만 아니라, 차례의 선착순과 같은 의미도 담겨 있다. 시간은 보통 '과거→현재→미래'의 방향대로 진행되고, 사건도 과거부터 미래를 향해 진행된다.[26]

(35) 가. 摘記가 다음 시간의 강의와 **앞** 시간의 강의를 연결해
줄 수 있다.
나. 그 문제는 **뒤**에 다시 얘기하자.
다. 검찰은 **앞**으로 이 점을 철저히 파헤쳐야 할 것이다.
라. 시간의 경계에 서서 시인은 **뒤**를 돌아보고, 다시 앞을
내다본다.

(35가)와 (35나)에서는 '앞'이 과거시간, '뒤'가 미래시간을 의미한다. 하지만 (35다)와 (35라)에서는 반대로 '앞'이 미래시간, '뒤'가 과거시간을 의미한다. 이처럼 '앞'과 '뒤'는 시간적 의미를 비대칭적으로 나타내 각각 과거시간과 미래시간을 모두 가리킬 수 있다. 일찍부터 Fillmore(1975)에서는 은유를 통해 시간과 인간을 관련지어 '앞/뒤'의 시간 표현을 논의하였다. Fillmore(1975)의 논의에 따르면, '앞/뒤'의 시간 표현은 시간과 인간을 관련시켜 두 가지 방법으로 해석해야 한다. 먼저, 인간이 정지된 상태에서 시간이 움직이며 인간을 통과하여 지나가는 방법으로 여기서는 '앞'이 과거 시간, '뒤'가 미래시간을 가리킨다. 그리고 시간이 정지된 상태에서 인간이 움직이며 시간을 통과하여 지나가는 방법으로 여기서는 '앞'이 미래 시간, '뒤'가 과거시간을 가리킨다.[27] 이처럼 '과거, 현재와 미래'가 일직선상에 놓여, 시

---

26) 김선희(1987)에서는 사건 진행의 방향에 따라 시간상의 위치를 두 가지 관점으로 분류하였다. 첫째, 시제와 관련해서 시간이 '과거→현재→미래'의 방향대로 진행되어 나가며, 둘째는 순서에 따라 시간의 방향은 '먼저→나중의 방향으로 흘러간다고 하였다.

27) 요시모토 하지메(吉本一)(1997)에서는 이 두 가지 인식 방법을 '시간 이동형'과 '세계 이동형'으로 나누고, '시간 이동형'에서는 어떤 기준 시점보다 과거에는 '앞', 미래에는 '뒤'가 쓰이고, '세계 이동형'에서는 어떤 기준보

간의 흐름 면에서 시간이 인간을 통과하느냐, 혹은 인간이 시간을 통과하느냐에 따라 '앞'과 '뒤'가 일직선상에서 나타내는 시간적 의미가 다르다.

➤ **첫째: 시간이 인간을 통과하여 지나가는 경우,**

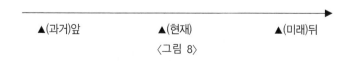

〈그림 8〉

(36) 가. 그러나 **앞**에서 말한 것처럼 문화는 성장해야 한다.

　　나. **앞 세대**들이 좋아한 노래들엔 당시의 사회적 상황이 배어 있다.

　　다. 착공 일자의 확정을 **뒤**로 미룬 것은 절반의 합의에 불과하다.

　　라. 언젠가 **뒷날** 그것을 후회할 것이다.

시간이 인간과 관련되어 인간을 통과하여 지나가는 방법으로 하면 '앞'이 이미 지나간 시간, '뒤'가 다가올 시간을 가리킨다. (36가)에서

---

다 과거에는 '뒤', 미래에는 '앞'이 쓰인다고 하였다. 한편, 전수태(1997)에서는 시간이 인간을 지나가는 경우를 '교차'라고 하고, 시간은 정해 있고 인간이 시간을 거쳐 가는 경우 또는 시간과 인간이 같은 방향으로 미래를 향하는 경우 '평행'이라고 불렀다. 그리고 '교차'를 다시 두 가지로 나누어서, 기준시점보다 먼저를 '앞'으로 나중을 '뒤'로 보는 방법과 기준시점에 가까운 나중을 '앞'으로 먼 나중에 '뒤'로 보는 방법이 있다고 설명하였다. 또 '평행'도 다시 두 가지로 나누어서, 기준시점보다 먼저를 '뒤'로 나중에 '앞'으로 보는 방법과 기준시점에 가까운 나중에 '뒤'로 먼 나중을 '앞'으로 보는 방법이 있다고 설명하였다.

는 '앞'이 지난 과거 시간의 의미를 나타난다. 〈그림 8〉에서 보듯, 여기서 '말한 것'은 발화자가 현재 발화 시점을 기준으로 하여 이미 지나간 시간에 말한 내용이다. 즉, 발화자가 계속 발언하고 있는 상황에서 발화 순서상 먼저 한 내용은 '앞'에 있고, 나중에 할 내용은 '뒤'에 있다. 여기에는 시간적 의미도 있지만 순서에서의 전후관계도 있다. (36나)의 '앞 세대'는 '전세대'나 '옛날세대'와 같은 뜻으로 현재 우리가 살고 있는 시대를 기준으로 하여 지난 세대에 산 사람을 가리키는 것이다. 다시 말하면, 우리 부모, 혹은 할아버지와 할머니가 살았던 시대라고 할 수 있다. (36다)의 '뒤'는 현재 날짜를 기준으로 하여 미래에 정해져 있지 않은 시간의 의미를 가지는 것이다. 마찬가지로 (36라)의 '뒤' 역시 다른 명사와 결합하여 '시간이 지나 뒤에 올 날'과 같은 미래의 시간을 함의한다.

➤ **둘째: 인간이 시간을 통과하여 지나가는 경우,**

<그림 9>

(37) 가. 채권시장에서는 **앞**으로 있을 지도 모를 추가 금리 인상을 우려하고 있다.

　　나. 이처럼 인사(人事)를 상제(上帝)에게 알려 **앞날**의 복을 비는 고천(告天) 행사를 상제의 메신저인 벌 앞에서 벌였던 것이다.

　　다. 어느 때는 맞다 말고 이를 드러내고 **뒤**를 돌아볼 때가 있었는데, 그때마다 조금 켕기기도 했다.

라. **뒤**로는 추억을, 앞으로는 희망을 가지고 산다.

인간이 시간과 관련하여 시간을 통과하여 지나가는 방법으로 하면 '앞/뒤'의 시간적 의미가 이번에는 반대가 되어 '앞'이 다가올 시간, '뒤'가 이미 지나간 시간이 된다. 《표준국어대사전》에는 '뒤'의 과거시 간의 의미가 반영이 안 되어 있지만 실제 발화에서는 발화자가 이미 지나간 시간과 과거시간에 일어난 사건을 언급할 때 '뒤'를 사용하는 경우가 종종 보인다. (37가)에서는 '앞'이 장차 올 시간과 미래를 의미 한다. 즉, 금리 인상 문제가 현재는 없을지 몰라도 현재를 기준으로 하여 나중에 다가올 시간에 발생할 수도 있다. (37나)에서도 '앞'이 다른 명사와 결합하여 '앞으로 닥쳐올 날이나 때'의 의미로 미래시간 을 가리킨다.[28] (37다)에서의 '뒤'는 미래시간이 아닌 과거시간을 말 하는 것이다. 여기서 발화자가 발화 시점을 기준으로 하여 이미 지난 과거는 '뒤'로 언급한 것이다. 마찬가지로 (37라)에서도 '추억'은 이미 지나간 일이나 사건에 대한 말하는 것으로 '뒤'가 역시 과거시간을 반영한다.

이처럼 시간이 인간을 통과하여 지나가는 방법으로 하면 '앞'이 이미 지나간 시간, '뒤'가 다가올 시간을 가리키고, 인간이 시간을 통과하여 지나가는 방법으로 하면 '앞'이 다가올 시간, '뒤'가 이미 지나간 시간을 가리키기 때문에 '앞'과 '뒤'는 모두 과거시간과 미래

---

28) 박경현(1986)에서는 사람이 보통 시간적으로 미래를 지향하고 미래는 우 리를 향해 다가오고 있다고 생각하고, 우리와 미래는 서로 대면하고 있고 서로의 앞을 향하여 진행하고 있다고 보기 때문에 사람에게 미래가 '앞'으 로 나타난다고 하였다.

시간의 의미를 가지고 있다고 볼 수 있다. Fillmore(1975)에서 논의한 두 가지 인식 방법 중의 한 가지 방법만을 적용하면 '앞/뒤'의 시간적 의미가 서로 반의어 관계를 가지고 있다. 하지만 두 가지 방법을 섞어서 '앞/뒤'의 시간적 의미를 인식하면 '앞'과 '뒤'가 모두 같은 시간의 의미를 나타낼 수도 있다.

> (38) 가. 앞으로 펼쳐질 모험과 스릴 가득한 제시의 **앞날**을 상상
> 하며 물었다.
> 가'. 앞으로 펼쳐질 모험과 스릴 가득한 제시의 **뒷날**을 상상
> 하며 물었다.
> 나. 그로부터 **앞일**은 걱정 말고 시원하게 고향에 다녀오라
> 는 허락을 받아낸다.
> 나'. 그로부터 **뒷일**은 걱정 말고 시원하게 고향에 다녀오라
> 는 허락을 받아낸다.
> 다. 수학만 생각하면 **앞길**이 막막해요.
> 다'. 수학만 생각하면 **뒷길**이 막막해요.

위 예문의 '앞날-뒷날', '앞일-뒷일'과 '앞길-뒷길'은 모두 '앞/뒤'가 다른 명사와 결합하여 '앞/뒤+N'로 만든 합성명사이다. '앞/뒤'는 한 일직선상에 놓이면 서로 반대쪽에 위치하기 때문에 '앞+N'과 '뒤+N'도 반의어 관계라고 착각할 수 있다. 실제로는 '앞날-뒷날', '앞일-뒷일'과 '앞길-뒷길'이 모두 다가올 미래 시간의 의미이다. '앞날'과 '뒷날'은 '앞으로 닥쳐올 날'이고, '앞일'과 '뒷일'은 '앞으로 닥쳐올 일'이고, '앞길'과 '뒷길'은 '장차 살아갈 길, 또는 그 날'의 뜻으로 모두 미래에 대한 시간 개념이라고 할 수 있다. 여기서 '앞날', '앞일'과 '앞길'은 인간이 시간을 통과하여 지나가는 방법으로 하여 인식된

것이고, '뒷날', '뒷일'과 '뒷길'은 시간이 인간을 통과하여 지나가는 방법으로 하여 인식된 것이다.

시간과 순서는 밀접한 연관을 가지고 있다. 일직선상에서 현재를 기준으로 하여, 과거시간과 과거에 일어난 사건은 먼저 나타나고, 미래시간과 아직 일어나지 않은 사건은 앞으로 나타난다. 이렇기 때문에 시간적 의미를 가지고 있는 '앞'과 '뒤'는 사건이 일어나는 차례와 순서를 함의하기도 한다. 《표준국어대사전》에도 '앞'과 '뒤'의 차례와 순서에 관한 뜻을 실었다.

> (39) 가. 우리는 **앞**에 간 사람보다 먼저 도착했다.
> 　　　 나. 실무 회담에 **앞서** 중국의 전 대표는 한봉수 상공부 장관을 예방, 앞으로의 양국 경제 협력 증진 방안을 논의했다.
> 　　　 다. 우리는 **뒤**에 간 사람보다 먼저 도착했다.
> 　　　 라. 조 회장은 서울대를 졸업한 **뒤** 미국으로 유학을 갔다.

(39가)에서는 '앞'이 시간상으로 '우리'보다 일찍 출발했다는 뜻으로 해석할 수도 있지만, 사건이 일어나는 순서상 '우리'보다 먼저 출발했다는 뜻으로 이해할 수도 있다. (39나)의 '앞서'는 단순히 두 사건이 진행되는 차례를 말하는 것이다. 즉 '방안을 논의한' 것을 먼저 하고, 그 다음에 실무 회담을 진행하였다. 마찬가지로 (39다)의 '뒤'도 시간상으로 '우리'보다 늦게 출발했다는 뜻으로 해석할 수도 있지만, 사건이 일어나는 순서상 '우리'보다 나중에 출발했다는 뜻으로 이해할 수도 있다. (39라)에서는 '뒤'로 두 사건을 진행하는 순서를 연결시켰다. 즉, '졸업'이라는 사건은 먼저 일어나고, '유학'은 졸업하고 나서

간 것이다.

지금까지 Fillmore(1975)의 논의를 따라 '앞'과 '뒤'의 시간적 의미를 살펴보았다. '앞/뒤'의 시간 표현을 두 가지 방법으로 인식하면, '앞'과 '뒤'는 모두 과거시간과 미래시간의 의미를 가지고 있다. 시간과 순서는 밀접한 연관을 가지고 있기 때문에 '앞/뒤'는 시간적 의미 외에 사건을 진행하는 전후 순서의 의미도 나타낸다. 즉, 발화시간과 정해진 시간을 기준으로 하여, 그 시간보다 먼저 일어나는 사건은 '앞'에 있고, 나중에 일어나는 사건은 '뒤'에 있다. 결론적으로 말하면, 시간적 의미와 관련하여 '앞'은 '과거, 미리, 먼저, 지난 것'의 의미를 나타내고, '뒤'는 '미래, 나중, 다음, 다가올 것'의 의미를 나타낸다.

## 3) 추상적 의미

앞에서 공간 개념이 의미를 확장하는 방향은 '공간 → 시간 → 추상'이라고 하였다. '앞/'과 '뒤'도 이러한 틀에 따라 원형 의미인 공간 개념에서 시간적 의미로 확장되고, 그 다음에 은유나 문법화 과정을 거쳐 추상적 의미로까지 확장된다. 은유는 한 개념을 다른 개념을 통해 이해하고 경험하는 방식으로 정의되는데 마침 문법화 과정을 통하여 한 단어의 의미도 구체적인 것에서 추상적인 것으로 바뀐다.29) 《표준국어대사전》에는 '앞'의 추상적 의미를 ⑤번과 ⑥번에 제시하고, '뒤'의 추상적 의미를 ③번부터 ⑩번까지 제시하였다. 노재민(2009)에서는 '앞과 같은 경우에 흔히 인간의 눈이 있는 쪽을 의미해

---

29) Lakoff and Johnson(1980)에서 은유는 추상적인 개념을 더 구체적인 개념에 입각해서 이해하고자 하는 인간의 사고방식이라고 지적한다고 하였다.

서 어떤 지시 대상이 가깝고 가시적임을 뜻하기 때문에 긍정적인 의미를 가진다고 하였다. 반대로 '뒤'는 '보이지 않는 배후나 겉으로 드러나지 않는 부분'을 나타내기 때문에 부정적이거나 좋지 않은 것과 관련된 의미가 된다.

(40) 가. 처음에 지웠을 때는 내 **앞**에서 투정을 부리며 조금 울었던 것 같다.
　　나. 교장·교감도 이 사람 **앞**에서 꼼짝 못한다.
　　다. 그 사람 **뒤**를 추적해 보면 나오는 게 있을 것이다.
　　라. **앞**에서는 아무 말도 못하다가 **뒤**에서는 딴소리를 한다.

(40가), (40나)의 '앞'과 (40다), (40라)의 '뒤'는 반대 의미를 가지고 있다. 일반적으로 사물은 '앞'과 '뒤'와 같은 양면을 가지고 있는데, 사물을 볼 때 우리와 향하고 있는 쪽은 '앞'이라고 하고, 우리와 향하고 있는 쪽과 반대쪽은 '뒤'라고 한다. '앞'과 '뒤'의 이러한 의미가 은유를 거치면 감출 것 없이 보이는 것이 그대로 드러나는 것은 '앞'으로 나타나고, 보이지 않는 배후나 겉으로 드러나지 않는 부분은 '뒤'로 나타난다. 여기서 '앞'은 '누군가와 함께 있는 자리'로 해석할 수 있다. 즉, 행위자가 어떤 행위를 하는데, 다른 대상자들과 대면하고 보이는 데에서 한다는 것이다. (40가)와 (40나)의 '내 앞'과 '사람 앞'은 바로 '누군가와 함께 있을 때'로 해석할 수 있다. 앞에서 언급한 바 있다시피 사람은 보통 좋지 않은 것을 최대한 회피하고 우회적으로 표현하기 때문에, '앞'과 '뒤'는 이러한 용법일 때 '앞'보다 '뒤'의 사용빈도가 더 많은 것으로 나타난다. 즉, 어떤 사태에 대한 우리가 모르는 비밀, 숨겨질 사실, 또는 알려지면 안 되는 점과 같은 부정적인 의미를 '뒤'

로 표현하는 것이다. (40다)의 '사람 뒤'는 그 사람이 향하고 있는 쪽과 반대되는 방향을 말하는 것이 아니라, 어떤 사건이 일어나는데 그 사람이 이에 대하여 사람 앞에서 정정당당하게 하는 행동이 아닌, 다른 사람과 함께 있지 않을 때 하는 행동이나 숨겨진 비밀을 가리키는 것이다. 이러한 뜻으로 그 사람이 '뒤'를 추적하는 것은 평소와 달리 남몰래 하는 행동을 추적하는 것을 말하는 것이다. 마찬가지로 (40라)의 '앞'은 사람 앞에서 하는 공개적인 행동이나 언행을 가리키는 것이고, '뒤'는 누군가와 함께 있지 않을 때 하는 행동과 언행을 말하는 것이다. '앞'과 '뒤'는 이러한 용법에서 대칭적으로 나타난다.

'보이지 않는 배후나 겉으로 드러나지 않는 부분'의 의미가 전이되어 '뒤'는 '어떤 일을 할 수 있게 이바지하거나 도와주는 힘'의 뜻으로 나타나기도 한다. 여기서 말하는 힘은 돈, 물질과 같은 실물적인 것으로 될 수도 있고, 지지와 관심 등 추상적인 것으로 될 수도 있다.

    (41) 가. 그는 가난한 학생의 **뒤**를 봐 주었다.
         나. 그의 성공에는 부모의 **뒷받침**이 큰 역할을 하였다.
         다. 출근하는 남편을 **뒤치다꺼리하**느라고 바쁘다.

(41가)의 '뒤를 봐 주다'는 자립명사로서 가난한 학생이 계속 공부를 할 수 있게 경제적인 지원을 해 주는 것을 말하는 것이다. (41나)의 '뒤'는 합성어로서 부모의 '뒷받침'이 뒤에서 지지하고 도와주는 일이고, (41다)에서는 역시 합성어로서 아내가 뒤에서 일을 보살펴서 도와준다는 뜻으로 나타난다.

《표준국어대사전》에는 '앞'의 ⑤번 뜻풀이로 '신체나 물체의 전면, 흔히 몸에서는 젖가슴이나 음부를 가리킨다'고 하였고, '뒤'의 ⑨번과

⑩번 뜻풀이로 '사람의 똥이나 엉덩이를 완곡하게 이르는 말'이라고 하였다. 앞에서도 인간은 좋지 않은 것을 표현할 때 직접적으로 하는 것보다 은유를 통해 우회적으로 전달하는 경우가 많다는 것을 살펴보았다.

(42) 가. 겨우 **앞**만 가렸다.
　　 나. 의자에 털썩 **뒤**를 붙이고 앉았다.
　　 다. 갑자기 **뒤**가 급해서 화장실에 갔다.

　인체의 어느 특정한 신체 부위를 가리킬 때 그 기관의 명칭 대신 '앞'과 '뒤'를 사용해서 표현할 수 있다. 신체 부위를 '앞'과 '뒤'로 구분하자면 얼굴이나 가슴이 있는 면은 '앞'이고 그 반대편에 엉덩이가 있는 면이 '뒤'이다. (42가)에서는 '앞'이 사람의 젖가슴을 가리키고, (42나)의 '뒤'는 '엉덩이'라는 신체 부위를 말하는 것이다. (42다)에서는 '용변'이라는 행동을 '뒤'로 완곡하게 표현한다. 이처럼 얼굴, 가슴 등 신체의 전면에 있는 부위를 '앞'으로 하고, 몸의 뒷부분에 있는 신체부위와 관련되는 배설물은 '뒤'로 나타낸다. '앞'과 '뒤'는 이와 같이 우회적인 표현에서 서로 대칭적인 의미를 가지고 있다고 볼 수 있다.

(43) 가. 오이디푸스가 자기 **앞**에 주어진 문제를 해결하기 위해 노력하는 인물이다.
　　 나. 그런데 육성회 수당에서 한 사람 **앞** 500원씩 장기 저축을 하라 한다.
　　 다. 그는 자기 **앞**도 못 가리는 사람이다.

라. 김철수 **앞**으로 온 편지가 있는지 봐 주세요.

마. 비서실에 사장님 **앞**으로 온 공문이 하나 있다.

'앞'은 '차례에 따라 돌아오거나 맡은 몫'이라는 의미도 가지고 있다. (43가)와 (43나)에서의 '앞'은 어떤 행동이 미치는 대상을 말하는 것이고, (43다)에서는 '앞'이 사람에게 닥친 일을 제 힘으로 해내는 의미를 나타낸다. '앞'이 여기서는 사람에게 주어지는 몫의 의미를 한다. (43라)와 (43마)에서의 '앞'은 주로 수신의 의미로 우편물이나 물건을 보낼 때 받을 쪽의 이름 뒤에 쓰이는 것으로, 조사 '에게'의 뜻에 해당한다.

한편, '앞'은 추상명사와 결합하여 '어떤 조건에 처한 상태'의 의미를 나타낸다. '앞'은 공간 의미일 때 기본적으로 '향하고 있는 쪽이나 곳'을 나타내는데, '향하고 있는 쪽이나 곳'은 실제로 존재하고 우리에게 잘 보이는 사물이나 장소를 말하는 것이다. '앞'의 이러한 의미는 점점 공간적 공간에서 추상적 공간이나 상황으로 전이되어 어떤 조건이나 당한 일 뒤에 나타나 '어떤 조건에 처한 상태'를 의미한다.

(44) 가. 예상 밖의 난감한 상황 **앞**에서 나는 당황했다.

나. 하지만 섬에서 돌아와 현실 **앞**에 섰을 때, 평생을 지속할 만한 가치 있는 일을 찾기가 쉽지 않았다.

다. 그 절박한 필요성 **앞**에 주저나 망설임이 있을 수 없었다.

(44가)-(44다)의 '상황', '현실'과 '필요성'은 모두 추상적인 개념이다. '상황 앞'은 '내'가 직접 당한 일이고, '현실 앞'은 발화자가 직면해야 하는 처지이고, '필요성 앞'은 발화자가 어떤 조건에 처한 상태이

다. '앞'이 이와 같은 추상 명사 뒤에 나타나면 '어떤 상황이나 조건에 처한 상태'의 뜻을 나타낸다.

《표준국어대사전》에 제시된 '뒤'의 뜻풀이를 보면, 추상적인 의미가 '앞'보다 더 세분화되어 있고, 여러 의미를 가지고 있다. '앞'이 가지고 있는 추상적 의미는 공간적 의미에서 전이된 것이지만 '뒤'가 가진 추상적 의미는 이와 달리 대부분 시간이나 순서의 의미에서 전이된 것이다.

> (45) 가. 그 영화는 **뒤**로 갈수록 재미가 없었다.
>      나. 이 소설은 **뒤**에 가서 초점이 흐려지고 말았다.
>      다. 남의 **뒤**도 못 따라간다.
>      라. 어서 **뒤**를 봐야 할 텐데.
>      마. 수술 **뒤**가 좋지 않다.
>      바. 그는 성격이 괄괄하지만 **뒤**는 없는 사람이다.

이상의 '뒤'는 '사건이 일어나는 순서상으로 다음이나 나중'의 의미에서 전이해온 것이다. (45가)와 (45나)의 '영화 뒤'와 '소설 뒤'는 '일의 끝이나 마지막 되는 부분'이고, (45다)에서의 '뒤'는 '어떤 기준에 미치지 못하는 상태나 정도'의 뜻을 나타낸다. (45라)에서의 '뒤'는 '잇는 것'의 뜻으로 '뒤를 보다'는 대를 이을 자손을 말하는 것이다. (45마)의 '수술 뒤'는 '어떤 일이 진행된 다음에 나타난 자취나 결과'이고, (45바)에서의 '뒤'는 '좋지 않은 감정이 있는 다음에도 여전히 남아 있는 감정'을 말하는 것이다.

지금까지 '앞/뒤'의 의미를 살펴보았다. 일반적으로 '앞'은 '향하고 있는 쪽이나 곳', '뒤'는 '향하고 있는 방향과 반대되는 쪽이나 곳'을 가리킨다. 참조대상 Y인 사람이나 사물은 '앞/뒤'가 자연스럽게 정해져 있으면 쉽게 구분이 되지만 그 자체가 '앞'과 '뒤'가 정해져 있지 않을 경우에는 발화자의 상황 인식과 대상물이 가지고 있는 특성에 따라 '앞'과 '뒤'가 다르게 구분된다. 시간적 의미의 '앞/뒤'는 시간과 관련된 사건이 일어나는 선후의 순서의 의미도 가지고 있다. 시간적 의미와 관련하여 '앞'은 '과거, 미리, 먼저, 지난 것'의 의미이고, '뒤'는 '미래, 나중, 다음, 다가올 것'의 의미이다. 추상적 의미의 '앞'은 공간적 의미에서 전이된 것이 많지만 '뒤'는 시간적 의미에서 전이된 것이 더 많다. '앞'과 '뒤' 의 의미 분포를 다음 그림과 같이 나타낼 수 있다.

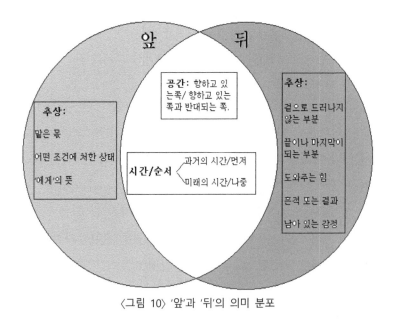

〈그림 10〉 '앞'과 '뒤'의 의미 분포

위의 〈그림 10〉에서 보듯, '앞'과 '뒤'는 각각 공간적 의미, 시간적 의미, 추상적 의미를 모두 가지고 있지만 의미 분포가 서로 다르다. 〈그림 10〉에서 흰색으로 된 부분은 '앞'과 '뒤'에 공통되는 의미 영역이라고 볼 수 있다. 즉, 공간, 시간이나 순서의 의미인 '앞'과 '뒤'는 대칭적이지만 추상적 의미인 '앞'과 '뒤'는 각각의 의미가 다르다. 특히 '뒤'는 은유를 통하여 '보이지 않은 부분'이나 '결과' 등의 의미를 많이 나타낸다.


## 3. '안/속'과 '밖'

'안'과 '밖'은 사람의 몸과 밀접한 연관을 가지고 있다. 우리의 몸은 하나의 용기로 볼 수 있기 때문에 일정한 경계를 기준으로 내외관계를 형성한다. 박경현(1986)에서는 우리는 우리의 몸이 본질적으로 가지는 내외의 구별방법을, 일정한 경계로 둘러싸여 있는 다른 물리적 대상들에도 그대로 투영한다고 하였다. 이처럼 인간은 자신의 몸부터 출발하여 실물적인 공간에서 추상적인 사건과 행동까지 내외관계를 통하여 인식할 수 있다. 내외관계를 쉽게 설명하자면, 한 경계선을 기준으로 하여 그 경계선을 넘지 않은 곳은 '안'에 속하고, 반대로 그 경계선을 넘은 곳은 '밖'에 속하는 것이다. 현대 한국어 고유어에서 내외(內外)관계를 나타내는 위치표현은 '안'과 '밖'이 있다. 그리고 '안'과 비슷한 의미를 가진 '속'도 있다.[30) 보통 '안'은 어떤 물체나 공간의 둘러싸인 가에서 가운데로 향한 쪽, '밖'은 어떤 선이나 금을

---

30) '밖'과 비슷한 의미를 가진 '겉'도 있는데 '겉'이 가지는 의미를 다양하지 않기 때문에 본고에서 논의대상에서 제외시켰다.

넘어선 쪽으로 지정되어 있다. 이 절에서는 '안', '밖'과 '속'을 대상으로 하여 먼저 '안'과 '밖'을 대조하여 이들의 의미를 살펴보고, 그 다음에 '속'과 '안'을 연관시켜 '속'의 의미를 논의할 것이다.

(46) 가. 추위에 떨다 식당 **안**으로 들어가니 몸이 녹는다.
　　나. 밤송이를 까 보니 **속**은 거의 다 벌레가 먹었다.
　　다. 그는 대문 안으로 들어오지 않고 **밖**에서만 인사를 하고
　　　　가 버렸다.
　　라. 한 시간 **안**에 문제를 다 풀어야 한다.
　　마. 회사에서 일어난 일은 회사 **안**에서 처리하십시오.
　　바. 그 사람이 **속**이 좋아 가만있는 거지, 너 같으면 못 참았
　　　　을 것이다.
　　사. 그녀는 기대 **밖**의 높은 점수를 얻었다.

(46가)-(46다)에서 '식당 안', '밤송이 속'과 '대문 밖'의 '안', '속'과 '밖'은 공간적 의미를 나타낸다. 내외관계는 한 경계선을 기준으로 하여 그 경계선을 넘으냐 넘지 않으냐에 따라 형성된 공간 개념이기 때문에 내외관계를 나타나는 위치표현은 제일 먼저 공간적인 의미를 나타낸다. 그리고 앞에서 살펴본 다른 위치표현처럼 '안', '밖'과 '속'도 역시 공간적 의미에 국한되지 않고 시간적 의미와 추상적 의미를 가지고 있다. (46라)에서는 '안'이 시간적 의미를 나타내고, 나머지는 '안', '밖'과 '속'이 추상적 의미를 나타내는 경우이다.

'안/밖'이 가지고 있는 의미를 고찰하기에 앞서《표준국어대사전》, 《고려대 한국어대사전》과 《우리말 큰사전》에서 '안'과 '밖'의 의미가 어떻게 기술되어 있는지 알아보자.

〈표 9〉 '안'의 사전적 의미

| 안 | | |
|---|---|---|
| 《표준국어대사전》 | 《고려대 한국어대사전》 | 《우리말 큰사전》 |
| ① 어떤 물체나 공간의 둘러싸인 가에서 가운데로 향한 쪽. 또는 그런 곳이나 부분. | ① 부피나 넓이를 가진 물체나 공간에서, 일정한 둘레 속에 있는 공간이나 부분. | ① 어떤 공간이나 물건의 둘레에서 가운데로 향한 쪽. 또는, 그 부분. |
| ② 일정한 표준이나 한계를 넘지 않은 정도. | ② 일정한 표준이나 한계에 넘지 않는 범위. ③ 어떤 힘이나 효력이 미치는 범위. | ② 일정한 기준이나 한계에 못 미치는 정도. |
| ③ =안방02: 안주인이 거처하는 방. | | ③=안찝01: 옷 안에 받치는 감. |
| ④ =안감01: 옷 안에 받치는 감. | ④ 옷의 안쪽에 있는 감. | ④ =안방02: 안주인이 거처하는 방. |
| ⑤ '아내(혼인하여 남자의 짝이 된 여자)'를 이르는 말. | | ⑤ '아내'를 일컫는 말. ⑥ '여자'의 뜻. |
| ⑥ 조직이나 나라 따위를 벗어나지 않은 영역. | | |

〈표 9〉를 보면 《표준국어대사전》과 《우리말 큰사전》에 실린 '안'의 뜻풀이는 ⑥번을 제외하고 대체로 일치하지만 《고려대 한국어대사전》에서는 '안'의 뜻풀이가 간략하게 기술되어 있다. 《표준국어대사전》에는 '안'의 ⑥번 뜻풀로 '영역'과 관련된 의미를 제시하지만 《우리말 큰사전》에는 이와 비슷한 의미가 전혀 기재되어 있지 않고 대신 '여자'의 의미를 하나 더 추가하였다. 《고려대 한국어대사전》에서는 '안'의 '아내'와 '영역'의 의미가 보이지 않는다.

<표 10> '밖'의 사전적 의미

| 밖 | | |
|---|---|---|
| 《표준국어대사전》 | 《고려대 한국어대사전》 | 《우리말 큰사전》 |
| ① 어떤 선이나 금을 넘어선 쪽. | ① 어떤 것에 의해서 둘러싸인 장소를 벗어난 쪽이나 공간. ③ 어떤 일정한 선이나 경계로 한정된 둘레를 벗어난 쪽. | ② 테두리나 경계선 따위를 벗어난 쪽. |
| ② 겉이 되는 쪽. 또는 그런 부분. | ② 어떤 사물이나 사람의 겉면을 기준으로 하여, 그 사물이나 사람에 포함되지 않는 부분. 또는 그쪽. | ① 겉이 되는 쪽이나 부분. |
| ③ 일정한 한도나 범위에 들지 않는 나머지 다른 부분이나 일. | | ③ 어떤 범위나 한도에 들지 않는 것. |
| ④ 무엇에 의하여 둘러싸이지 않은 공간. 또는 그 쪽. | | |
| ⑤ =한데02「1」: 사방, 상하를 덮거나 가리지 아니한 곳. 곧 집채의 바깥을 이른다. | | ⑥ =한데02 |
| ⑥ =바깥양반「1」:집안의 남자 주인을 높이거나 스스럼없이 이르는 말 | ④ 아내에 상대하여 '남편'을 비유적으로 이르는 말. | ⑤ =바깥 ⑦바깥주인 |
| 「조사」<br>-밖에:<br>(주로 체언이나 명사형 어미 뒤에 붙어)<br>'그것 말고는', '그것 이외에는'의 뜻을<br>나타내는 말. 반드시 뒤에 부정을 나타 | ④ (주로 용언의 관형사형 어미 '-을'뒤에 쓰여) 어쩔 수 없이 그렇게 하거나 그러할 뿐임을 나타내는 말.<br>-밖에: 체언이나 부사어의 뒤에 붙어, '그것 이외에는'의 뜻을 나타내는 보조사. 뒤에 부정을 나타내는 | ④ '밖에(는)'꼴로 부정하는 말과 함께 쓰이어, 임자씨 아래에서 '오직 그것 뿐임'을 나타냄, 어찌말 아래서 '오지 그렇게 하거나 그러할 뿐임'을 나타냄, 주로 '-ㄹ(을)' 매김꼴 아래서 |

| 밖 | | |
|---|---|---|
| 《표준국어대사전》 | 《고려대 한국어대사전》 | 《우리말 큰사전》 |
| 내는 말이 따른다. | 말이 따른다. | '어쩔 수 없이 그렇게 하거나 그러할 뿐임'을 나타냄. '-ㄹ 수밖에 없다'의 줄어진 꼴이다. |

〈표 10〉을 보면, 《표준국어대사전》, 《고려대 한국어대사전》과 《우리말 큰사전》에 실린 '밖'의 뜻풀이는 많은 차이가 있다. 우선 공간적 의미는 《표준국어대사전》에는 세 가지 항목으로 세분되어 있지만 《고려대 한국어대사전》과 《우리말 큰사전》에서는 두 가지로 나누었다. 추상적 의미는 《우리말 큰사전》에서는 한도와 범위와 관련된 의미 외에 '밖에(는)'로 나타나 부정극어의 의미도 가지고 있다고 해석하였다. 하지만, '밖'의 이러한 용법은 《표준국어대사전》과 《고려대 한국어대사전》에서는 '밖'의 의미에 포함하지 않고 조사 '밖에'에서 따로 해석하였다.

《표준국어대사전》에 제시된 '안/밖'의 뜻풀이를 보면, 전후관계를 나타내는 공간 개념 '안'은 공간적 의미, 시간적 의미와 추상적 의미를 다 가지고 있지만 '밖'은 공간적 의미와 추상적 의미만 있고 시간적 의미는 없는 것으로 보인다. 《표준국어대사전》을 바탕으로 하면, '안'의 의미 가운데 ①번은 공간적 의미이고, ②번은 주로 시간적 의미로 사용되기 때문에 시간적 의미로 볼 수 있고, 나머지는 추상적인 의미를 나타낸다. '밖'의 의미 가운데 ①번, ②번과 ④번은 공간적 의미이고, ③번은 추상적 의미이다. 《표준국어대사전》에는 '밖'의 부정극어로 나타나는 의미를 조사로 따로 제시하고 있지만 본고에서는 '밖'의 의미를 살펴볼 때 같이 논의할 것이다. 이하 《표준국어대사전》에 제시된 뜻풀이를 바탕으로 '안/밖'의 공간적 의미, 시간적 의미와 추상적 의미를 자세히 살펴보자.

## 1) 공간적 의미

현대 한국어에서 '안/밖'의 가장 기본적이고 핵심적 의미는 공간 개념을 나타내는 것이다. 이 공간적 의미는 사전에 '안'은 '어떤 물체나 공간의 둘러싸인 가에서 가운데로 향한 쪽. 또는 그런 곳이나 부분'이라고 하고, '밖'은 '어떤 선이나 금을 넘어선 쪽, 또는 무엇에 의하여 둘러싸이지 않은 공간'이라고 한다. 이처럼 '안/밖'의 공간적 의미는 공간이나 선과 관련이 있기 때문에 내외관계는 공간적으로 크게 입체 공간, 수평 공간과 선 공간의 세 가지로 나눌 수 있다.

> (47) 가. 수녀는 단호한 걸음으로 건물 **안**으로 들어섰다.
> 　　　나. 학교 안으로 들어가면 대학본부가 보일 것이다.
> 　　　다. 보험사 직원으로부터 가급적 건물 **밖**에 나가지 말라는
> 　　　　　말을 들었다.
> 　　　라. 담배를 사려면 다시 학교 **밖**까지 나가야 하는데.

(47가)-(47라)에서의 '안'과 '밖'은 입체 공간에서 나타나는 내외공간이다. 주택, 빌딩과 상점 등의 건물이 공중이나 지중에서 점하고 있는 장소를 공중공간이나 지중공간이라 하고 이들을 통틀어 입체공간이라고 한다. 보통 건물은 벽과 입구가 딸려 있기 때문에 건물과 같은 건축물의 내외관계가 '안'과 '밖'으로 나타난다. '안'과 '밖'은 대칭적으로 나타나고 서로 반대 의미를 가지고 있다. (47가)에서 '수녀가 건물 안에 들어섰다'는 것은 건물에 있는 출입구를 통하여 건물

에 들어간 것이다. 일반적으로 빌딩, 백화점, 호텔, 집, 방과 같은 출입구에 있는 건축물의 '안'과 '밖'은 그 건축물에 있는 출입구로 구분한다. 우리가 건축물의 내외부분을 이렇게 인식하기 때문에 (47가)에서는 '건물 안'이 건물의 입구에 들어가서 보이는 공간이고, (47다)에서는 '건물 밖'이 건물 내에서 출구를 통해 나가서 보이는 공간이라고 할 수 있다. 한 건축물의 내부공간과 외부공간은 건물 출입구를 통해 구분할 수 있지만 여러 건물로 형성된 기관이나 단지와 같은 곳은 그 중 한 건물의 입구를 통해 전체공간의 내부와 외부를 나눌 수가 없다. (47나)와 (47라)에서의 '학교'는 교육기관으로서 교내에 여러 건물이 즐비하므로, '교내'와 '교외'를 구분 시킬 수 있는 것은 학교를 빙 둘러싼 담과 학교의 정문이다. 즉, 빙 둘러싼 담이나 정문을 기준으로 하여, 안쪽은 교내에 속하고, 바깥쪽은 교외에 속하는 것이다. 이처럼 우리는 학교, 회사, 공장, 관공서와 같은 공간을 정문과 둘러싼 담으로 '안'과 '밖'을 구분하여 인식한다.

(48) 가. 지갑 **안**에 넣어두었는데 나중에 찾아보니 어디로 갔는지
　　　　보이지 않았다.
　　나. 봄옷들과 코트 같은 것을 꺼내 베란다에 말렸다가 옷장
　　　　**안**에 걸어두었다.
　　다. 초대형 냉장고 **안**에는 갖가지 과일과 음식이 준비되어
　　　　있다.

(48가)-(48다)에서 제시한 것처럼 '안'은 건물, 빌딩, 학교와 같은 큰 장소나 공간의 내부에 사용할 뿐만 아니라, 용기와 같은 작은 공간에도 많이 사용한다. 예를 들면, '박스 안', '필통 안', '서랍 안' 등이

있다. '안'의 이러한 용법은 우리가 일반적으로 말하는 'X가 Y 안에 있다'와 같은 공식을 도입하여 (48가)-(48다)를 아래와 같이 전환할 수 있다.

(49) 가. 돈이 지갑 **안**에 있다.
　　 나. 봄옷들과 코트는 옷장 **안**에 있다.
　　 다. 과일과 음식이 초대형 냉장고 **안**에 있다.

　건축물과 연관되는 큰 장소나 공간은 내부공간과 외부공간이 모두 존재하지만 용기와 같은 작은 공간에서는 '안'이라는 내부공간은 존재하지만, '밖'이라는 외부공간은 존재하지 않는다. 다시 말하면, 여기서는 'X가 Y 밖에 있다'가 성립되지 않는다. 예를 들면, 지갑이라는 사물이 가지고 있는 공간 개념에 '안'은 있지만 '밖'은 없다.

(50) 가. 그 모습을 찍기 위해 신발을 벗고 바다 **안**으로 조금 걸어 들어갔다.
　　 나. 바다 **밖**의 넓은 세상을 보고 싶다.

〈그림 11〉

　〈그림 11〉을 보면 알 수 있지만 평면 공간에서 'X가 Y 안에 있다'는 X가 구성된 평면공간이 Y가 구성된 평면 공간의 내부에 있고, 'X가

Y 밖에 있다'는 X가 정해진 위치에 국한되지 않고 Y가 구성된 평면공간에서 넘어서거나 부딪치지 않으면 'X가 Y 밖에 있다'고 할 수 있다. (50가)에서는 강, 바다, 호수의 수면을 한 평면공간으로 볼 수 있고, 바다의 수면과 화자는 서로 평면 관계를 형성하는데 '바다 안'은 〈그림 11a〉처럼 화자 X의 위치가 바다의 수면이라는 Y 공간 내부에 있다는 것을 말하는 것이다. 즉, 화자 X는 바다에 들어가 있는 상태이다. (50나)에서는 〈그림 11b〉에서처럼 X가 소재한 위치가 정해져 있지 않고 바다의 수면이 형성된 공간 Y에서 넘어서면 '바다 밖'이 된다. 한편, '밖'은 '무엇에 의하여 둘러싸이지 않은 공간이나 그쪽'이라는 의미도 가지고 있다.

X와 Y는 위치에 따라 입체 공간과 평면 공간뿐만 아니라, 선공간도 존재한다. 점이 모여 선이 되고, 선이 모여 면이 되고, 면이 모여 공간이 된다. 선공간은 X와 Y가 형성된 내외관계에서 고유한 공간관계라고 할 수 있다.

(51) 가. 윤곽선 **안**에 새길 글씨의 모양을 두껍게 연필로 쓴다.
　　나. 그는 새로운 집에 들어가기 전에 행하는 러시아의 전통에 따라 신발을 벗고 **선** 안으로 자신 있게 걸어 들어갔다.
　　다. 선 **밖**으로 나가지 말고 연두색으로 얼룩 없이 꽉 꿰매요.
　　라. 어망들 중 상당수가 적색선 **밖**에도 설치되었을 것으로 추정된다.

(51가)의 '새길 글씨'가 윤곽선 안에 있다는 것은 지도상에서 봤을 때 '새길 글씨'의 위치가 굵은 선을 넘어서지 않고 그 선 이내에 적혀

있다는 것이다. 마찬가지로 (51나)는 신발을 벗고 걸어가고 있는 사람이 선에 따라 그 선을 넘어서지 않게 걸어 들어간다는 뜻이다.

이상으로 '안'과 '밖'의 공간적 의미를 살펴보았다. 내외관계는 앞에 논의한 상하관계와 전후관계와 달리 한 테두리 혹은 경계선을 기준으로 하여 그 내부가 '안'에 속하고, 외부가 '밖'으로 속한다. 때문에 이 절에서는 X와 Y의 구체적인 위치에 따라 '안과 '밖'의 공간 유형을 크게 입체 공간, 평면 공간과 선 공간의 세 가지로 나누었다.

## 2) 시간적 의미

'안'과 '밖' 중에 '안'만 시간적 의미를 가지고 있다. 시간적 의미는 일정한 시간적 한계를 넘지 않은 정도'의 의미로 사용되고 있다. '안'의 시간적 의미는 존재은유와 밀접한 연관을 가지고 있다. Lakoff and Johnson(1980)에서 분류된 네 가지 은유 유형 중에 존재은유는 경계가 모호하고 불분명한 경험들에 경계를 부여하고 그 경험들을 경계 뚜렷한 존재로 이해하도록 한다. 쉽게 말하자면, 존재은유는 한 개념을 경계를 가지고 있는 구체적인 사물(보통은 그릇)의 관점에서 이해하는 것이다.[31] 공간개념 중에 경계를 뚜렷하게 가지고 있는 것은 바로 내외관계이기 때문에 '안/밖'은 존재은유와 밀접한 관계를 가지고 있다고 할 수 있다. 예를 들면, 시간, 사람의 신체, 행위 사건, 조직 문화 등 실질적으로 존재하는 사물과 추상적인 개념은 모두 경계를

---

31) Lakoff and Johnson(1980)에서 대표적인 존재은유는 그릇은유와 개체와 물질은유와 함계 같이 다루었고, 그릇은유를 몸, 방, 집, 숲, 영토 등과 시야, 사건, 행위, 활동, 상태 등을 그릇 개념을 통해 인지하는 것을 설명하였다.

부여한 그릇을 통하여 이해시킬 수 있다.

(52) 가. 오늘 **안**으로 서울로 돌아가고 싶기도 했다.
　　　나. 48시간 **안**에 해독제를 먹어야 인간으로 돌아올 수 있다.
　　　다. 올해 **안**에 WTO 개혁안을 마련할 계획이라고 보도했다.

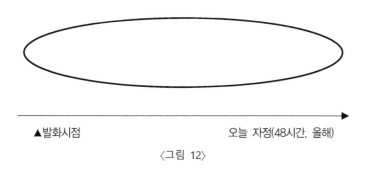

▲발화시점　　　　　　　　　　오늘 자정(48시간, 올해)
〈그림 12〉

(52가)-(52다)는 또 다른 공간적 개념으로 시간을 이해하는 방법이다. 〈그림 12〉에 나와 있듯이 발화 시점부터 정해진 시간까지의 이 기간은 그릇으로 표시되고 그릇은유를 통하여 인식하는 것이다. 즉, 우리는 이 기간에 있는 시간을 마치 내용물이 그릇 안에 담겨있는 것처럼 생각한다. (52가)의 경우는 그림(12)에서 보이는 것처럼 발화 시점이 몇 시인지를 불문하고, 화살표가 소재한 위치는 '오늘 자정'으로 표시된다. 발화 시점부터 오늘 자정까지의 이 몇 시간은 그릇에 있는 내용물로 여겨지고, '오늘 안'은 이 그릇에 넘지 않는 것으로 인식된다. 마찬가지로 (52나)의 중독되는 시간부터 48시간까지의 기간과 (52다)의 발화 시점부터 올해 연말까지의 기간은 그릇 안에 있는 내용물이라고 인식되고, '안'은 정해진 시간까지의 범위를 말하는 것이다. 보통 기한은 어느 때까지를 기약하기 때문에 시간표현에서는

'안'만 사용하고 '밖'을 사용하지 않는다.

### 3) 추상적 의미

'안'은 '정해진 한도나 범위'의 의미로 시간표현뿐만 아니라, 아래처럼 '정해진 한도와 범위'와 관련된 성적, 돈, 거리 등의 내용으로 다양하게 사용될 수 있다.

> (53) 가. 5등 **안**에 들면 우리 엄마가 사 주시기로 했는데 잘 안 돼요.
> 나. 가계의 예산 **안**에 맞춰서 살아가겠다는 바위보다 더 단단한 각오가 필요할 것이다.
> 다. 십만 원 **안**에서 물건을 사라.
> 라. 반경 2미터 **안**에는 아무도 없다.

'안/밖'의 범위와 한도와 관한 의미에서 출발하여 우리 몸부터 사회적 규범까지 그릇으로 인식하는 다양한 것의 한도나 범위를 '안/밖'으로 표현할 수 있다. 본고는 '그릇'으로 인식하는 대상을 '몸은 그릇', '서적은 그릇', '지역은 그릇', '조직은 그릇', '규칙은 그릇', '눈은 그릇' 등으로 나누었다.

### ➤ 몸은 그릇:

> (54) 가. 몸 **안**에 있는 모든 긴장이 풀려나가듯 진우의 마음은 평화로웠다.
> 나. 몸 **안**의 노폐물과 유해물이 신선한 공기와 자양에 의하여 대사(代謝)되어서야 신체의 정결과 건강이 간직된다.

다. 온 몸을 가득 채우고 있던 탄산가스가 몸 **밖**으로 빠져
　　 나갔다.

라. 몸 **밖**에서 들어온 병은 몸의 원기가 쇠해졌을 때 생기는
　　 것으로 보았다.


　(54가)-(54다)에서 '몸'은 그릇으로 인식하고 대상물과 몸은 서로
내외관계를 나타나는 것이다. 사람의 몸은 내용물이 담길 수 있는
그릇으로 인식할 수 있다. 우리 몸에 심장, 허파, 간 등 기관들이 들어
가 있고, 음식물을 섭취할 때 구강을 통하여 음식이나 물이 몸에 들어
가기도 한다. 또 노폐물과 유해물 등 필요가 없는 것은 대사를 통하여
체외로 나갈 수도 있다. 이처럼 사람의 몸은 마침 그릇처럼 내용물이
담길 수 있고, 필요시 제거할 수도 있다.


**➤ 서적은 그릇:**

　책, 사전과 비디오와 같은 서적이나 매스미디어를 그릇처럼 인식하
고, 책의 내용이나 다른 얇은 물품은 그 안에 있다고 할 수 있다.


　(55) 가. 위대한 문학도 결국은 사전 **안**에 갇힌 어휘들로 만들어
　　　　 진 것이다.

　　　 나. 책 **안**에 필기가 되어있습니다.

　　　 다. 책 **안**에 둔 카드가 헝클어지지 않게 조심해야 한다.

　　　 라. 열어보니 사전 **안**에 백만원짜리 수표가 한 장 들어있었다.


　(55가)와 (55나)에서의 '어휘'와 '필기'는 서적의 내용이 서적 안에
있다고 보는 것이다. 보통 책, 사전, 잡지, 비디오와 같은 매스미디어
는 이를 구성하는 글자, 텍스트, 부호, 그림, 영상물 등의 내용이 해당

매스미디어 안에 있다고 할 수 있다. 즉, 책은 물품을 저장할 수 있는 그릇을 보고, 책을 구성하는 내용은 그릇 안에 들어가 있는 내용물로 볼 수 있다. 이와 비슷한 예로 논문 안에 있는 목차, 만화책 안에 있는 그림, 비디오 안에 있는 영상 등을 들 수 있다. 뿐만 아니라, (55다)와 (55라)에서처럼 책장 사이에 끼어들어 있는 책갈피, 지폐, 쪽지 등 얇은 종이류 내용물도 서적 안에 있다고 할 수 있다.

## ➤ 지역은 그릇:

(56) 가. 한국 **안**에서만 일어난 전쟁을 말하는지 분명하지 못하다.
　　　나. 조선의 농산물을 나라 **밖**으로 내가지 못하게 하니.

(56가)와 (56나)는 지리적 지역을 그릇으로 인식하는 것이다. 지도 상으로 봤을 때, 국가 간의 지리적 구획은 국경선을 통하여 실현된다. 예를 들면, 북한과 한국은 북위 38도선을 기준으로 지리적으로 구별 된다. 실제로 지구에서는 각 나라마다 국경선을 가지고 있다. 이 국경 선 내에의 모든 영토는 본국으로 인증하고, 국경선을 넘어 다른 지역 은 외국이라고 생각한다. 한 국가에서 일어나는 사건이 국경선으로 사방을 둘러싼 공간에서 발생하기 때문에 마침 그릇 안에 있는 내용 물로 보인 것처럼 여겨진다. 이처럼 두 지역 간의 배타적 구별을 위하 여 지역을 그릇으로 인식하여 내외관계를 '안'과 '밖'으로 표현한다. 국가 간의 내외관계뿐만 아니라, '도시 안', '동네 밖' 등 다양한 지리 적 장소가 내외관계를 가지고 있다.

## ➤ 조직은 그릇:

> (57) 가. 거대한 조직 사회 **안**에서 개인의 힘이란 어차피 한계가
> 있기 마련이었다.
> 나. 회사 내에서든 회사 **밖**에서든 잘하는 사람을 찾아가서
> 세밀하게 관찰하고 궁금한 점을 꼬치꼬치 묻는다.

(57가)과 (57나)는 조직이나 소속을 그릇으로 인식하는 것이다. 사람들이 인간사회 활동을 하기 위하여 사회나 조직을 만들고, 사회나 조직이 사람으로 이루어지기 때문에 구성원인 사람이 조직의 경계선으로 간주될 수 있다. 구성원들이 조직에서 하는 행동이나 조직에서 일어나는 사건은 마치 그릇 안에 있는 내용물처럼 담기고, 구성원들이 그 조직에서 벗어나 다른 곳에서 하는 행동이나 진행하는 활동은 그릇 밖에서 한다고 인식할 수 있기 때문에 사회나 조직은 한 그릇으로 간주될 수 있다.

## ➤ 규칙은 그릇:

> (58) 가. 프랑스는 포교의 자유를 조약 **안**에 명시하자는 입장을
> 굽히지 않았다.
> 나. 상류층의 별난 요구에 맞추어 규정 **밖**의 품목까지 갖추
> 어 놓았다.
> 다. 작년 1년동안 WTO가 인정하는 최소허용 범위 **안**에서
> 이를 지급했다.
> 라. 먼저의 지금 말하려는 제목의 범위 **밖**에 속하는 것이다.

(58가)와 (58나)는 조약이나 규범과 같은 행위를 구속하는 조항을 그릇으로 인식하는 것이다. 해당 행위가 한 조항에서 정해진 조건을 기준으로 하여 진행되는데 그 조건에 따라 행동하면 '조항 안'에서 하는 것이고, 반대로 그 조건에서 벗어나서 행동하면 '조항 밖'으로 인식하는 것이다. (58다)와 (58나)는 '정해진 범위'를 그릇의 관점으로 인식하는 것이다. 해당 범위에서 벗어나면 마치 그릇 밖으로 나가는 것처럼 보이고 정해진 범위 내에 있는 것은 그릇 안에 있다는 것으로 간주할 수 있다.

> **눈은 그릇:**

    (59) 가. 감은 눈 **안**으로 사랑하는 사람들의 얼굴이 하나하나 스쳐
            갔다.
        나. 내 눈 **밖**에 나면 두 번 다시 한국에 못 오도록 하겠다.

(59가)와 (59나)에서는 사람의 눈도 그릇의 관점으로 개념화되고 시각적 영역도 내외관계를 가지고 있다는 것을 볼 수 있다. 우리가 눈으로 볼 수 있는 시각적인 영역은 '눈 안'으로 들어오고, 눈으로 보지 못하는 영역은 '눈 밖'으로 인식한다.

----------\* \* \*----------

'안'은 추상적인 의미로 '아내'와 '집안의 여자'의 뜻을 나타내기도 하고, 그와 대칭적으로 '밖'은 '집안의 남자'를 의미한다. '안/밖'의 이러한 의미는 공간적의 의미에서 전이해 온 것으로 볼 수 있다. 옛날 농경사회서부터 한 가정에서는 보통 남자가 밖에서 일하고 활동하고, 여자가 집에서 내조하고 활동했기 때문에 '안/밖'은 '남자/여자'의

의미로 확장되었다.

    (60)  가. **안사돈**께서 김치를 보내주셨어요.
          나. 안노인(老人)/바깥노인, 안주인(主人)/바깥주인, 안사
              돈(査頓)/바깥사돈, 안사람/바깥사람, 안손님/바깥손님,
              안식구(食口)/바깥식구, 안댁(宅), 안살림, 안살림살이

  (60가)의 '안사돈'은 '딸의 시어머니나 며느리의 친정어머니를 양편 사돈집에서 서로 이르거나 부르는 말'이다. '안/밖'은 '남자/여자'의 의미를 표현할 때 (59나)에 나와 있는 것처럼 보통 자립적으로 나타나지 않고 다른 명사랑 결합하여 합성어로 나타난다. 그리고 '남자'의 의미를 '밖' 대신 '바깥'을 사용해서 나타낸다.

  '밖'은 조사 '에'와 결합하여 '밖에'의 형식으로 나타나 '그것 말고는'나 '그것 이외에는'의 뜻을 나타내는 말이 되고, 이는 부정극어와 비슷한 용법을 가지고 있다.[32] '밖에'의 '한도나 범위를 벗어나거나

---

32) 최현배(1955)에서는 '밖에'를 격조사로 간주하고, 처소격에 '유형, 무형의 금줄을 쳐서 더러는 그 밖에 나감을 보이고 더러는 그 안에 듦을 보이는 것을 금줄 곳 자리토(경계선처소격조사)라 하나니'라 하고, 금줄 안에 듦을 보일 적에는 '안으로, 가운데, 중에, 속에, 안에'가 쓰이고, 금줄 밖에 나감을 보일 적에는 '밖에, 위에, 아래에, 밑에, 넘어, 앞에'가 쓰히느니라고 하였다.
김건희(2009)에서는 '밖에'의 형태, 의미적 특징이 잘 나타나는 '부정극어'로서의 면모에 대해 자세히 고찰한 결과 '밖에'는 부정극어의 세 가지 조건을 모두 충족하지 못하기 때문에 일반 부정극어와는 다른 준부정극어로 불 수 있다고 하였다.
부정극어의 세 가지 조건:
첫째: 부정극어는 부정의 표현이 나타난다는 것을 전제로 한다.
둘째: 부정극어는 통사적으로 부정의 표현이 허가하는 요소이다.

넘어선다'는 의미는 역시 공간적 의미에서 전이된 것이고, 문법화 과
정을 거쳐 '한정'의 의미로 변천해 왔다.

> (61) 가. 하나**밖에** 없는 자식은 이 아비를 버리고 떠나 버렸다.
>    나. 웬일일까, 내 표가 이렇게**밖에** 안 나오다니.
>    다. 고향을 떠나 유망민(流亡民)이 될 수**밖에** 없는 것이다.

(61가)-(61다)에서는 '밖에'가 '한정'의 의미를 나타난다. (61가)의
'밖에'는 명사와 결합하여 '오직 그것만'을 뜻하고, (61나)의 '밖에'는
부사어와 결합하며 '오직 그렇게 하거나 그러할 뿐임'의 뜻이고, (61
다)에서의 '밖에'는 보통 '-ㄹ 수밖에 없는'의 형식으로 나타나 '어쩔
수 없이 그렇게 해야 한다'의 뜻으로 나타난다. 김건희(2009)에서는
'밖에'의 의미 확장과 이에 따른 문법 범주를 다음과 같이 설명하였다.

> 명사구 '밖에'의 문법화:
> 의미확장: 구체적 장소 ➔ 추상적 장소 ➔ 제외 ➔ 한정
> 문법 범주: 명사 + 격조사 ➔ 후치사 ➔ 보조사
>
> '의존명사(수) 밖에, 관형형 어미 + 밖에'의 문법화:
> 의미확장: 한정 ➔ (부정) 가능성
> 문법 범주: 보조사 ➔ 양태어미

이상으로 내외관계를 나타나는 '안'과 '밖'의 공간적 의미와 추상적

---

셋째: 부정극어는 부정요소에 의한 부정의 정도를 표현해야 한다는 것으
로 이는 부정이라는 의미적 배타성이 작용해야 하는 것이다.

의미를 살펴보았다. '안'은 공간적 의미, 시간적 의미와 추상적 의미를 모두 가지고 있지만 '밖'은 시간적 의미는 없고 공간적 의미와 추상적 의미만 있다. 특히 '밖'은 조사 '에'와 결합하여 '밖에'의 형식으로 나타나 부정극어와 비슷한 용법도 가지고 있다. '안'과 '밖'의 구체적인 의미 분포를 다음 그림과 같이 나타낼 수 있다.

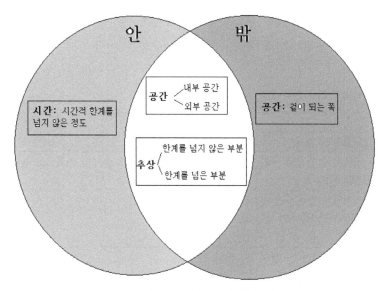

〈그림 13〉 '안'과 '밖'의 의미 분포

위의 〈그림 13〉을 보면, '안'은 공간적 의미, 시간적 의미, 추상적 의미를 모두 가지고 있지만 '밖'에는 시간적 의미가 없다. 〈그림 13〉에서 흰색으로 된 부분은 '앞'과 '뒤'의 공통 의미 영역이라고 볼 수 있다. 공간적 의미의 '안'과 '밖'은 대칭적으로 나타난다. 즉, '안'은 '내부 공간'을 가리키는 것이고, '밖'은 '무엇에 의하여 둘러싸이지 않은 외부 공간'을 가리킨다. 표준이나 한계에 관한 추상적 의미인

'안'과 '밖'도 대칭적으로 나타난다. 한편, 시간의 한계와 관련된 의미인 '안'은 '정해진 시간의 범위'라는 의미를 가지고 있지만 '밖'은 이와 반대되는 의미를 가지고 있지 않다.

한국어 고유어 중에는 '안'과 비슷한 의미를 가지고 있는 것으로 '속'이 있다. '속'은 '안'과 많은 공통점을 가지고 있지만 공간적으로 각각 가리키는 영역이 다르게 구분되는 경우도 있기 때문에 여러 의미에서 차이점도 나타난다. 먼저 사전에 실린 '속'의 뜻풀이를 살펴보고, 그 다음에 '속'과 '안'의 차이를 비교할 것이다.

〈표 11〉 '속'의 사전적 의미

| 속 | | |
|---|---|---|
| 《표준국어대사전》 | 《고려대 한국어대사전》 | 《우리말 큰사전》 |
| ① 거죽이나 껍질로 싸인 물체의 안쪽 부분. | ① 물체의 안쪽 중심 부분. | ① 물체의 안쪽으로 들어간 부분. |
| ② 일정하게 둘러싸인 것의 안쪽으로 들어간 부분. | ④ 빙 둘러싸인 것의 안쪽. | |
| ③ 사람의 몸에서 배의 안 또는 위장. | ⑥ 배의 안. | |
| ④ 사람이나 사물을 대하는 자세나 태도. | | |
| ⑤ 품고 있는 마음이나 생각. ≒내리03「1」 | ⑤ 가슴에 품고 있는 생각이나 마음. | ⑤ 마음이나 마음속. ⑥ 미음이나 셈 속. |
| ⑥ 어떤 현상이나 상황, 일의 안이나 가운데. | ② 어떤 현상이나 상황의 안이나 가운데. ③ 어떤 이야기나 영화의 내용. ⑦ 여럿의 가운데. | ② 여럿의 가운데. ③ 일, 상태, 내용의 안. |
| ⑦ 감추어진 일의 내용. | ⑧ 겉으로 드러나지 않은 일의 내막이나 사정. | ④ 속내나 속사정. |

| 속 | | |
|---|---|---|
| 《표준국어대사전》 | 《고려대 한국어대사전》 | 《우리말 큰사전》 |
| ⑧ 사리를 분별할 수 있는 힘이나 정신. 또는 줏대 있게 행동하는 태도. | | ⑦ 생각이나 줏대. |
| ⑨『식물』식물 줄기의 중심부에 있는, 관다발에 싸인 조직. | | |
| | ⑨ 만두, 송편, 김치 등과 같은 음식의 맛을 내기 위해 안에 넣는 재료. | |

〈표 11〉을 보면,《표준국어대사전》의 '속'의 공간적 의미와 관련된 뜻풀이는 ①번, ②번과 ③번이고, ⑤번부터 ⑧번까지는 '속'의 추상적 의미로 볼 수 있다.《고려대 한국어대사전》에서는 '속'의 의미가《표준국어대사전》과 비슷하게 해석되어 있지만《우리말 큰사전》에서는 '속'의 공간적 의미를 ①번만으로 제시하고, 나머지는 다 추상적 의미이다.《표준국어대사전》의 '속'의 의미 가운데 ①번과 ②번은 공간적 의미이고, 나머지는 다 추상적 의미이다. '속'은 시간적 의미를 가지지 않는다.

(62) 가. 저 낡은 건물 **속/안**에 무엇이 있을까 하고 무척 궁금했다.
　　　나. 그녀가 커다란 옷장 **속/안**에서 오늘밤 입을 옷을 골라내면서 새들이 즐겁게 지저귀듯 조곤조곤 말을 시작한다.
　　　다. 우리의 책 **속/안**에서 우리 것을 찾자고 말하면 너무 주제 넘는 것일까.

(62가)-(62다)에서는 '속'이 '어떤 물체의 둘레로 싸인 안쪽 부분'의

뜻으로 '안'과 같이 구체명사 뒤에 나타나 큰 공간, 작은 공간과 책 등에 사용할 수 있고, '안'과 대치하더라도 의미를 전달하는 데 큰 차이가 없는 것으로 보인다. '속'과 '안'을 서로 바꾸어 사용할 수 있다는 것은 '속'과 '안'이 공간적 의미 영역에서 겹치는 부분이 있기 때문이다. 물론 밀폐된 공간인 경우는 '속'보다 '안'을 더 많이 사용한다. 예를 들면, '건물 안', '집 안', '사무실 안' 등은 '건물 속', '집 속', '사무실 속'보다 더 자연스럽다. '속'과 '안'은 앞에 결합하는 선행 요소에 따라 모든 조건에서 교체하여 사용할 수 없다.[33]

> (63) 가. 그러나 숲 **속**에는 쥐들이 너무 많았다.
> 나. 깊은 산 **속**에서 자라며 높이 1미터 정도이다.
> 다. 컴컴한 동굴 **속**에 오래 숨었던 감정들이 서늘한 바람으로 되돌아오면서...
> 라. 바다 **속**에서 동물들과 식물들이 내보내는 숨결인지도 몰랐다.

(63가)-(63다)에서의 '숲 속', '산 속'과 '동굴 속'은 '일정하게 둘러싸인 것의 안쪽으로 깊숙이 들어간 부분'이라고 한다. '속'과 '안'이 가리키는 영역 중에 겹친 부분도 있지만 '속'은 '어떤 물체의 가운데

---

33) 유현경(2007)에서는 '속'과 '안'의 선행 요소를 크게 명사류가 오는 경우와 관형사 및 관형사형 어미가 오는 경우로 나누어 볼 수 있다고 하고, 명사류는 구체물을 나타내는 명사, 추상적 의미는 가지는 명사, 사람 혹은 사람의 신체 일부를 나타내는 명사, '숲, 방, 거리, 공원' 등 특정한 장소나 면적을 가지고 있는 명사, 하루, 일주일 등의 시간을 나타내는 명사 등이 있고 이외에 '어둠, 바람, 안개, 공기' 등 특정한 의미를 가지고 있는 명사 등으로 나눌 수 있다고 하였다.

공간'의 의미 외에 '한 물체의 깊숙이 안'의 의미도 가지고 있다. '속'
과 비슷한 의미를 가지는 '안'은 '물건의 둘레에서 가운데로 향한 쪽'
의 의미만 있고[+깊다]의 의미자질이 없기 때문에 '깊숙이 안'의 의미
를 표현할 때는 '안'보다 '속'이 더 자연스럽다.[34]

앞에서 '안'의 추상적 의미를 살펴볼 때, 존재은유의 개념을 도입하
여 인간의 신체도 경계를 가지고 있는 그릇의 관점에서 이해한다고
하였다. 사람의 신체를 그릇으로 간주할 때, '안'은 신체의 내부공간을
표현할 수 있지만 속'은 사람의 위장 등의 내장기관의 의미를 가지고
있기 때문에 신체 내부에 있는 위장과 같은 기관을 가리키려면 '속'을
사용해야 한다. 이처럼 '속'과 '안'은 사람의 신체에서 가리키는 의미
영역이 다르기 때문에 서로 대치하여 사용할 수 없다.

> (64) 가. **속/\*안**이 울렁거리고 욕지기가 치밀어 올랐다.
> 나. **속/\*안**이 아파서 더 이상 못 걸겠다.
> 다. 생각만 해도 **속/\*안**이 메슥거린다.
> 라. 과음으로 쓰린 **속/\*안**을 다스리는 데는 꿀물이 최고이다.

(64가)-(64라)에서 '속'은 사람의 위장 등의 내장기관을 말하는 것
이다. '속'의 이러한 의미가 은유를 통해 사람의 '정신', '마음'과 '생각'
등 의미로 발전하여 나타나기도 한다.

> (65) 가. 전 뭐 **속**도 없는 아인 줄 아세요?

---

34) 김선희(1988)에서는 '안'은 어떤 공간에서 1차원의 선으로 한정된 경계선
을 나타내며 '속'은 경계선으로 수직으로 깊이 들어가는 2차원의 면을 나
타낸다고 하였다.

나. 괜히 수다스럽고 **속** 없어 보이지만, 그 밖에도 이 말이
　　갖는 의미는 크다.
다. 흔히 **속**이 좁고 너그럽지 못한 사람을 '밴댕이 소갈머리
　　같다'고 한다.
라. 그 사람이 **속**이 좋아 가만있는 거지, 너 같은 면 못 참았
　　을 거야.
마. 거인들의 이야기를 듣는다는 것은 **속**이 후련해지고 신바
　　람이 나는 일이다.
바. 숨기는 것이 많고 **속**을 털어놓지 않았다.

(65가)와 (65나)에서의 '속'은 '사리를 분별할 수 있는 힘이나 정신, 또는 줏대 있게 행동하는 태도'의 의미이고, (65다)와 (65나)에서의 '속'은 '사람이나 사물을 대하는 자세나 태도'의 의미이다. 예를 들면, 마음이 바다처럼 넓고, 이해심도 풍부하고, 남을 배려하는 사람이라면 그 사람이 '속이 넓다'고 말할 수 있다. 반대로 마음을 쓰는 것이 너그럽지 못한 사람에게 그 사람이 '속이 좁다'로 표현할 수 있다. (64마)와 (64바)에서의 '속'은 '품고 있는 마음이나 생각'의 뜻으로 나타난다. '속'은 원래 사람 신체 내부에 있는 위장 기관을 말하는 것이지만, 은유를 통하여 점점 사람의 마음, 생각과 심리적 태도 등으로 확장되었다. 예를 들면, 마음속에 숨겨 있는 일을 꺼내서 상대방에게 허심탄회하게 이야기를 할 때는 그 사람이 '속을 털어놓는다'고 말할 수 있다.

(66) 가. 서구의 역사는 이 드라마 **속**에서 전개된다.
　　　나. 새벽의 옅은 안개 **속**을 헤엄치듯 뛰어내려 그 여학생은
　　　　　어디로 갔을까?

다. 그가 입고 있던 러시아 대학생의 복장과 함께 기억 **속**에
남아 있었다.

라. 가난 **속**에서도 아랍의 전통미가 고스란히 이어지는 현장
이었다.

'속'은 (66가)-(66라)처럼 '어떤 현상이나 상황, 일의 안이나 가운데'
의 의미는 가지고 있다.

앞에서 '앞/뒤'의 추상적 의미를 살펴볼 때는 보이는 것은 '앞'이고
숨어 있는 것은 '뒤'로 표현한다고 언급하였다. '속'도 '뒤'처럼 이와
비슷한 용법을 가지고 있다. 아래 (67가)와 (67나)에서의 '속'은 감추
어진 일의 내용을 의미한다.

(67) 가. 겉으로는 화려하게 보이지만 **속**을 들여다보면 힘들고
괴로운 일이 많다.

나. **속**으로는 실망스럽기 그지없었지만 남경사는 애써 그걸
감추고 말했다.

지금까지 '안/밖'과 '안'과 비슷한 의미를 가지는 '속'의 의미를 살
펴보았다. 공간적 의미의 '안/밖'은 공간이나 선과 관련이 있기 때문에
내외 공간관계를 크게 입체 공간, 평면 공간과 선 공간의 세 가지로
나누었다. '안'과 '밖'은 모두 한도와 관련된 의미를 가지고 있지만
시간적 의미는 '안'으로 표현이 가능하고 '밖'은 불가능한 것으로 나
타난다. '안/밖'의 추상적 의미는 존재은유를 도입하여 범위와 한도와
관한 의미에서 출발하여 사람 신체부터 사회적 규범을 그릇으로 인식
하여 '몸은 그릇', '서적은 그릇', '지역은 그릇', '조직은 그릇', '규칙은
그릇', '눈은 그릇' 등으로 나눠서 고찰하였다. '속'과 '안'은 비슷한

의미를 가지고 있고 둘이 가리키는 영역 중에 겹치는 부분도 있지만 '속'은 '어떤 물체의 가운데 공간'의 의미 외에 '한 물체의 깊숙이 안'의 의미도 가지고 있다. '속'은 한도의 의미가 없기 때문에 시간적 의미를 가지지 못하고, 추상적 의미는 '안'처럼 다양하게 나타난다.


## 4. '가운데'

앞에서 살펴본 '위/아래', '앞/뒤'와 '안/밖'은 형태상 대칭적으로 나타나고 의미도 대립적이지만 '가운데'는 이들과 달리 짝이 없는 단독적인 존재이다. '가운데'는 공간관계에서 독립적인 존재이지만 다른 공간관계에 못지않게 다양한 의미를 나타낸다. 《표준국어대사전》, 《고려대 한국어대사전》과 《우리말 큰사전》에는 '가운데'의 의미가 다음과 같이 기술되어 있다.

〈표 12〉 '가운데'의 사전적 의미

| 가운데 | | |
|---|---|---|
| 《표준국어대사전》 | 《고려대 한국어대사전》 | 《우리말 큰사전》 |
| ① 일정한 공간이나 길이를 갖는 사물에서, 한쪽으로 치우치지 않고 양 끝에서 거의 같은 거리가 떨어져 있는 부분. | ① 어느 한쪽으로 치우치지 않은 한복판. ⑤ 일정한 공간 안이나 속. | ① 일정한 평면이나 선 따위에서 어느 한쪽으로든지 치우치지 않는 부분, 두 쪽의 사이. ② 일정한 공간 안이나 속. |
| ② 양쪽의 사이. | ④ 양쪽의 사이. | |
| ③ 여럿으로 이루어진 일정한 범위의 안. | ③ 여럿이 있는 일정한 범위의 안. | ④ 여럿이 있는 그 범위의 안. |
| ④ 순서에서, 처음이나 | | |

| 가운데 | | |
|---|---|---|
| 《표준국어대사전》 | 《고려대 한국어대사전》 | 《우리말 큰사전》 |
| 마지막이 아닌 중간. | | |
| ⑤ (관형사형 '-ㄴ, -는' 다음에 쓰여)어떤 일이나 상태가 이루어지는 범위의 안. | ②(관형사형 어미 '-는' 뒤에 쓰여)어떤 일이나 상태 따위가 이루어지는 범위의 안이나 그것이 지속되는 동안. | |

〈표 12〉를 보면 《표준국어대사전》, 《고려대 한국어대사전》과 《우리말 큰사전》에 실린 '가운데'의 뜻풀이는 대체로 일치한다고 볼 수 있다. 유일한 차이라고 하면, 《표준국어대사전》에는 '순서에서, 처음이나 마지막이 아닌 중간'의 의미를 제시하였는데 《고려대 한국어대사전》과 《우리말 큰사전》에서는 '가운데'의 이러한 용법이 보이지 않는다. 《표준국어대사전》에 실린 뜻풀이를 보면, ①번과 ②번은 '가운데'의 공간적 의미이고, ④번은 순서와 관련된 의미이고, ③번과 ⑤번은 추상적 의미라고 볼 수 있다. '가운데'의 시간적 의미는 사전에 보이지 않는다.

## 1) 공간적 의미

현대 한국어에서 '가운데'의 가장 기본적이고 핵심적 의미는 공간 개념을 나타내는 것이다. 이 공간적 의미는 사전에 '일정한 공간이나 길이를 갖는 사물에서, 한쪽으로 치우치지 않고 양 끝에서 거의 같은 거리가 떨어져 있는 부분'이라고 기술되었다. '가운데'는 '안/밖'과 달리 평면이나 선 따위 공간에서 많이 나타난다.

(68) 가. 서울은 거의 한반도의 **가운데**에 자리하고 있다.

　　　나. 성복이는 강 **가운데**를 한참 바라봅니다.

　　　다. 함께 쓰는 물건은 책상 **가운데**에 놓아라.

(68가)의 '가운데'는 서울이 한반도 영토에서 차지하는 지리적 위치를 가리키는 것이다. (68나)의 '강 가운데'는 강변이나 강가에서 한참 떨어져 있는 강 안쪽에 있는 위치를 말하는 것이다. 《우리말 큰사전》에서는 '강 가운데'를 '일정한 공간 안이나 속'으로 해석한다. 예를 들면, '숲 속'은 '숲 가운데'로 말할 수도 있다. (68다)에서는 책상 윗면을 한 평면공간으로 간주하고, '물건'은 양쪽 끝에서 거의 같은 거리가 떨어져 있는 부분에 놓는 것이다.

(69). 어떤 여자가 두 사람의 **가운데** 불쑥 끼어들었다.

'가운데'는 (69)처럼 '두 쪽의 사이'에서도 나타난다.

## 2) 시간적 의미

사전에 '가운데'의 시간적 의미가 등재되어 있는데, '가운데'는 '한 해', '일 년' 뒤에 나타나 시간적 범위의 의미를 가리킨다.

(70) 가. 우리 사회에서 양수陽數(기수奇數)가 두 번 겹치는 날 중 가장 볕이 좋은 날이라 하여 한 해 **가운데** 중요한 날로 꼽혔다.

　　　나. 오늘은 일 년 **가운데** 가장 큰 보름달이 뜬다는 정월 대보름입니다.

'가운데'는 순서와 관련된 의미를 많이 나타낸다.

> (71) 가. 그는 반에서 키가 **가운데**는 된다.
>      나. 세 자식 중에 **가운데** 아이가 가장 똑똑하다.

(71가)과 (71나)에서의 '가운데'는 '순서에서, 처음이나 마지막이 아닌 중간'의 의미를 나타낸다. (71가)에서 '키가 가운데는 되다'는 것은 키가 너무 크지 않고, 작지 않고, 평균 수치에 해당한다고 말하는 것이고, (71나)의 '세 자식 중에 가운데 아이'는 두 번째 아이를 가리키는 것이다.

## 3) 추상적 의미

사전에 실린 뜻풀이를 보면, '가운데'의 추상적 의미는 주로 범위와 관련된 의미를 많이 나타낸다.

> (72) 가. 많은 꽃들 **가운데** 내가 제일 좋아하는 꽃은 코스모스이
>          다.
>      나. 나에게 먹는 것이 인간사 **가운데** 가장 즐거운 일이다.
>      다. 그는 어려운 **가운데**서도 남을 돕는다.
>      라. 애국가가 울려 퍼지는 **가운데** 태극기가 게양되었다.

(72가)-(72라)에서는 '가운데'가 '범위'의 의미를 나타난다. (72가)와 (72나)에서는 '가운데'의 선행요소가 명사인데 (72다)와 (72라)에서는 선행요소가 동사와 형용사의 관형사형 '-ㄴ, -는'이다. '가운데'의 이러한 용법은 '안'이 가지고 있는 '일정한 표준이나 한계를 넘지 않은

정도’의 의미와 비슷하다. 앞에서 ‘안/밖’의 추상적 의미를 살펴볼 때 한 개념을 경계를 가지고 있는 구체적인 사물(보통은 그릇)로 이해하는 존재은유를 도입하여, ‘안/밖’의 범위 및 한도와 관한 의미를 인체의 신체부터 사회적 규범까지 여러 그릇으로 나누어 인식한다고 하고, ‘범위’도 일종의 ‘그릇’으로 볼 수 있다고 하였다. (72가)에서는 ‘꽃들’을 공간을 가지고 있는 그릇으로 간주하고, 좋아하는 꽃을 그 그릇 중에서 고르는 것이다. 마찬가지로 (72나)에서는 인간 생활에서 일어나는 이러저러한 일을 한 그릇에서 담겨 있는 것으로 간주하고, 그 중에서 먹는 것이 제일 즐거운 일이라고 하는 것이다. (72다)과 (72라)에서는 어떤 환경, 상황, 배경 및 행위 등 추상적인 것을 경계선이 존재하는 그릇으로 생각하고, 후행문에서 언급되는 사건과 행위는 그릇 안에 일어난다.

이상 ‘가운데’의 의미를 살펴보았다. ‘가운데’의 의미 분포를 다음 그림과 같이 나타낼 수 있다.

위의 〈그림 14〉를 보면, ‘가운데’는 평면이나 선 따위에서 어느 한쪽으로든지 치우치지 않는 부분의 의미에서 출발하여, 공간적인 중간 위치뿐만 아니라, 양쪽의 사이를 가리킬 수도 있다. ‘일정한 범위의 안’의 추상적 의미인 ‘가운데’의 선행요소는 명사일 수도 있고, 동사와 형용사의 관형사형 ‘-ㄴ, -는’일 수도 있다.

지금까지 현대 한국어 고유어 방위명사 중 ‘위/아래’, ‘앞/뒤’, ‘안/밖’과 ‘가운데’의 의미를 살펴보았다. 이들은 공간적 의미뿐만 아니라, 은유와 문법화 과정을 거쳐 시간적 의미와 추상적 의미도 나타낼 수 있다. ‘위/아래’, ‘앞/뒤’, ‘안/밖’과 ‘가운데’의 공간적 의미는 뚜렷하게 나타나지만 시간적 의미인 경우에는 ‘위’와 ‘아래’가 대칭적이지 않다.

즉, '위'는 '시간적 순서가 앞에 오는 것'의 의미가 있지만, '아래'는 '시간적 순서가 뒤에 오는 것'의 의미를 잘 나타내지 않는다. '앞'과 '뒤'는 각각 과거와 미래의 시간 의미를 가질 수 있다. '안'과 '가운데'의 시간적 의미는 정해진 시간적 범위의 의미를 나타낸다. 하지만, '밖'은 시간적 의미를 가지지 않는다. 추상적 의미인 '안/밖'과 '가운데' 모두 '한계와 관련된 범위'의 의미를 나타낸다.

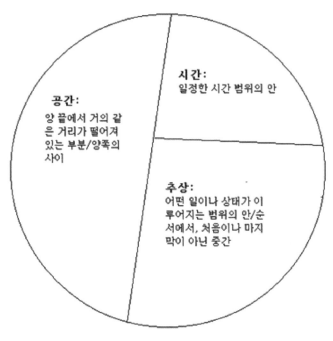

〈그림 14〉 '가운데'의 의미 분포

# 제3장

## 한자어 방위명사

현대 한국어에서 공간 개념을 나타나는 명사는 고유어뿐만 아니라, '상', '하' 등의 한자어도 있다. 한자어 방위명사의 의미도 고유어 방위명사처럼 공간적 영역에서 시간적 영역으로 전이되고, 추상적 영역까지 확장된다. 특히 한자어 방위명사는 단어의 구성요소로서 다른 명사와 결합하여 다양하게 복합어를 만들어 공간적 의미부터 추상적 의미까지 많이 나타낸다. 이 장에서는 먼저 위에서 살펴본 '위/아래', '앞/뒤', '안/밖'과 '가운데'에 해당하는 한자어를 연구대상으로 하여, '상/하', '전/후', '내/외'와 '중'의 의미를 고찰할 것이다. 그 다음에 한자어 방위명사가 단어구성요소로서 다른 명사와 결합하여 복합어를 만드는 양상도 볼 것이다. 예를 들어, 방위명사가 단어의 구성요소로 복합어를 만들 때 단어의 제1 요소로 나타날 수도 있고, 제2 요소로 나타날 수도 있다. 한자어 방위명사 중 특히 '상'과 '하'는 일부 명사 뒤에 붙어 문법화 과정을 거쳐 추상적 의미를 나타내는데 이러한 현상에 대하여 자세히 살펴보고, '-상과 '-하'의 의미에 따라 앞에 오는 명사를 분류하는 작업도 할 것이다. '-상'과 '-하'는 주로 관형어와 부사어의 역할을 하고 있으며 뒤에 오는 체언이나 명사구 사이에 '에', '에서', '로' 등 다양한 조사가 들어갈 수 있다.


## 1. '상'과 '하'

현대한국어 한자어에서 '위/아래'에 해당하는 위치표현은 '상'과 '하'를 들 수 있다. 고유어 '위'와 '아래'는 공간적 의미, 시간적 의미와 추상적 의미를 자립적으로 나타낼 수도 있고, 다른 명사와 결합하여 합성어로 나타낼 수도 있지만 한자어 '상'과 '하' 는 자립명사로 쓰이는 경우가 드물다.

> (1) 가. 통영 인근 **해상**에서 어선 전복 표류 중이던 선원이 4명 무사히 구조되었다.
>
> 나. 교교한 심야의 **월하**를 홀로 가는 그 고귀한 정회를...
>
> 다. 올 **상반기** 취업문이 지난해보다 더욱 좁아질 것으로 보인다.
>
> 라. 8월 **하순**에는 무더운 날이 있겠으나 기온은 평년과 비슷하겠다.
>
> 마. 이 사과는 품질이 **상**에 속하다.
>
> 바. 성적이 **하**에 머물렀다.
>
> 사. **관리상**의 하자로 인한 손해배상책임에 관한 설명으로 옳지 않다.
>
> 아. 이와 같은 **배경하**에서 한국농업은 매우 어려운 상황에 처하게 될 것이며 다른 산업에 비하여 상대적으로 뒤질 것이 예상된다.

위의 (1가)와 (1나)에서는 '해상'과 '월하'가 공간적 의미를 나타내고, (1다)와 (1라)에서는 '상반기'와 '하순'이 시간적 의미를 나타낸다. (1마)와 (1바)에서는 '상'과 '하'가 자립적으로 추상적 의미를 나타내고, (1사)와 (1아)에서는 '상'과 '하'가 접미사의 용법으로 다른 추상명사 뒤에 나타나 추상적인 공간에서의 한 위치와 그것과 관련된 조건이나 환경의 뜻을 나타낸다. 예문을 보면, 한자어 '상/하'의 의미는 고유어 '위/아래'보다 다양하지 않다. 사전에 '상/하'의 뜻풀이가 어떻게 실려 있는지 살펴보자. 《표준국어대사전》, 《고려대 한국어대사전》과 《우리말 큰사전》에는 '상'의 의미가 다음과 같이 기술되어 있다.

〈표 13〉 '상'의 사전적 의미

| 상 | | |
|---|---|---|
| 《표준국어대사전》 | 《고려대 한국어대사전》 | 《우리말 큰사전》 |
| ① '임금'의 높임말. | ② '임금'을 높여 이르는 말. | ③ '상감'의 준말 . |
| ② 품질이나 등급을 나눌 때, 비교적 뛰어나고 좋은 부분. | ① 차례나 등급을 상, 중, 하 또는 상, 하로 나눌 때 가장 윗길에 속하는 것. | ② 우수한 품질이나 등급 따위. |
| ③ 물체의 위나 위쪽을 이르는 말. | ③ 물체의 위나 위쪽. | ① 위 또는 위쪽. |
| - 상:「접사」(일부 명사 뒤에 붙어)35) ① '그것과 관계된 입장' 또는 '그것에 따름'의 뜻을 더하는 접미사. | - 상: ① 일부 명사 뒤에 붙어, '그 것에 근거함' 또는 '그것에 따름'의 뜻을 더하여 명사를 만드는 말. 주로 부사적 용법으로 쓰인다. | ④ 일부 한자말 이름씨에 뒷가지처럼 쓰이어, '-에서', '-의 관계로' 따위의 뜻. |
| ② '추상적인 공간에서의 한 위치'의 뜻을 더하는 접미사. | ② 일부 명사 뒤에 붙어, '그곳 위', 또는 '거기에 속함'의 뜻을 더하여 명사를 만드는 말. | |

〈표 13〉을 보면 세 사전에 실린 '상'의 뜻풀이가 대체로 일치한다. 유일한 다른 점은 《우리말 큰사전》에 제시된 '상'의 ④번 용법이 《표준국어대사전》과 《고려대 한국어대사전》에서 명사가 아닌 접사로 따로 처리되어 별도의 표제어로 '상'의 ①번과 ②번 의미에 실렸다는 점이다.

〈표 14〉 '하'의 사전적 의미

| 하 | | |
|---|---|---|
| 《표준국어 대사전》 | 《고려대 한국어대사전》 | 《우리말 큰사전》 |
| ① 아래 또는 아래쪽이나 밑. | ① 아래 또는 아래쪽. | ① 아래 또는 아래쪽. |
| ② 품질이나 등급을 둘 또는 셋으로 나눌 때의 맨 끝. | ② 품질이나 등급을 둘 또는 셋으로 나눌 때 맨 마지막 품질이나 등급. | ② 좋지 못하거나 낮은 품질이나 등급. |
| - 하:「접사」(일부 명사 뒤에 붙어) ① '그것과 관련된 조건이나 환경'의 뜻을 더하는 접미사. | - 하: 일부 명사 뒤에 붙어, '어떤 처지나 상태 아래에 있음'의 뜻으로 더하여 명사를 만드는 말. | ③ 일부 한자말 이름씨에 뒷가지처럼 쓰이어, '처지, 조건' 따위의 뜻. |

〈표 14〉를 보면 '하'도 '상'과 같이 《표준국어대사전》에 '-하'를 접사로 따로 처리하여 별도의 표제어로 '-하'의 ①번 의미를 실었다. 명사로서의 '하'의 의미는 세 사전에 모두 동일하게 제시하였다.

《표준국어대사전》에 제시된 '위/아래'의 뜻풀이를 보면, 한자어 방위명사 '상/하'의 의미를 크게 공간적 의미와 추상적 의미의 두 가지

---

35) 《표준국어대사전》에 접사로 처리된 '-상'과 명사로 처리된 '상'은 따로 표제어로 등재되어 있지만 본고는 논의의 편리상 두 가지 표제어를 〈표 14〉에서 통합하였다.

로 나눌 수 있다. '상/하'의 공간적 의미는 각각 ③번과 ①번으로 제시하고, 추상적 의미는 각각 ②번과 ②번으로 제시하였다. '상'과 '하'는 자립적으로 시간적 의미를 가지고 있지 않기 때문에 세 사전에도 '상/하'의 시간적 의미를 언급하지 않았다. 《표준국어대사전》에는 접사 '-상/-하'를 자립적인 '상/하'와 구별하여 표제어로 등재하였지만 본고에서는 '상/하'의 추상적 의미를 논의할 때 '-상/-하'의 접미사 용법도 같이 고찰할 것이다. 이제부터는 《표준국어대사전》에 제시된 뜻풀이를 바탕으로 '상/하'의 의미를 구체적으로 살펴본다.

## 1) 공간적 의미

사전의 뜻풀이를 보면, '상/하'의 공간적 의미는 한가지 밖에 나타나지 않는다. '상'은 '물체의 위나 위쪽'을 이르는 말이고, '하'는 이와 반대로 '아래 또는 아래쪽이나 밑'을 이르는 말이다.

(2) 가. 공해상에서 핵실험을 하였다.
    나. 교교한 심야의 **월하**를 홀로 가는 그 고귀한 정회를...

(2가)의 '공해상'은 바다의 수면을 말하는 것이고, (2나)의 '월하'는 달빛이 비치는 아래를 말하는 것이다. 사전에는 '상/하'의 공간적 의미가 명시적으로 나와 있지만 위에 제시된 예문을 보면 '상'과 '하'가 자립명사로서 공간적 의미를 나타내는 경우는 발견되지 않았다. '상/하'의 공간적 의미는 주로 단어의 구성요소로 다른 명사와 결합하여 공간 개념과 관련되는 합성어를 이루어서 나타난다. '상'과 '하'는 공간 개념을 나타내는 합성어를 만들 때 단어구성의 제1요소와 제2요소

로 모두 나타날 수 있다.


(3) 가. 상동(上同)/하동(下同), 상략(上略)/하략(下略), 상문(上
文)/하문(下文), 상단(上端)/하단(下端), 상란(上欄)/하란
(下欄), 상리(上里)/하리(下里), 상방(上方)/하방(下方),
상부(上部)/하부(下部), 상박(上膊)/하박((下膊), 상반신
(上半身)/하반신(下半身), 상반체(上半體)/하반체(下半
體), 상게(上揭), 상례(上例), 상공(上空), 상복(上服)

나. 가상(架上), 각상(閣上), 갑상(甲上), 강상(江上), 관상
(棺上), 기상(機上), 난상(欄上), 두상(頭上), 면상(面上),
벽상(壁上), 봉상(峰上), 수상(樹上), 슬상(膝上), 양상
(梁上), 천상(天上), 탁상(桌上), 하상(河上)

다. 각하(脚下), 강하(江下), 계하(階下), 교하(橋下), 궐하
(闕下), 기하(旗下), 등하(燈下), 산하(山下), 성하(城下),
송하(松下), 수하(樹下), 안하(案下), 애하(崖下), 요하
(腰下), 우하(宇下), 월하(月下), 장하(帳下), 대하 (臺下)


(3가)는 '상/하'가 단어 구성의 제1 요소로 쓰인 공간 개념과 관련되
는 합성명사이다. 이 중에 '상란(上欄)/하란(下欄)'과 '상반체(上半
體)/하반체(下半體)'처럼 '상+N/하+N'로 나타나 형태상으로 대칭적
이고 의미상으로 대립적으로 되어 있는 것도 있지만 의미에 따라 한
쪽만 있는 경우도 있다. (3나)와 (3다)는 '상'과 '하'가 단어 구성의
제2요소로 다른 명사와 결합하여 생성된 공간 개념과 관련되는 합성
명사이다.

## 2) 시간적 의미

'상'과 '하'는 자립명사로서 시간적 의미를 가지고 있지 않기 때문에 사전에는 '상/하'의 시간과 관련된 의미가 실려 있지 않다. 하지만 '상'과 '하'는, 위에서 살펴본 공간적 의미의 경우와 마찬가지로, 단어 구성의 제1요소로 다른 명사와 결합하여 '상/하+N'로 시간이나 순서상 '이전'과 '이후'의 의미를 나타난다.

> (4) 가. 상오(上午)/하오(下午), 상반기(上半期)/하반기(下半期),
> 나. 상년(上年), 상대(上代), 상동(上冬), 상인일(上寅日), 상
> 자일(上子日)...다. 상권(上卷)/하권(下卷), 상편(上篇)/
> 하편(下篇),

(4가)는 상/하가 단어 구성의 제1요소로 다른 명사와 결합하여 '상/하+N'로 나타나 형태상으로 대칭적이고 의미상으로 대립적인 시간 관련 합성어를 생성한 예이다. (4나)에서 제시한 시간 관련 합성어는 '상+N'만 나타나고 '하+N'은 보이지 않는다. (4다)의 '상권/하권'과 '상편/하편'은 순서와 관련된 합성어이고, 주로 서적에서 많이 사용된다.

## 3) 추상적 의미

《표준국어대사전》에 따르면, '상/하'의 추상적 의미는 크게 두 가지로 나눌 수 있다. 먼저 품질이나 등급을 나눌 때, '상'은 '비교적 뛰어나고 좋은 부분'이고, '하'는 '좋지 못하거나 낮은 품질이나 등급'이다. '상/하'의 이러한 의미는 지향은유와 밀접한 연관을 가지고 있다. 지향은유는 '상하'의 의미관계 등의 공간적인 지향성과 밀접한 관련을

가지고 있고, 사회적 및 문화적 영향까지 끼치고 있다. Lakoff and Johnson(1980)에서 상하관계의 영상도식을 분류하였는데, 이를 한자어 '상/하'에 적용할 때는 아래 〈표 15〉와 같이 두 가지로 분류한다.[36)]

〈표 15〉 '상/하'의 영상도식

| 상 | 하 |
|---|---|
| 좋은 것 | 나쁜 것 |
| 높은 지위 | 낮은 지위 |

➤ **좋은 것은 '상', 나쁜 것은 '하':**

앞에서 고유어를 분석할 때의 논의와 비슷하게, Lakoff and Johnson(1980)에서 언급한 'UP/DOWN'의 영상도식을 한자어 '상/하'에 적용하면, 좋은 품질, 좋은 생각, 좋은 방법 등은 '상'에 있고, 반대로 나쁜 품질, 나쁜 생각, 나쁜 방법 등은 '하'에 있다.

(5) 가. 이 사과는 품질이 **上**에 속하다.

나. 성적이 **下**에 머물렀다.

다. 소반 중에는 은행나무로 만든 행자반을 **上品**으로 친다.

라. 어찌할 도리가 없어서 **下策**을 내었다.

마. 상등품(上等品)/하등품(下等品), 상책(上策)/하책(下策), 상재(上才)/하재(下才), 상계(上計)/하계(下計), 상수(上

---

36) Lakoff and Johnson(1980)에서는 '상'에 대한 영상 도식을 '좋은 것, 많은 것, 통제나 힘이 있는 것, 높은 지위, 의식, 건강과 삶, 미덕, 행복, 이성적인 것, 미래, 앞'으로 나누고, '하'는 '나쁜 것, 적은 것, 통제나 힘에 따르는 것, 낮은 지위, 무의식, 아픔과 죽음, 타락, 슬픔, 감정적인 것, 과거, 뒤'로 분류하였다.

手)/하수(下手)

　바. 상건(上件), 상격(上格), 상견(上繭), 상마(上馬)


　(5가)와 (5나)에서는 '상'과 '하'가 자립명사로서 '우수한 것이나 좋은 것'과 '나쁜 것이나 좋지 못한 것'의 의미를 나타내고, (5다)와 (5나)에서는 '상/하'가 단어구성의 제1 요소로 다른 명사와 결합하여 합성어를 만들었다. (5마)에서 보이는 것처럼 '상/하'는 단어의 구성요소로서 다양한 명사와 결합하여 품질과 등급에 관한 의미를 나타낸다. (5마)에서는 '상/하'가 단어구성의 요소 참여하여 '상/하+N'이 대칭적으로 나타나지만, (5바)에서 제시한 품질이나 등급과 관련된 합성어는 '상+N'만 나타나고 '하+N'은 보이지 않는다.


## ➤ 높은 지위는 '상', 낮은 지위는 '하':

　봉건사회로부터 지금까지 사람들로부터 이루어진 집단이나 조직 안에서 높은 지위를 차지하는 사람은 '상'에 있고, 낮은 지위에 처하는 사람은 '하'에 있다고 한다. 예를 들면, 한 국가에서 국정을 운영하는 대통령은 제일 많은 권력을 가지고 있기 때문에 높은 지위에 있고, 반대로 국정에서 대통령 업무를 보조하는 사람은 상대적으로 낮은 지위에 처하는 것이다. 마찬가지로 회사에서 게시한 조직도에서도 수직차원에서 볼 때 제일 높은 지위에 있는 '대표이사'는 '상'에 있고, 나머지 '부서'들은 '하'에 있다.


　(6) 가. 직장 생활을 하다 보면 **상사**나 동료, 부하 직원과 의견이
　　　　맞지 않을 때도 있다.
　　　나. 그 문제는 **하급** 법원의 관할 하에 있다.

다. 상류(上流)/하류(下流), 상급(上級)/하급(下級), 상사(上司)/하사(下司), 상관(上官)/하관(下官)

라. 상객(上客), 상늙은이

'상'과 '하'는 사회지위와 관련된 등급의 의미를 나타날 때 자립명사가 아닌 단어의 구성요소로 다른 명사와 결합하여 합성어를 만들어서 조직에서의 '높다'와 '낮다'의 의미를 전달한다. (6다)에서는 '상/하'가 단어구성의 요소로서 '상/하+N'으로 대칭적으로 나타나지만 (6라)에서 제시한 등급과 관련된 합성어는 '상+N'만 나타나고 '하+N'이 보이지 않는다.

지금까지 Lakoff and Johnson(1980)에서 제시한 '상/하'에 대한 영상도식의 분류를 한국어 한자어 '상/하'에 적용하여 다시 두 가지로 나눠서 '상/하'의 추상적 의미를 살펴보았다. 살펴본 결과를 보면, '좋은 것과 높은 것'과 같은 긍정적인 것은 '상'로 나타나고, 반대로 '나쁜 것과 낮은 것'과 같은 부정적은 것은 '하'로 나타난다.

----------\* \* \*----------

'상/하'는 일부 한자어 명사 아래에 쓰여 '처지, 조건' 따위의 뜻을 나타내기도 한다. 《표준국어대사전》에는 이러한 '-상/하'를 접사로 처리하고 공간의 의미를 나타나는 '상/하'와 구분하여 별도로 등재하였다. 접사는 다시 접두사와 접미사로 나눌 수 있고, 파생어도 접두사에 의한 것과 접미사에 의한 것이 있다. '-상/하'는 접사로 쓰일 때 접두사로 쓰이지 않고, 접미사로만 다른 명사와 결합하여 파생어를 생성한다.[37]

(7) 가. 관계상, 미관상, 사실상, 외관상, 절차상, 전산상, 통신상
　　나. 원칙하 지도하 지배하 식민지하

(7가)에서는 '-상'이 단어 구성의 제2요소로 다른 명사와 결합하여 '그것과 관계된 입장'과 '추상적인 공간에서의 한 위치'의 뜻에 해당되는 파생어를 형성한다. 마찬가지로 (7나)의 '-하'도 파생어 형성에 참여하여 '그것과 관련된 조건이나 환경'의 뜻을 나타나는 파생어를 생성한다. 말뭉치에서 용례를 추출하여 보면, 'N(한자어)+상'에서 N에 해당하는 한자어는 주로 추상명사로 되어 있는 것으로 보인다. 예를 들면, '성격상', '절차상', '원칙하', '배경하' 등 다양한 추상명사가 '상/하'와 결합하여 여러 환경에서 나타난다. 여기서 'N(한자어)+상'은 문법화 과정을 거쳐 주로 어떤 추상적 배경이나 조건을 전제하는 것이다. Kuryłowicz(1965)에서는 문법화란 한 형태소가 어휘적 지위에서 문법적 지위로, 혹은 파생형에서 굴절형으로의 변화처럼 덜 문법적인 것으로부터 더 문법적인 것으로 범위가 증가하는 현상이라고 하였다. 'N(한자어)+상/하'는 주로 어떤 사유나, 조건 혹은 배경의 의미를 나타내지만 상황에 따라 세밀한 차이도 있다. 본고는 'N(한자어)+상/하'의 구체적인 의미를 사용하는 환경에 따라 아래와 같이 나눠서 고찰한다. 먼저 'N(한자어)+상'의 '그것과 관계된 입장' 또는 '그것에 따름'의 뜻을 네 가지 유형으로 나눠서 살펴보자.

　첫째, 규범 및 규제 제도와 관련되는 것: 사람들은 사회나 조직

---

37) 파생어는 실질형태소에 접사가 결합하여 이루어진 단어이다. 파생어는 접두사에 의한 것과 접미사에 의한 것이 있다.

안에서 어떤 규칙에 따라 살아간다. 특히 어려운 문제나 일을 처리할 때 정해진 기준이나 제도에 의하여 진행한다. 예를 들어, 법원에서 법관들은 형사 사건을 처리할 때 적합한 법률에 의하여 안건을 심판하고, 회사에서 임원들은 정해진 경영방침에 따라 회사를 운영하고 이끌어 간다. 학교에서는 교수가 미리 짜 놓은 강의계획서에 따라 학생에게 강의를 한다. 이처럼 우리는 사회에서 어떤 기준이나 규칙에 따라 행동하고 있는데, 그 기준 및 규칙이 되는 것이 '상'과 결합하여 '그것에 따름'의 뜻으로 나타난다.

(8) 가. 국사편찬위원장 아들의 특혜 채용 의혹에 대해 **원칙상** 맞지 않다'고 했다.
　　나. 시작일부터 반년을 함께해서 **예의상** 해주긴 했는데 역시 재료가 아깝네요.
　　다. 경영자는 회사의 **예산상**의 우려를 고려하여 직원들을 해고할 수밖에 없다.

(8가)에서의 '원칙상'은 직원 채용에 정해진 기준 및 자격에 관련된 제도를 말하는 것이다. 이러한 채용 기준이 있음에도 불구하고, 특혜로 채용을 진행하면 채용 원칙에 어긋난 것이다. (8나)과 (8다)에서의 '예의상'과 '예산상'은 '규제된 예의 법칙'과 '정해진 금액'을 기준으로 삼았다. 이처럼 우리가 어떤 기준 및 규범을 '원칙'으로 삼아 그 뒤에 '상'과 결합하고, 마치 우리가 원칙이 실제로 존재하는 실물인 것처럼 일을 처리하고 행동하는 것이다. 'N(한자어)+상'에서 앞에 오는 명사는 아래 (9)와 같이 많이 찾아 볼 수 있다.

(9) 가. 법률(法律), 헌법(憲法), 형법(刑法), 민법(民法), 상법(商法), 세법(稅法), 법규(法規), 헌장(憲章), 국제법(國際法), 현행법(現行法), 선거법(選擧法), 특허법(特許法), 국가보안법(國家保安法)

나. 제도(制度), 규제(規制), 규정(規定), 세제(稅制), 절차(節次), 정책(政策)

다. 관행(慣行), 관례(慣例), 도덕(道德), 예의(禮儀), 관념(觀念), 이치(理致), 논리(論理), 이론(理論), 통념(通念), 원칙(原則), 교리(敎理), 이념(理念), 의식(意識), 습관(習慣), 풍토(風土), 품행(品行), 개념(概念), 양심(良心), 풍수(風水), 의리(義理)

라. 협정(協定), 협약(協約), 계약(契約)

(9가)는 법률과 관련된 명사이고, (9나)는 규칙이나 제도와 관련된 명사이고, (9다)는 습관이나 의식과 관련된 명사이고, (9라)는 계약과 관련된 명사이다. 사람들은 이들을 규범 및 규제된 제도로 삼아 일을 진행한다.

둘째, 어떤 행동 및 동작행위와 관련되는 것: 이 때 'N(한자어)+상'의 N은 주로 작용동사로 나타난다.[38] 작용동사는 어떠한 현상을 일으키거나, 어떠한 대상에 영향을 끼치는 일이나 행동을 나타내기 때문에 일반적으로 동사이지만, 추상명사와 마찬가지로 추상적인 의미를 나타낸다. 예를 들면, 경영은 회사를 경영하는 것이고, 교육은 학생이

---

38) 남기심·고영근(1985)은 국어의 동사를 동작동사와 작용동사로 나눌 수 있으나, 그 경계가 명백하지 않다고 하였다. 동작동사는 사람 등의 유정명사의 움직임을 나타내는 것이고, 작용동사는 자연 등의 무정명사의 움직임을 나타낸다.

학교에서 교육을 받는 것 등이다.

(10) 가. 중소기업의 **경영상**의 애로점을 해결하는데 도움이 되고
　　　싶다.
　　나. **관리상**의 하자로 인한 손해배상책임에 관한 설명으로
　　　옳지 않다.
　　다. 화이트데이 기념 3색 콘서트, **진행상**의 문제로 혼란 빚
　　　었다.

(10가)의 '경영상의 애로점'은 회사를 경영하고 관리하는 데 부딪치
는 어려운 일이나 문제점을 말하는 것이다. (10나)의 '관리상의 하자'
는 어떤 일을 맡아서 관리하는 데 법률 또는 당사자가 예기한 상태나
성질이 결여되어 있는 일이다. (10다)의 '진행상의 문제'는 어떤 일을
처리하고 성사시킬 때 일어난 문제점을 말하는 것이다. 'N(한자어)+
상'에서 앞에 오는 명사는 아래 (11)과 같이 많이 찾아 볼 수 있다.

(11) 교육(敎育), 임용(任用), 발전(發展), 설계(設計), 작업(作
業), 운영(運營), 해석(解析), 인지(認知), 운용(運用), 사용
(使用), 인식(認識), 경쟁(競爭), 제작(製作), 외교(外交), 영
업(營業), 보안(保安), 통계(統計), 진행(進行), 시행(施行),
분석(分析), 집행(執行)

셋째, 사람의 성격 혹은 사물의 모양 및 외재적 특성과 관련된 것:
우리가 보통 사물을 관찰하고 평가할 때는 겉모습을 보고 판단한다.
예를 들면, 우리가 '진달래꽃이 예쁘다'고 말할 때는 그 꽃이 피어나온
생김새를 보고 예쁘다는 판단을 한 것이다.

(12) 가. **외관상**으로 봤을 때 정품이 맞는지가 궁금합니다.

　　　나. **성격상**의 장·단점 중에 가장 큰 장점은 배움에 있어
　　　　　적극적인 태도를 가지고 있다는 점입니다.

　　　다. 그 건물은 **구조상** 많은 신기한 특징을 가지고 있다.

(12가)에서의 '외관상'은 사물의 생김새 혹은 겉모습을 가리키는
것이고, (12나)의 '성격상'은 사람이 가지고 있는 성격을 말하는 것이
다. (12다)에서의 '구조상'은 건물의 어떤 외재적 특징으로 볼 수 있다.
N(한자어)+상'에서 앞에 오는 명사는 아래 (13)과 같이 많이 찾아
볼 수 있다.

(13) 가. 표면(表面), 규모(規模), 형식(形式), 외형(外形), 미관
　　　　　(美觀), 외양(外樣), 외면(外面), 형상(形狀), 양식(樣
　　　　　式), 체면(體面), 구성(構成), 형태(形態), 지리(地理),
　　　　　구조(構造), 신체(身體), 내용(內容), 명목(名目), 외견
　　　　　(外見), 문맥(文脈), 표현(表現)

　　　나. 특성(特性), 특징(特徵), 속성(屬性), 성격(性格 성질(性
　　　　　質), 생리(生理), 본질(本質), 체질(體質), 조직(組織),
　　　　　본성(本性),명분(名分)

(13가)는 사물의 모양, 혹은 외재적인 요인과 관련된 추상명사이고,
(13나)는 사람의 성격이나, 사물의 모양 및 특성, 혹은 내재적인 요인
과 관련된 추상명사이다.

넷째, 어떤 외부 환경이나 요소가 사태의 원인으로 되는 것과 관련
되는 것:

(14) 가. 사기라니 말도 안 된다. **사정상** 지급이 늦어진 것뿐이다.

　　나. **시간상**의 문제로 적절한 보안 시스템을 마련하기 쉽지
　　　　않다는 점이다.

　　다. 절차와 **방법상**의 하자로 투융자 심사가 계속 반려되고
　　　　있다.

　(14가)와 (14나)에서의 '사정상'과 '시간상'은 외부 환경이나 불가
피한 상황으로 인한 부정적인 사태를 나타나는 표현이다. (14다)에서
의 '방법상'은 하자가 생긴 일종의 원인이라고 볼 수 있다. N(한자
어)+상'에서 앞에 오는 명사는 아래 (15)와 같이 많이 찾아 볼 수
있다.

　(15) 업무(業務), 편의(便宜), 사업(事業), 직업(職業), 건강(健
　　　　康), 문헌(文獻), 의미(意味), 행정(行政), 직무(職務), 여건
　　　　(餘件), 방법(方法), 전략(戰略), 재산(財産), 서류(書類), 기
　　　　술(技術), 능력(能力), 발음(發音), 산업(産業), 공무(公務),
　　　　실무(實務), 재무(財務), 작품(作品), 언어(言語), 학문(學
　　　　問), 관계(關係), 경험(經驗), 현실(現實), 인정(人情), 종교
　　　　(宗敎), 행정(行政), 위생(衛生), 지표(指標), 기교(技巧), 기
　　　　능(機能), 과정(過程), 조건(條件), 염색체(染色體), 호적(戶
　　　　籍),

　'N(한자어)+상'이 가진 '추상적인 공간에서의 한 위치'의 뜻을 아래
세 가지 유형으로 나눌 수 있다. 첫째, 인터넷과 관련된 통신 수단은
추상적인 공간으로 간주될 수 있다.

　(16) 가. 화주 및 운송업자 등으로부터 도착된 화물에 대해 반입

확인을 하고 **전산상**에 입력하여 세관에 전송한다.

나. 지난번 이곳에 문의한 글을 남겨서 **유선상**으로 전화를 받았습니다.

(16가)의 '전산상'은 '전산 시스템'을 한 가상의 공간으로 간주하고 전산시스템에 데이터를 입력하거나 자료를 조회하는 행동이 시스템이라는 공간 안에서 발생하는 것처럼 생각하여 '전산'+'상'이라는 구성을 사용한 것이다. (16나)의 '유선상'은 전선에 의한 통신 수단을 말하는 것이다. 여기서 주목해야 할 것은 인터넷과 관련된 용어가 '상'과 결합할 때 앞에 'N'이 한자어가 아닌 외래어로 많이 나타난다는 점이다.

(16) 다. 올해부터 **인터넷상** 주민번호 보유 금지가 진행된다.

라. **웹상**에서 이용자들이 인적 네트워크를 형성할 수 있게 해주는 서비스로, 트위터·싸이월드·페이스북 등이 대표적이다.

(16다)의 '인터넷상'은 전 세계의 컴퓨터가 서로 연결되어 정보를 교환할 수 있는, 혹은 하나의 거대한 컴퓨터 통신망으로 하나의 추상적인 공간으로 간주되는 것이고, (16라)의 '웹상'은 동영상이나, 음성 따위의 각종 멀티미디어를 이용하는 인터넷을 하나의 추상적인 공간으로 인식하는 것이다. N(외래어)+상'에서 앞에 오는 명사는 아래 (16마)와 같이 많이 찾아 볼 수 있다.

(16) 마. 온라인, 사이버, 프로그램, 컴퓨터, 네트워크, 그래프

둘째, 지면과 관련된 종이류는 하나의 평면 공간으로 간주될 수 있다. 예를 들어, 종이 등의 지면에 글자가 찍혀 있거나 어떤 내용이 기재되어 있을 때 그 내용이 '지면상'에 있다고 말할 수 있다.

(17) 가. 따라서 **달력상**의 음력 보름은 달의 위상에서의 망과 반드시 일치하지는 않으며, 그 앞뒤로 1일 정도의 차이가 생길 수 있다.
　　　나. 현재 살고 있는 곳은 서울이고 **주민등록부상** 주소는 강원도로 되어 있다.
　　　다. 신용카드 **매출전표상**의 부가가치세 매입세액도 공제받을 수 있습니다.

(17가)의 '달력상의 음력 보름'은 달력에 1월부터 12월까지 월과 날짜가 기재되어 있고, 음력 보름으로 달력에 찍혀 있는 정월 15일을 말하는 것이다. 마찬가지로 (17나)와 (17다)의 '주소'와 '부가가치세 금액'도 각각 '주민등록부'와 '매출전표'에 찍혀 있는 것이다. N(한자어)+상'에서 앞에 오는 명사는 아래 (17라)와 같이 많이 찾아 볼 수 있다.

(17) 라. 신문(新聞), 편지(便紙), 장부(帳簿), 지면(紙面), 부기(簿記), 시간표(時間表), 명부(名簿), 기록(記錄)

셋째, 텔레비전이나 컴퓨터 화면은 한 평면 공간으로 간주될 수 있다.

(18) 가. **화면상**에 나타나는 영상의 깜빡임을 나타내는 말로 일명

플리커라고도 한다.

　나. 이렇듯 스타들의 피부 상태나 컨디션이 **스크린상**에서 항상 좋아 보였던 이유는 '철저한 관리' 덕분이라 할 수 있다.

　이상으로 'N+상'은 '그것과 관계된 입장' 또는 '그것에 따름'의 뜻을 네 가지 유형으로, '추상적인 공간에서의 한 위치'의 뜻을 세 가지 유형으로 나눠서 살펴보았다. 한편 'N+하'는 《표준국어대사전》에 '그것과 관련된 조건이나 환경'의 뜻으로 해석되어 있다. 본고는 '-하'의 이러한 의미를 아래 세 가지 유형으로 나눈다.

　첫째, 규칙 및 조건, 혹은 배경이나 환경과 관련되는 것: '-하'의 이러한 용법은 앞에서 살펴본 '-상'의 첫 번째 의미와 비슷하다. 즉, 사람은 어떤 조직 안에서 사회활동을 하는 데, 정해져 있는 규칙 및 규범에 따라 행동하고, 사건은 일정한 배경이나 조건에 의하여 일어난다.

(19) 가. 이러한 **원칙하**에 군조례 제199호에 따라 서면에 광명출장소가 설치되었다.

　　나. **최적조건하**에서 미생물을 배양한다면, 그 균체 단백질을 보다 경제적이고 안정하게 사료화할 수 있을 것으로 기대하였던 것이다.

　　다. 그러나, 이러한 경쟁이 모든 **환경하**에서도 이루어지는 것은 아니다.

　(19가)에서는 서면에 광명출장소를 설치하는데, 그 전제 조건으로 그것과 관련된 원칙을 준수하여 진행한 것이고, (19나)에서의 미생물

을 배양하는 데도 관련된 조건에 의하여 해야 한 것이다. 마찬가지로 (19다)의 '경쟁'도 일정한 환경이나 배경이 존재해야 하는 것이다. 'N(한자어)+하'에서 앞에 오는 명사는 아래 (19라)와 같이 많이 찾아 볼 수 있다.

(19) 라. 체제(體制), 조건(條件), 여건(餘件), 법규(法規), 계획 (計劃) 제도(制度), 지표(指標), 체계(體系), 기조(基調), 기 획(企劃), 기반(基盤), 제약(制約), 이론(理論), 상황(狀況), 영향(影響), 온도(溫度), 전제(前提), 기후(氣候), 미명(美 名), 약속(約束), 신념(信念), 동의(同意), 동참(同參), 이론 (理論), 배경(背景), 의도(意圖), 원칙(原則), 명분(名分), 정 권(政權), 제목(題目), 판단(判斷), 표제(標題), 목적(目的), 보장(保障), 명칭(名稱), 상태(狀態), 형편(形便), 국가(國 家), 구도(構圖), 관념(觀念), 이념(理念), 구조(構造), 가정 (家庭), 규율(規律), 부처(部處), 기조(基調), 현행법(現行 法)

'N+ 하'에서 N은 한자어뿐만 아니라, 외래어로 나타날 수도 있다.

(19) 마. 시스템, 리더십, 인플레이션

'-하'의 이러한 용법은 앞에서 살펴본 '-상'의 '규범 및 규제된 제도 와 관련되는 것'과 유사하기 때문에 규칙이나 법칙에 해당되는 의미 를 가진 '원칙' 등의 앞에 '-상'과 '-하'가 모두 나타날 수 있다.

(20) 가. 대가성 없는 기부라는 단서를 달아도, **원칙상** 불가능하 다.

나. 엄정한 손실분담 **원칙하**에 신속하게 추진하겠다.

(20가)과 (20나)의 '원칙'은 '-상/하'와 모두 결합하여 '어떤 규제된 제도'의 의미를 나타내지만 서로 사용하는 환경이 다르기 때문에 대치하여 사용할 수 없다. '원칙'은 '어떤 행동이나 이론 따위에서 일관되게 지켜야 하는 기본적인 규칙이나 법칙'이라고 하는데 보통 '원칙상'은 뒤에 '불가능하다'나 '안 되다'처럼 부정적인 표현이 사용된다. 이와 반대로 어떤 규칙에 따라 취하는 조치나 행동의 경우에는 '원칙하'를 사용하는 것이 더 타당하다.

둘째, 통치나 지배와 관련되는 것: 'N+하'의 이러한 용법은 지향은유와 밀접한 연관을 가지고 있다. 즉, 통치나 지배를 당하는 쪽은 '하'에 있고, 권력이나 힘을 가진 쪽에 복종하는 것이다. 예를 들면, 19세기에 대영제국은 세계에서 많은 식민지를 점령했고, 각 식민지는 국력이 쇠약했기 때문에 영국의 지배를 받아 그 통치에 복종하고 있었다.

(21) 가. 또 일제 **통치하**에서는 일본으로부터 가공식품이 소개되기 시작했다.
나. 다면 중앙의 **통제하**에 존재하는 국립대학체제를 그대로 하나의 대학 안에 축소해 놓은 것과 동일하며...
다. 식민 **지배하**에서 민족이 형성되는 과정은 우선 식민 체제의 극복의 과정이라고 할 수 있다.

(21가)의 '일제 통치하'는 20세기 초에 한반도가 식민지로 전락해서 일본의 지배를 받고 일본에 복종하던 시기를 말하는 것이고, (21나)의 '중앙의 통제하'는 정치와 관련하여 중심이 되는 중요한 곳에서 하급

기관을 관할하는 것을 말한다. 마찬가지로 (21다)에서도 힘이 없는 국가와 민족은 식민지로 전락해서 힘이 많은 강국에 통치를 받고 있다는 것을 말하는 것이다. 'N(한자어)+하'에서 앞에 오는 명사는 아래 (21라)와 같이 많이 찾아 볼 수 있다.

(21) 라. 관리(管理), 통제(統制), 관할(管轄), 지배(支配), 감시
(監視), 독재(獨裁), 점령(占領), 위협(威脅), 학대(虐
待), 감독(監督), 제어(制御), 압박(壓迫)

셋째, 도움을 받거나 힘을 빌려서 실현하는 행위와 관련되는 것: 'N+하'의 이러한 용법은 역시 지향은유와 밀접한 연관을 가지고 있다. 즉, 힘이 없고 약한 쪽은 '하'에 위치하고, 힘이 많고 강한 쪽에 도움을 요청하거나 힘을 빌려서 어떤 행위를 실현하는 것이다.

(22) 가. 나카무라 다케시 코치의 **지도하**에 혹독한 훈련을 거쳤다.
나. 종교적인 **가르침 하**에서 박애나 자선행위가 있었던 것으
로 나타나고 있음을 보아도 그러하다.
다. 누군가의 **인도하**에 그곳이 어디인지도 모르고 갔습니다.

(22가)에서의 '지도하'는 해당 분야에서 배우는 사람이 전문가로 뽑힐 수 있는 사람에게서 도움을 받아서 배우는 것이다. (22나)에서의 '가르침 하'는 사람이 종교가 가지고 있는 힘의 도움으로 생활의 고뇌를 해결하고 삶의 궁극적인 의미를 추구하는 것을 말하는 것이다. (22다)에서의 '인도하'는 길을 아는 사람이 길을 모르는 다른 사람을 데리고 어디로 향하여 간다는 것이다. 'N(한자어) + 하'에서 앞에 오는 명사는 아래 (22라)와 같이 많이 찾아 볼 수 있다.

(22) 라. 인도(引導), 안배(按排), 격려(激勵), 교육(敎育), 협조
(協助), 지원(支援), 비호(庇護), 지휘(指揮)

지금까지 한자어 '상'과 '하'의 의미를 살펴보았다. '상'과 '하'는
자립명사로서 공간 및 추상적 의미만 나타나고, 시간적 의미가 존재
하지 않지만 단어 구성의 요소로서 만든 복합어 '상/하+N'과 'N+상/
하'는 공간적 의미, 시간적 의미와 추상적 의미를 모두 가지고 있다.
특히 '상/하'는 명사 뒤에 붙어 다양한 의미를 나타날 수 있다. 방위명
사 '상/하'에 관련된 의미는 다음 그림과 같이 나타낼 수 있다.

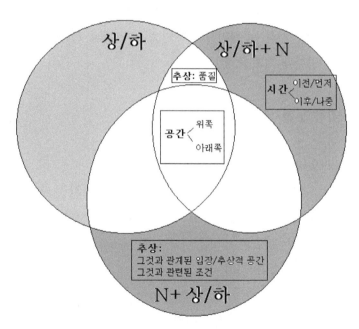

〈그림 16〉 '상/하'의 의미 분포

위의 〈그림 16〉을 보면, 자립명사로서의 '상/하', 단어 구성의 요소

로서의 '상/하+N'와 'N+상/하'는 서로 공간적 의미만 겹치는 것으로 나타나고, '상/하'와 '상/하+N'은 서로 품질과 관련된 의미를 겹치는 것으로 나타난다. 사전에 자립명사로서의 '상'은 '물체의 위나 위쪽을 이르는 말', '하'는 '아래 또는 아래쪽이나 밑'이라고 해석되어 있지만 실제 용례에서 '상'과 '하'는 자립명사로서 공간적 의미를 잘 나타내지 않는다. 품질과 관련된 의미는 '상'은 '품질이나 등급을 나눌 때, 비교적 뛰어나고 좋은 부분'을 말하는 것이고, '하'는 이와 반대로 '품질이나 등급을 둘 또는 셋으로 나눌 때의 맨 끝'을 가리키는 것이다. 자립명사로서의 '상/하'는 시간적 의미를 가지고 있지 않지만 단어 구성의 요소로서 '상/하+N'은 각각 '이전'과 '이후'의 의미를 나타낼 수 있다. 'N+상/하'는 접미사의 용법으로 '그것과 관련된 입장이나 조건'의 의미를 가지고 있다.

## 4) '상/하'의 통사적 기능

(1) 자립명사 '상/하'의 통사적 기능

앞에서 한자어 '상'과 '하'는 문장에서 자립명사로서 나타날 때 공간적 의미와 시간적 의미가 없고 추상적 의미만 가지고 있다고 하였다. '상'과 '하'는 등급의 의미를 나타낼 때 격조사와 결합하여 문장에서 부사어의 기능을 한다.

    (23) 가. 이 사과는 품질이 **상에** 속한다.
        나. 성적이 **하에** 머물렀다.
        다. **상으로** 등급이 매겨진 집은 다섯 가호밖에 되지 않았다.
        라. 상태별로 최상, 상, 중, 하로 나누어져 있다.

(23가)-(23라)에서의 '상'과 '하'는 격조사와 결합하여 문장에서 부사어로 등급의 의미를 나타낸다. (23가)와 (23나)의 '상/하'는 조사 '에'와의 결합이고, (23다)와 (23라)의 '상/하'는 조사 '로'와의 결합이다. '상'과 '하'는 격조사와 결합하여 문장에서 부사어로 나타날 때 아래 예문에서 보듯 '에서'와 결합할 수 없다.

(23) 가'. *이 사과는 품질이 **상에서** 속한다.
　　　라'. *상태별로 최상, 상, 중, 하**에서** 나누어져 있다.

격조사 '에서'는 부사어로 주로 '행동이 이루어지고 있는 처소', '출발점', '출처', '근거'와 '비교 기준' 등으로 나타나기 때문에 (23가')와 (23나')처럼 '조건, 환경, 상태'나 '기준이 되는 대상'으로 사용하면 적절하지 않다.

'상/하'는 부사로서 조사와의 구체적인 결합 양상은 아래 〈표 16〉과 같다.

〈표 16〉 '상/하'의 격조사와의 결합 양상

| '상/하' 의 의미별 격조사와의 결합 양상 | | | |
|---|---|---|---|
| 부사어 | | | |
| 의미 | Ø | 로 | 에 | 에서 |
| 공간 | - | - | - | - |
| 시간 | - | - | - | - |
| 추상 | × | ○ | ○ | × |

(2) 접미사 '-상/하'의 통사적 기능

'-상/하'는 문장에서 격조사와 결합하여 관형어와 부사어의 두 가지 용법으로 나타날 수 있다. 관형어와 부사어로 나타나는 'N+상/하'는 '의, 로, 에, 에서' 등 다양한 격조사와 결합할 수 있다. 먼저 관형어의 용법으로 'N+상/하' 뒤에 '의'와 결합할 수도 있고, 격조사와 결합하지 않고 나타날 수도 있다.


(24) 가. 검안 부검 과정의 **제도상 Ø** 허점에 대해서 알고 싶다.

　　가'. 아울러 직종별 임금수준 현황과 시급히 개선해야 할 **제도상의** 문제에 대한 논의도 함께 이루어졌다.

　　나. **관리상 Ø** 하자가 인정된다면 책임이 인정된다는 뜻입니다.

　　나'. **관리상의** 어려움 때문에 지정대상에서 제외되었다.

　　다. **외관상 Ø** 손상만 없다면 애프터서비스 접수를 할 수 있다.

　　다'. 복부 뱃살은 단순히 **외관상의** 문제가 아닌 건강상의 문제가 더 큰 부위입니다.

　　라. 2013년 **행정상 Ø** 처분 46건, 재정상 24억68백만원, 신분상 36명에 비해...

　　라'. **행정상의** 강제집행은 행정상의 강제처분이라고도 한다.

　　마. **전산상 Ø** 오류가 있다고 해서 접수 못 했습니다.

　　마'. 예약사이트 **전산상의** 에러로 해당 메시지가 나타나는 경우들이 발생한다.

　　바. **달력상 Ø** 날짜만 보면 입추는 물론 처서까지 지났는데 여전히 동남아시아 한복판에 있는 듯한 날씨가 이어진다.

　　바'. **달력상의** 음력설 날짜를 세어보니 1월 30일이(음: 01/01) 설이던데요.

앞에서는 'N+상'의 추상적 의미를 '그것과 관계된 입장' 또는 '그것에 따름'의 뜻을 네 가지 유형으로 나누었다. (24가)-(24라')의 'N+상'은 관형어의 용법으로 이 네 가지 의미를 나타낼 때 뒤에 격조사 '의'와 결합이 가능하고, 조사와 결합하지 않고 나타날 수도 있다. 격조사 '의'는 여러 기능을 가지고 있지만 그 중에 '뒤 체언이 나타내는 대상이 앞 체언에 소유되거나 소속됨을 나타냄'의 의미를 제일 많이 나타낸다. (24마)와 (24마')에서 '전산상'은 추상적 공간의미를 나타내는 'N+상'이 '의'와 결합할 수도 있고, 조사와 결합 없이 단독적으로 나타날 수도 있다. 마찬가지로 '달력상'처럼 평면적 공간에서도 뒤에 조사 '의'와 결합하기도 가능하지만 조사와 결합하지 않고 나타날 수도 있다.

'-상/하'는 문장에서 격조사와 결합하여 관형어의 용법뿐만 아니라, 부사어로 나타날 수도 있다. 먼저 '-상'이 격조사와 결합하여 부사어의 기능을 수행할 때의 기능을 '규범, 행동, 외재적 특성, 외부 요인, 추상적 공간과 지면 공간'의 의미로 나눠서 '로', '에', '에서'와의 결합 여부를 살펴보자.

(25) 가. 전세입주 했는지 이제 1달째인데 **사정상 Ø** 다른 곳으로
    이사했다.
  나. 비용 **관계상 Ø** 인테리어업체에 전적으로 의존하기는
    어려운 상황이다.
  다. **지면상 Ø** 생략하겠습니다.

(25가)와 (25나)에서 보이듯이 'N+상'이 부사어의 용법에서 뒤에 아무조사와 결합하지 않고 나타나는 경우는 주로 '어떤 외부 환경이

나 요소가 사태의 원인으로 되는 것과 관련 되는 것'으로 많이 사용한다. (25다)에서의 '지면상'은 지면 공간을 가리키는 것이다. '제도', '행동', '외부 구조'와 '추상적 공간'과 관련된 것은 보통 다른 조사와 결합해야 나타날 수 있다.

(26) 가. 유실물 습득은 **규정상으로** 습득 후에 관계기관에 문서로 보고해야 한다.

나. **경영상으로** 매장이 어려움에 처하게 되는 원인이 될 수도 있다.

다. 방청객에게 **표면상으로** 아주 쉬워 보이면서도 효과적인 통제력을 발휘했다.

라. 자신이 **재산상으로** 손해가 발생하였을 때는 즉시 법적 조치를 받을 수 있다.

마. **유선상으로** 문의하셔도 제가 드릴 수 있는 답변은 '알 수 없다'입니다.

바. **장부상으로** 수익이 났다하더라도 실제 현금수입이 없는 경우가 있습니다.

(26가)-(26바)는 'N+상'이 조사 '로'와 결합하여 부사어의 용법으로 나타나는 경우이다. 여기서 격조사 '로'는 '원인이나 이유'와 '방법이나 방식'의 의미를 나타낸다.

이처럼 부사어의 용법에서는 'N+상'의 모든 의미에서 격조사 '로'와 결합하여 나타날 수 있다. 다음에 조사 '에', '에서'와의 결합 상황을 살펴보자.

(27) 가. 한편 그러한 변화가 **제도상에** 미친 영향은 아직 대수로

운 것이 아니었다.

가'. 현재 **제도상에서** 어떻게 세금을 부과하고 있는지 살펴
보고자 할뿐이다.

나. 누구나 한 번씩 **경영상에** 어려움이 생깁니다.

나'. 앞으로 **경영상에서** 여러 걸림돌이 예상됩니다.

다. **표면상에** 보이는 금리가 아니라 실제로 여러분들이 손
에 쥘 수 있는 돈이...

다'. 핫초코 모카와 핫초코 오리지날의 차이는 **표면상에서**
거의 없다.

라. 거래처 **사정상에** 따라 지연되는 상품들도 있어요.

라'. *거래처 **사정상에서** 따라 지연되는 상품들도 있어요.

마. 제 명의로는 **전산상에** 아무것도 안 떠서 신청할 수 없답
니다.

마'. 헌혈자의 기록을 **전산상에서** 한눈에 파악할 수 있도록
하는 방안도 검토한다.

바. **시간표상에** 정해진 정규수업만 하는 것이 아니라...

바'. **시간표상에서** 새벽기도 시간이 6시 30분에서 6시로 변
경되었습니다.

(27가)-(27바')는 'N+상'이 의미별로 격조사 '에', '에서'와 결합하
여 부사어의 용법으로 나타나는 양상이다. 격조사 '에서'는 '앞말이
원인의 부사어임을' 나타낼 수 없기 때문에 (27라')의 외부 요인의
의미는 'N+상'이 '에'와 결합이 가능하지만 '에서'와는 결합이 불가능
한 것으로 보인다.

지금까지 살펴본 관형어와 부사어로 나타나는 'N+상'이 뒤에 조사
와 결합하는 양상은 아래 〈표 17〉과 같이 정리할 수 있다.

〈표 17〉 '-상'의 격조사와의 결합 양상

| '-상' 의 의미별 격조사와의 결합 양상 | | | | | |
|---|---|---|---|---|---|
| 'N+ 상' | 관형어 | | 부사어 | | |
| 조사 | Ø | 의 | Ø | 로 | 에 | 에서 |
| 규범 | ○ | ○ | × | ○ | ○ | ○ |
| 행동 | ○ | ○ | × | ○ | ○ | ○ |
| 외재적 특성 | ○ | ○ | × | ○ | ○ | ○ |
| 외부 요인 | ○ | ○ | ○ | ○ | ○ | × |
| 추상적 공간 | ○ | ○ | × | ○ | ○ | ○ |
| 지면 공간 | ○ | ○ | × | ○ | ○ | ○ |

다음에 'N+하'의 경우를 살펴보자. 'N+하'도 앞에 논의한 'N+상'처럼 조사와의 결합에 따라 관형어로 나타날 수도 있고, 부사어로 나타날 수도 있다. 먼저 'N+하'는 관형어로 나타날 때 뒤에 주로 조사 '의'와 많이 결합한다.

(28) 가. 스마트 **환경하의** 노무관리상 문제점과 고려사항을 다루고 있습니다.
　　　나. 로마 **지배하의** 이베리아 반도는 로마 제국 최대의 자원 공급처였다.
　　　다. 정부 **지원하의** 인사노무컨설팅을 받으실 수 있도록 도와드리도록 하겠습니다.

(28가)-(28나)의 'N+하'는 배경, 통치, 도움의 의미로 뒤에 조사 '의'와 결합하여 관형어의 용법으로 나타나는 경우이다.

(28) 가'. *스마트 **환경하** 노무관리상 문제점과 고려사항을 다루

고 있습니다.

나'. *로마 **지배하** 이베리아 반도는 로마 제국 최대의 자원
　　공급처였다.

다'. *정부 **지원하** 인사노무컨설팅을 받으실 수 있도록 도와
　　드리도록 하겠습니다.

'N+상'의 구성은 관형어의 용법을 나타낼 때 뒤에 격조사 '의'를
생략하는 것이 가능하지만 'N+하'의 구성에서는 '의' 생략이 위에
(28가')-(28나')에서 제시한 것처럼 불가능한 것으로 보인다.

(29) 가. 〈호박 목걸이〉에는 일제 식민 **통치 하** 한국의 모습이
　　　잘 나타나 있다.

나. 현재 초음파 **유도 하** 신경블록에 이르고 있습니다.

다. 급변하는 경영 **환경하에** 미래 글로벌 시장을 선도할 승
　　자의 조건은 무엇일까?

라. 그러나 여전히 중국 시장은 국가의 **통제하에서** 움직이는
　　시장이다.

마. 모세의 **인도하에** 이집트를 떠나 가나안 땅으로 가는 내
　　용이 기록되어있다.

바. 이와 같은 **배경하에서** 한국농업은 매우 어려운 상황에
　　처하게 될 것이며...

사. 오스만제국의 **지배하에서** 득세했던 이슬람계 보스니아
　　인들에게도 종교는 그만큼 중요한 것이었다.

아. 그는 중병으로 타인의 **도움하에서** 근 20 년을 병환에
　　시달렸다.

(29가)-(29나)는 'N+하'가 조사와 결합하지 않고 부사어의 용법으
로 나타나는 경우이다. (29다)-(29아)는 의미에 따라 뒤에 조사 '에',

'에서'와 결합하여 부사어의 용법으로 나타나는 경우이다. 보다시피 'N+하'는 의미별로 조사 '에', '에서'와 결합이 가능하지만 격조사 '로' 와는 결합이 불가능한 것으로 보인다. 격조사 '로'는 '수단, 도구', '방법'과 '이유' 등에서 나타나기 때문에 'N+하'의 세 가지 의미에 해당되지 않는다.

지금까지 살펴본 관형어와 부사어로 나타나는 'N+하'가 조사와 결합하는 양상은 아래 〈표 18〉과 같이 정리할 수 있다.

〈표 18〉 '-하'의 격조사와의 결합 양상

| '-하' 의 의미별 격조사와의 결합 양상 | | | | | |
|---|---|---|---|---|---|
| 'N+ 하' | 관형어 | | 부사어 | | |
| 조사 | Ø | 의 | Ø | 로 | 에 | 에서 |
| 배경 | × | ○ | ○ | × | ○ | ○ |
| 통치 | × | ○ | ○ | × | ○ | ○ |
| 도움 | × | ○ | ○ | × | ○ | ○ |

지금까지 한자어 '상/하'의 의미와 'N+상/하'와 조사와의 결합 양상을 살펴보았다. '상'과 '하'는 자립명사일 때 공간적 의미와 시간적 의미를 나타내지 않고, 주로 단어의 구성요소로서 다른 명사와 결합하여 합성어를 만들어서 공간 및 시간적 의미를 나타낸다. 추상적 의미인 '상'과 '하'는 자립명사로서 나타날 수도 있고, 일부 한자어 명사와 결합하여 '사유, 처지, 조건' 따위의 뜻을 나타낸다. '-상/하'는 문장에서 격조사와 결합하여 관형어와 부사어의 두 가지 용법으로 나눌 수 있고, 관형어와 부사어의 용법으로 나타날 때 'N+상/하'뒤에 '의, 로, 에, 에서' 등 다양한 조사와 결합할 수 있다.

## 2. '전'과 '후'

현대한국어 한자어에서 '앞/뒤'에 해당되는 위치표현은 '전'과 '후' 이다. '전/후'는 '앞/뒤'와 달리 공간적 의미일 때 자립적으로 나타나는 경우가 없고, 주로 다른 명사와 결합하여 합성어를 만들어서 공간적 인 표현을 나타낸다. '전/후'는 시간적 의미를 다양하게 나타내고, 특 히 '전'은 명사뿐만 아니라, 관형사로서도 시간적 의미를 많이 나타낸 다. '전/후'는 추상적 의미를 드러내지 않는다.

> (30) 가. **전방** 20미터 지점에 적의 보초가 있다.
> 나. 태영이 안내된 방은 건물 **후면**에 있는 1층 방이었다.
> 다. 그 사람을 **전**에 한번 본 적이 있다.
> 라. **후**에 딴 말씀 하지 마십시오.
> 마. **전** 국가대표 농구선수 출신 A 씨가 폭행혐의로 검찰에 송치됐다.
> 바. '부모님 **전** 상서'는 최고 시청률 기록에 막바지에는 30% 를 경신했다.

위 (30가)과 (30나)의 '전방'과 '후면'은 '전/후'가 다른 명사와 결합 하여 합성어를 만들어서 공간적 의미를 나타낸 것이고, (30다)과 (30 라)의 '전'과 '후'는 시간적 의미를 나타낸 것이다. (30마)의 '전'은 관형사로서 시간적 의미를 반영한다. (30바)에서의 '전'은 앞에서 살 펴본 '앞'의 ⑧번 의미와 같이 '에게'의 뜻을 나타내는 말이라고 한다. 《표준국어대사전》, 《고려대 한국어대사전》과 《우리말 큰사전》에는 '전'의 의미가 다음과 같이 기술되어 있다.

<표 19> '전'의 사전적 의미

| 전 | | |
|---|---|---|
| 《표준국어대사전》 | 《고려대 한국어대사전》 | 《우리말 큰사전》 |
| ① 막연한 과거의 어느 때를 가리키는 말. | 명사: ① 과거 시점을 막연히 이르는 말. | ① = 앞② (시간이나 차례의 먼저) |
| ② (일부 명사나 '-기' 다음에 쓰여) '이전'의 뜻을 나타내는 말. | 의존명사: ① 일정한 때보다 앞을 나타내는 말. | ② = 이전 |
| ③ '앞「8」'의 높임말. ((이름이나 인칭 대명사 뒤에 쓰여) '에게'의 뜻을 나타내는 말)) | ② 어른이 계신 자리의 앞을 나타내는 말. | ③ = 앞⑨(부치는 문서나 물건 따위를 받을 편의 이름 다음에 쓰이어) |
| 관형사: ① (직함이나 자격을 뜻하는 명사 앞에 쓰여) 이전의 경력을 나타내는 말. | 관형사: ① 어떤 직함이나 자격 등을 뜻하는 명사 앞에 쓰여, 전의 직위나 경력을 나타내는 말. | |
| ② (일부 명사 앞에 쓰여) '이전' 또는 '앞', '전반기' 따위의 뜻을 나타내는 말. | ② 일부 명사 앞에 쓰여, '이전'이나 '앞'의 뜻을 나타내는 말. | |

〈표 19〉를 보면 세 사전에 실린 '전'의 뜻풀이는 대체로 일치한다고 볼 수 있다. 유일한 다른 점은 《표준국어대사전》과 《고려대 한국어대사전》에서는 '전'의 관형사로서의 용법을 따로 처리하여 별도로 실었지만 《우리말 큰사전》에서는 이에 해당하는 해석이 보이지 않는다는 점이다. 앞에서 살펴본 상하관계를 나타내는 고유어 '앞'과 비교하면, '전'은 주로 시간과 관련된 의미를 많이 나타낸다.

〈**표 20**〉 '후'의 사전적 의미

| 후 | | |
|---|---|---|
| 《표준국어 대사전》 | 《고려대 한국어대사전》 | 《우리말 큰사전》 |
| ① 뒤나 다음. | ① 일정한 기간이나 어떤 일 다음에 이어지는 시간적 범위를 막연하게 이르는 말. | ① 뒤나 다음. |
| ② = 추후. (일이 지나간 얼마 뒤) | | |
| ③ (일부 명사 앞에 붙어) '뒤나 다음'의 뜻을 나타내는 말. | | ① 일부 이름씨 앞에 붙어, '뒤', '다음', '나중'의 뜻. |

〈표 20〉을 보면 '후'는 시간적 의미만 가지고 있는 것으로 보인다. 《표준국어대사전》의 '후'의 ①번, ②번과 ③번 의미는 모두 명사로서 한 가지 표제어로 등재되어 있지만 《우리말 큰사전》의 '후'의 첫 번째 ①번 의미와 두 번째 ①번 의미는 각각 별도로 따로 구분하여 등재되어 있다. '후'도 '전'처럼 사전에 공간적 의미를 언급하지 않고, 추상적 의미도 가지지 않는다.

《표준국어대사전》에 제시된 '전/후'의 뜻풀이를 보면, '전/후'의 의미는 주로 시간적 의미만 나타낸다. '전'과 '후'는 자립적으로 공간적 의미를 가지고 있지 않기 때문에 세 사전에는 '전/후'의 공간적 의미를 언급하지 않았다. '전'은 명사뿐만 아니라, 관형사로서도 시간적 표현으로 많이 나타난다.

## 1) 공간적 의미

'전'과 '후'는 자립적으로는 공간적 의미가 없지만 단어의 구성요소로서 다른 명사와 결합하여 합성어를 만들어서 공간적 의미를 나타낼 수 있다. 합성어를 만들 때 '전/후'는 제1 요소로 나타날 수도 있고, 제2 요소로 나타날 수도 있다. 공간적 의미를 나타내는 '전+N/N+전'으로 된 합성어는 '향하고 있는 쪽이나 곳'과 관련된 것이고, '후+N/N+후'로 된 합성어는 '향하고 있는 방향과 반대되는 쪽이나 곳'과 관련된 것이다.

(31) 가. 세차게 들이치는 비 때문에 몇십 미터 **전방**(前方)도 내다보기가 힘들었다.
나. 거지 하나가 **가가문전**(家家門前)을 찾아다니며 구걸을 했다.
다. 딸아이는 친구들과 **후원**(後園)에서 놀고 있다.
라. **배후**(背後)에서 갑자기 나타나 어깨를 치는 바람에 깜짝 놀랐다.

(31가)과 (31다)에서의 '전방(前方)'과 '후원(後園)'은 '전/후'가 단어구성의 제1 요소로 다른 명사와 결합하여 만들어진 합성어이고, (31나)과 (31라)에서의 '가가문전'(家家門前)과 '배후'(背後)는 '전/후'가 단어구성의 제2 요소로 다른 명사와 결합하여 만들어진 합성어이다. '전/후'는 단어구성의 요소로서 다양한 명사와 결합하여 공간 개념과 관련된 합성어를 만든다.

(32) 가. 전경(前景), 전가(前家), 전당(前堂), 전등(前燈), 전석

(前席), 전략(前略), 전산(前山), 전향(前向), 전뇌(前腦), 전단(前端), 전부(前部), 전열(前列)

나. 문전(門前), 계전(階前), 당전(堂前)

다. 후가(後家), 후궁(後宮), 후문(後門), 후단(後端), 후서 (後序), 후치(後置), 후지(後肢), 후족(後足), 후미(後尾), 후방(後方), 후면(後面), 후배(後背)

라. 뇌후(腦後), 막후(幕後), 인후(人後)

## 2) 시간적 의미

《표준국어대사전》에 제시한 '전'과 '후'의 뜻풀이를 보면, '전/후'는 주로 시간이나 순서와 관련된 의미를 많이 나타낸다. '전'과 '후'는 자립명사로서 시간적 의미를 나타낼 수도 있고, 단어 구성의 요소로서 다른 명사와 결합하여 만들어진 합성어도 시간적 의미를 나타낼 수 있다. 뿐만 아니라, '전'은 명사 외에 관형사로서도 시간적 의미를 가지고 있다. 먼저 명사로서의 '전'과 '후'가 가지고 있는 시간이나 순서와 관련된 의미를 살펴보자.

(33) 가. 그 사람을 전에 한 번 본 적이 있다.

나. **전생**(前生)의 무슨 원수가 고부간으로 만났기에 그런 못할 노릇을 하고 죽는단 말인가.

다. 며칠 **후**에 다시 만납시다.

라. 놀러 가는 것은 **후일**(後日)로 미루고 우선 급한 볼일부터 보기로 했다.

(33가)와 (33나)에서의 '전'과 '전생'은 '과거의 어느 때'를 가리키는 말이고, (33다)과 (33라)에서의 '후'와 '후일'은 '다음이나 나중의 시

간'을 말하는 것이다. (33가)와 (33다)에서의 '전'과 '후'는 자립명사로서 과거시간과 미래 시간의 의미를 나타내지만 (33나)와 (33라)의 '전생'과 '후일'에서 '전/후'는 단어의 구성요소로서 다른 명사와 결합하여 시간과 관련된 합성어를 만든 것이다. '전'과 '후'는 단어의 구성요소로서 이와 비슷한 결합 양상을 더 많이 찾아볼 수 있다.

(34) 가. 전고(前古), 전공(前功), 전과(前科), 전력(前歷), 전례(前例), 전부(前婦), 전인(前人), 전제(前帝), 전서(前書), 전죄(前罪), 전일(前日), 전혼(前婚)
　　나. 후식(後食), 후일(後日), 후생(後生), 후증(後證), 후차(後車), 후미(後味), 후도(後圖), 후감(後勘), 후난(後難), 후려(後慮), 후명(後名), 후회(後會)
　　다. 일전(日前), 순전(旬前)
　　라. 일후(日後), 순후(旬後)

'전/후'는 시간의 의미를 가질 뿐만 아니라, 순서의 의미도 나타낼 수 있다.

(35) 가. 휴가를 떠나기 **전**에 미리 공과금은 꼭 자동이체를 신청해 두고 가는 것이 좋다.
　　나. 의사는 약을 **식전**(食前)에 먹으라고 하였다.
　　다. 4년제 대학교를 졸업한 **후**에 취업을 하였습니다.
　　라. **산후**(産後) 몸조리를 위해 누워 있는 정인의 머리맡에서 들려 준 얘기였다.

(35가)-(35라)에서의 '전/후'는 사건이 일2상으로 '먼저/다음'의 뜻으로 나타난다. 사건이 일어나는 순서도 시간관 밀접한 관련을 가지

고 있다. 보통 '전'은 일부 명사나 부사, 또는 '-기' 다음에 쓰여 '이전'의 뜻을 나타내고, '후'는 일부 명사나 부사, 또는 '-ㄴ' 다음에 쓰여 '이후'의 뜻을 나타낸다. (35가)와 (35다)에서의 '전/후'는 자립명사로서 사건이 일어나는 순서상에서 '이전'과 '이후'의 의미를 나타내고, (35나)와 (35라)의 '식전'과 '산후'에서의 '전/후'는 단어의 구성요소로서 다른 명사와 결합하여 시간과 관련된 합성어를 만든 것이다. '전'과 '후'가 단어의 구성요소로서 참여한 이와 비슷한 결합 양상은 아래에서 많이 찾아볼 수 있다.

(36) 가. 산전(産前), 사전(事前), 사전(死前), 장전(葬前) 전전(戰前)

나. 별후(別後), 사후(死後), 병후(病後), 복후(服後), 설후(雪後), 석후(夕後)

(36가)와 (36나)에서 제시된 합성어를 보면, '전'과 '후'가 다른 명사와 결합하여 사건이 일어나는 선후 순서의 개념과 관련된 합성어를 생성할 때 주로 제2 요소에서만 나타난다. 합성어 중에 '산전(産前)/산후(産後)'와 '사전(死前)/사후(死後)'처럼 형태상 대칭적이고 의미상 대립적으로 나타나는 대립쌍도 있지만 '병후(病後)'와 '석후(夕後)'처럼 의미에 따라 한쪽만 있는 경우도 있다.

'전'은 명사로서 시간과 관련된 의미를 나타낼 수도 있지만, 관형사로서도 시간 개념을 표현할 수 있다. 《표준국어대사전》에 관형사로서의 '전'은 시간적 의미가 두 가지로 나누어져 있다.

(37) 가. 김 **전** 학장이 총장 후보로 나섰다.

나. 그는 월급을 탄 뒤 **전달**에 밀린 방세부터 갚았다.

(37가)에서의 '전'은 관형사로서 직함이나 자격을 뜻하는 명사 앞에 쓰여 '이전의 경력'을 나타내는 말이다. (37나)에서의 '전'은 관형사로서 일부 명사 앞에 쓰여 '이전'의 뜻을 나타내는 말이다.

## 3) 추상적 의미

《표준국어대사전》의 뜻풀이에 따르면, '전'은 '앞⑧'의 높임말로서 이름이나 인칭 대명사 뒤에 쓰여 '에게'의 뜻을 나타내는 말이고 보통 부치는 문서나 물건 따위를 받을 편의 이름 다음에 쓰인다. '전'의 이러한 용법은 공간적 의미에서 추상적 의미로 전이된 것으로 볼 수 있다.

(38) 가. 부모님 **전** 상서
　　　나. 할머님 **전** 상서

지금까지 한자어 '전/후'의 의미를 살펴보았다. 공간적 의미일 때 '전'과 '후'는 자립명사로서 나타나는 경우가 없고, 주로 다른 명사와 결합하여 합성어를 만들어서 공간적인 표현을 나타낸다. '전'과 '후'는 자립명사로서 시간적 의미를 나타낼 수도 있고, 단어 구성의 요소로서 다른 명사와 결합하여 합성어를 만들어서 나타낼 수 있다. 특히 '전'은 명사뿐만 아니라, 관형사로서도 시간적 표현으로 많이 나타난다. 추상적 의미인 '전'은 '앞⑧'의 높임말로서 이름이나 인칭 대명사 뒤에 쓰여 '에게'의 뜻을 나타내는 말이고 보통 부치는 문서나 물건 따위를 받을 편의 이름 다음에 쓰인다. '전/후'와 관련된 의미 분포를 다음 그림과 같이 나타낼 수 있다.

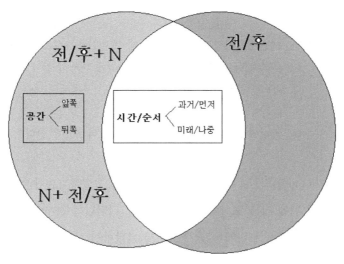

<그림 17> '전/후'의 의미 분포

위의 <그림 17>을 보면, 자립명사로서의 '전/후'는 단어 구성의 요소
로서의 '전/후+N', 'N+전/후'와 서로 시간적 의미에서만 겹치는 것으
로 나타난다. 앞에서도 살펴보았지만 자립명사로서의 '전/후'는 공간
적 의미와 추상적 의미를 나타내지 않고, 주로 시간적 의미만 나타낸
다. 즉, '전'은 '막연한 과거의 어느 때'를 가리키는 말이고, '후'는
'뒤나 다음'의 의미이다. '전/후'와 관련된 공간적 의미는 주로 단어
구성의 요소로서 '전/후+N'과 'N+전/후'로 나타났을 때 표현된다.

## 4) '전/후'의 통사적 기능

앞에서 한자어 '전'과 '후'는 문장에서 자립명사로서 나타날 때 공
간적 의미와 추상적 의미가 없고 오직 시간이나 순서의 의미만 가지

고 있다고 논하였다. 먼저 '전'이 관형어로서 시간 및 순서의 의미를 나타낼 때의 조사와의 결합 영상을 살펴보자.

(39) 가. **10년 전** 인터뷰가 국민들에게 씁쓸함을 남기고 있다.
　　　나. 본격적으로 여행 **출발 전** 체크사항에 대해서 알아보자.
　　　다. 최소한 5년 **전의** 홍콩과 비교해 보면 조촐해도 너무 조촐하다.
　　　라. 발성연습 하기 **전의** 기본자세를 알아두어야 한다.

(39가)-(39라)의 '전'은 관형어의 기능을 하고 있다. (39가)와 (39나)는 '전'이 뒤에 다른 조사와 결합하지 않고 나타나는 경우이고, (39다)와 (39라)는 '전'이 뒤에 격조사 '의'와 결합하여 나타나는 경우이다.

(40) 가. 그가 **전** 같으면 그렇게 행동하지 않았을 것이다.
　　　나. 그런데 '914'의 개발은 그로부터 20여 년 전으로 거슬러 올라간다.
　　　다. 불행히도 몇 년 **전에** 아들과 며느리를 교통사고로 다 잃어버렸다.
　　　다'. *불행히도 몇 년 **전에서** 아들과 며느리를 교통사고로 다 잃어버렸다.
　　　라. 이준석 씨가 퇴정하기 **전** 마스크를 착용하고 있다.
　　　라'. *이준석 씨가 퇴정하기 **전으로** 마스크를 착용하고 있다.
　　　마. 해외관광을 탓하기 **전에** 실속있는 여가환경을 조성하는 것이 급선무다.
　　　마'. *해외관광을 탓하기 **전에서** 실속있는 여가환경을 조성하는 것이 급선무다.

(40가)-(40마)는 '전'이 부사어로 나타나는 경우이다. (40가)-(40다)에서는 '전'이 시간의 의미를 뒤에 조사와 결합하지 않고 나타낼 수도 있고, 격조사 '로'나 '에'와의 결합도 가능하다. 하지만 (40다')에서처럼 '전'이 시간의 의미일 때는 뒤에 격조사 '에서'와 결합이 불가능한 것으로 보인다. (40라)와 (40마)에서는 '전'의 사건이 얼어나는 선후 순서의 의미를 뒤에 조사와 결합하지 않고 나타낼 수도 있고, 격조사 '에'만과 결합해서 나타낼 수도 있다. (40라')과 (40마')에서 보이는 것처럼 순서의 의미일 때는 '전' 뒤에 격조사 '로'나 '에서'의 결합이 불가능하다. 지금까지 논의한 '전'이 문장에서 관형어와 부사어로 나타날 때의 조사와의 결합 양상은 아래 〈표 21〉과 같이 정리할 수 있다.

〈표 21〉 '전'의 격조사와의 결합 양상

| 'N+ 전' | '전'의 의미별 격조사와의 결합 양상 | | | | | |
| --- | --- | --- | --- | --- | --- | --- |
| | 관형어 | | 부사어 | | | |
| 조사 | Ø | 의 | Ø | 로 | 에 | 에서 |
| 공간 | - | - | - | - | - | - |
| 시간 | ○ | ○ | ○ | ○ | ○ | × |
| 순서 | ○ | ○ | ○ | × | ○ | × |
| 추상 | - | - | - | - | - | - |

다음에 '후'의 경우를 살펴보자.

(41) 가. '화려한 유혹' 마지막회에서는 진형우와 신은수의 **3년 후** 모습이 그려졌다.
　　나. **수술 후** 느낌이 뻣뻣한 가죽이나 청바지 같다면 잘된 수술이라 할 수 없다.
　　다. 이번 계획은 10년 **후의** 토지 이용 상태를 정확하게 제시하지 못하고 있다.

라. 북한도 한국 전쟁 **후의** 재건에 있어서 괄목할 만한 발전을 기록했다.

(41가)-(41라)에서는 '후'가 관형어의 기능을 하고 있다. '후'는 관형어의 용법으로 뒤에 조사와 결합하지 않고 나타날 수도 있고, 격조사 '의'와 결합하여 나타날 수도 있다.

(42) 가. 술집에 대한 부러움은 한달 **후** 신촌에 돌아와 더욱 커졌다.

나. 그가 100년 **후로** 내다본 일본의 침략이 10년쯤 빨리 시작된 차이가 있을 뿐이다.

다. 여러 가지 투자 계획이 과연 10년 **후에도** 계속 유효할 것인지 의문이다.

다'. *여러 가지 투자 계획이 과연 10년 **후에서도** 계속 유효할 것인지 의문이다.

라. 그 **후** 베트남 전쟁터에 뛰어들어 사업을 시작했고...

마. 고등학교 들어온 **후로** 오늘이 젤 즐거운 날이었습니다.

바. 기독교를 받아들인 **후에** 외국인 선교사를 초청하였다.

바'. *기독교를 받아들인 **후에서** 외국인 선교사를 초청하였다.

(42가)-(42바)에서는 '후'가 부사어의 용법으로 나타난다. 시간의 의미와 순서의 의미일 때 '후'는 조사와 결합하지 않고 나타날 수도 있고, 격조사 '로'나 '에' 와 결합하여 나타날 수도 있다. (42다')와 (42바')를 보면, '후'는 격조사 '에서'와 결합이 불가능한 것으로 보인다. '후'가 문장에서 관형어와 부사어로 나타날 때 조사와 결합하는 양상에 대한 이상의 논의는 아래 〈표 22〉와 같이 정리할 수 있다.

<표 22> '후'의 격조사와의 결합 양상

| 'N+ 후' | '후'의 의미별 격조사와의 결합 양상 | | | | | |
|---|---|---|---|---|---|---|
| | 관형어 | | 부사어 | | | |
| 조사 | Ø | 의 | Ø | 로 | 에 | 에서 |
| 공간 | - | - | - | - | - | - |
| 시간 | ○ | ○ | ○ | ○ | ○ | × |
| 순서 | ○ | ○ | ○ | ○ | ○ | × |
| 추상 | - | - | - | - | - | - |

## 3. '내'와 '외'

현대한국어에서 '안/밖'의 의미에 해당되는 한자어 방위명사는 '내/외'를 들 수 있다. '내'와 '외'는 주로 일정한 범위와 관련된 의미를 많이 나타낸다. 이 범위를 경계선과 연관을 시키면, 한 경계선을 기준으로 하여 그 경계선을 넘지 않은 곳은 '내'이고, 그 경계선을 넘은 곳은 '외'이다. 여기서 말하는 범위는 공간적 범위를 가리킬 수도 있고, 시간적 범위를 말할 수도 있다. 나아가 추상적 범위까지 확장될 수도 있다. '내/외'는 공간적 의미, 시간적 의미와 추상적 의미를 모두 가질 수 있다고 할 수 있다. 그리고 '내'와 '외'는 단독적으로 나타나 범위와 관련된 의미를 표현할 수 있고, 단어구성의 요소로서 다른 명사와 결합하여 합성어를 만들거나, 또 접두사로 다른 명사와 결합하여 파생어를 만들어서 범위와 관련된 의미를 나타낼 수도 있다.

　(43) 가. 공장을 공업 단지 **내**로 옮겼다.
　　　 나. 수일 **내**로 결과를 통보해 드리겠습니다.

다. 문이 열려 있어 방 **내부**가 들여다보인다.

라. **내분비**질환은 호르몬의 생산, 분비이상에 의해 일어나는 질병이다.

마. 필기 도구 **외**에는 모두 책상 위에서 치우시오.

바. 하루 세 끼 밥을 먹고 잠자는 시간 **외**에 다른 어떤 일도 하지 않았다.

사. 사람은 **외면**만 보고 판단해서는 안 된다.

아. 방학에 **외가**에 가서 외할머니를 뵈었다.


　(43가)와과 (43나)에서의 '내'는 단독적으로 나타나 '공간적, 시간적 범위의 안'의 뜻을 드러내고, (43다)와 (43라)에서의 '내'는 단어구성의 요소나 접두사로 다른 명사와 결합하며 새로운 복합어를 만들어 일정한 범위의 안의 의미를 나타낸다. (43마)와 (43바)에서의 '외'는 단독적으로 나타나 일정한 범위나 한계를 벗어남을 나타내고, (43사)와 (43아)에서의 '외'는 단어구성의 요소나 접사로 다른 명사와 결합하며 새로운 복합어를 만들어서 '밖'이나 '바깥'의 뜻을 나타낸다. '외'는 '일정한 범위나 한계를 벗어남'을 가리키는 말이기 때문에 공간적 의미와 시간적 의미를 나타내는 용례는 발견되지 않고 주로 추상적 의미를 많이 나타내는 것으로 보인다. 사전에 '내'와 '외'의 의미가 어떻게 기술되어 있는지 알아보자.

〈표 23〉 '내'의 사전적 의미

| 내 | | |
|---|---|---|
| 《표준국어대사전》 | 《고려대 한국어대사전》 | 《우리말 큰사전》 |
| ① 「의존명사」 (일부 시간적, 공간적 범위를 | 공간이나 시간 등의 일정한 범위의 안. | ① = 안② (일정한 기준이나 한계에 |

| 내 | | |
|---|---|---|
| 《표준국어대사전》 | 《고려대 한국어대사전》 | 《우리말 큰사전》 |
| 나타내는 명사와 함께 쓰여) 일정한 범위의 안. | | 못 미치는 정도) |
| ② 「접사」 '안'의 뜻을 더하는 접두사. | | |

〈표 23〉을 보면 세 사전에 실린 '내'의 뜻풀이는 대체로 일치한다고 볼 수 있다. 다만《표준국어대사전》에는 '내'의 접사 용법도 같이 제시되어 있다. 사전의 뜻풀이에 따르면, '내'의 의미는 공간, 시간과 추상으로 나누어져 있지 않고 통틀어 '일정한 범위나 한계의 안'으로 해석되어 있다.

**〈표 24〉** '외'의 사전적 의미

| 외 | | |
|---|---|---|
| 《표준국어대사전》 | 《고려대 한국어대사전》 | 《우리말 큰사전》 |
| 「의존명사」 ① 일정한 범위나 한계를 벗어남을 나타내는 말. | 어떤 대상을 벗어나 밖의 부분을 뜻을 나타내는 말. | ① = 밖③ (어떤 범위나 한도에 들지 않는 것) |
| 「접사」 ① (친족 관계를 나타내는 일부 명사 앞에 붙어) '모계 혈족 관계인'의 뜻을 더하는 접두사. | 「접두사」 친족 관계를 나타내는 일부 명사 앞에 붙어, '어머니 쪽 피붙이인'의 뜻을 더하는 말. | 「접사」 ① '외가'의 뜻. |
| ② (일부 명사 앞에 붙어) '밖'이나 '바깥'의 뜻을 더하는 접두사. | | |

〈표 24〉를 보면, 세 사전에 실린 '외'의 뜻풀이도 위에 제시한 '내'의

뜻풀이와 상통한다고 볼 수 있다. 다만《표준국어대사전》에는 접사로서의 '외'의 의미가 두 가지로 나누어져 있는데《고려대 한국어대사전》과《우리말 큰사전》에는 한 가지 밖에 해석되어 있지 않다. 명사로서 '외'의 의미는 역시 '내'와 같이 공간, 시간과 추상으로 나누어져 있지 않고 통틀어 '일정한 범위나 한계를 벗어남'으로 해석되어 있다.

이상《표준국어대사전》에 제시된 '내/외'의 뜻풀이를 보면, '내'와 '외'는 주로 범위나 한계와 관련된 의미를 나타낸다. 여기서 언급된 범위는 공간적 범위를 가리킬 수도 있고, 시간적 범위도 말할 수 있다. 더 나아가 추상적 범위까지 확장시킬 수 있다. 그러면《표준국어대사전》에 제시된 뜻풀이를 바탕으로 하여, '내/외'의 공간적 의미, 시간적 의미와 추상적의 의미를 자세히 살펴보자.

## 1) 공간적 의미

사전에는 '내/외'의 의미가 '일정한 범위의 안/밖'으로 해석되어 있지만 여기서 말하는 범위는 무엇보다 공간적 범위와 밀접한 연관을 가지고 있다고 볼 수 있다. 공간적 의미의 '내'는 '어떤 공간이나 물건의 둘레에서 가운데로 향한 쪽'이고, '외'는 이와 반대로 '무엇에 의하여 둘러싸이지 않은 공간'이다. '내'와 '외'는 명사로서 단독적으로 공간 개념을 나타낼 수도 있지만, 단어의 구성요소로서 다른 명사와 결합하여 합성어를 만들어서 공간적 의미를 나타낼 수도 있다.

(44) 가. 같은 방송국 건물 **내**에서도 일 년에 한 번 만나기도 힘들다.
　　나. 바다에서 수영할 때 반드시 안전선 **내**에서 해야 한다.
　　다. 그 목욕탕은 **내부(內部)** 시설은 아무것도 해 놓질 않았다.

라. **학내(學內)**의 자동차 진입을 금한다.

마. 기온은 많이 떨어졌는지 창밖에서 스며드는 **외기(外氣)**가 제
법 서늘하다.

바. 열대 지방 사람은 더운 기후 때문에 **실외(室外)**에서 활동하는
일이 많다.


(44가)와 (44나)에서의 '건물 내'와 '안전선 내'는 각각 입체 공간과
선 공간의 내부를 말하는 것이다. '내'와 반대 의미를 가지는 '외'는
자립명사로는 공간적 의미를 잘 나타내지 않는다. (44다)와 (44마)에
서의 '내부(內部)'와 '외기(外氣)'는 '내/외'가 단어구성의 제1 요소로
다른 명사와 결합하여 생성된 공간개념과 관련된 합성어이고, (44라)
와 (44바)에서의 '학내(學內)'와 '실외(室外)'는 '내/외'가 단어구성의
제2 요소로 다른 명사와 결합하여 생성된 공간개념과 관련된 합성어
이다. '내'와 '외'가 단어의 구성요소로서 참여한 이와 비슷한 결합
양상은 아래에서 많이 찾아볼 수 있다.

(45) 가. 내각(內殼), 내갑(內甲), 내계(內界), 내과(內踝), 내곽(內
廓), 내관(內棺), 내구(內篝), 내구(內寇), 내국(內國), 내
당(內堂), 내란(內亂), 내성(內城)

나. 외각(外殼), 외경(外徑), 외계(外界), 외공(外供), 외곽
(外廓), 외관(外觀), 외광(外光), 외기(外氣), 외등(外燈),
외랑(外廊), 외면(外面)

다. 가내(家內), 갱내(坑內), 경내(境內), 고내(庫內), 곽내
(郭內), 관내(館內), 관내(管內), 교내(校內), 구내(口內),
구내(區內), 구내(構內), 국내(局內)

라. 각외(閣外), 갱외(坑外), 경외(境外), 곤외(閫外), 곽외
(郭外), 관외(管外), 문외(門外), 방외(房外), 성외(城外),

시외(市外), 실외(室外,)

'내'와 '외'는 단어의 구성요소로서 공간과 관련된 합성어를 생성할 뿐만 아니라, 접두사로서 공간과 관련된 파생어도 만들 수 있다.《표준국어대사전》에는 접사로서의 '내'는 '안'의 뜻을 더하는 접두사이고, '외'는 '밖'이나 '바깥'의 뜻을 더하는 접두사라고 해석되어 있다.

(46) 가. 내사면(內斜面)/외사면(外斜面), 내과피(內果皮)/외과피
    (外果皮)
   나. 내마장(內馬場), 내동산(內--), 외광선(外光線), 외균근
    (外菌根)

## 2) 시간적 의미

《표준국어대사전》에는 '내'가 연관되는 범위가 공간뿐만 아니라, 시간에도 적용된다고 제시하였다. 즉, '내'는 시간적 의미일 때 '일정한 시간적 범위의 안'의 뜻으로 나타날 수 있다. 반대로, '외'는 어떤 행위를 할 때 소요한 포괄적인 시간에서만 나타나고 구체적으로 정해진 시간과 관련된 범위에서는 나타나지 않는다.

(47) 가. 아파트 반값 공약이 그렇고 집권 5년 **내** 2만 달러 소득
    달성이 그렇다.
   나. 그들의 이야기를 바탕으로 70분 **내**로 완주하는 것을 목
    표로 잡았다.
   다. 기술의 도입 없이는 불가능한 영업시간 **외**의 뱅킹서비스
    를 들 수 있다.
   라. 하루 세 끼 밥을 먹고 잠자는 시간 **외**에 다른 어떤 일도

하지 않았다.

(47가)와 (47나)에서의 '내'는 시간과 관련된 범위에서 나타난다. '시간+내'는 설정한 시간의 범위나 한도를 넘지 않다는 뜻이다. (47다)와 (47라)에서의 '시간+외'는 지정하는 시간적 범위가 구체적으로 정해져 있는 시간은 아니고, 어떤 행위를 할 때 소요한 포괄적인 시간대를 가리키는 것이다. '내/외'의 시간적 의미는 존재은유와 밀접한 연관을 가지고 있다. 존재은유는 설정된 시간대를 그릇으로 생각하고 그릇은유를 통하여 인식하는 것이다. 즉, 우리는 이 기간에 있는 시간을 마침 내용물이 그릇 안에 담겨있는 것으로 생각한다. 한편, 아래 (48)처럼 '내'는 단어의 구성요소로 삼아 다른 명사와 결합하여 시간과 관련된 합성어를 만들 수도 있다.

(48) 등내(等內), 연내(年內), 월내(月內)

## 3) 추상적 의미

《표준국어대사전》의 '내'와 관련된 범위나 한도는 주로 공간과 시간으로 한정되어 있지만 '외'는 '내'와 달리 구체적으로 한정된 범위를 명시하지 않고 '일정한 범위나 한계를 벗어남'을 나타내는 말이라고 해석되어 있다. 실제 용례를 추출해서 분석하면, '내'와 '외'가 범위의 의미를 나타낼 때 '내'는 공간적 의미와 시간적 의미로 사용되고, 추상적 의미로 사용되지 않는다. 반대로, '외'는 공간적 의미와 시간적 의미로 사용되지 않고, 주로 추상적 개념으로만 사용된다.

(49) 가. 지금까지 제시한 대책 **외**에 더 이상의 본질적인 내용을 변화시킬 수 없다.

나. 예상 **외**로 낮은 점수에 제일제당은 고객 불만족 원인 찾기에 바쁘다.

다. 급하게 돈이 필요한 사람은 신용카드 **외**에도 대출전용카드에 대해 관심을 가져볼 만하다.

라. 공식적인 포상금 **외**에도 히딩크 감독을 비롯해 스타덤에 오른 선수들에게는 CF 출연으로 막대한 출연료도 챙길 수 있을 전망이다.

(49가)-(49라)에서의 '외'는 '일정한 기준이나 한계를 벗어남'을 나타나는 말이다. '외'는 설정한 범위를 벗어나며 '배타'와 '포함'의 두 가지 의미를 동시에 가지고 있다. (49가)에서의 '외'는 '배타적'의 의미로 제시한 대책만 변화시켰지만 나머지 다른 대책이나 사항을 변화시킬 수 없다는 뜻이다. (49나)에서의 '예상 외'는 '미리 생각하여 두거나 준비하지 못한 일'을 가리키며 '예상했던 것'과 구분된다. 반대로 (49다)와 (49라)에서의 '외'는 '포함'의 의미로, 조사 '도'의 의미와 비슷하다.

'내'와 '외'는 범위와 관련된 개념이기 때문에 일정한 경계를 가지고 있다. 이 경계는 기준이나 한도로 존재할 뿐만 아니라, 구조은유를 통하여 추상적 개념을 그릇으로 인식하여 다양한 환경에서 사용할 수 있다. 즉, 그릇 안은 '내'이고, 반대로 그릇 밖은 '외'이다. '내'와 '외'는 이러한 용법에서 명사로서 단독적으로 나타날 수도 있고, 단어의 구성요소나 접사로 복합어를 만들어서 나타날 수도 있다. 본고는 '내/외'와 관련된 개념 중 '그릇'으로 인식하는 대상을 아래와 같이 세 가지로 나눠서 살펴볼 것이다.

## → 몸은 그릇: 몸의 내부는 '내', 몸의 밖은 '외'

(50) 가. 세균이 **체내**에 침투하다.
　　 나. 노폐물을 **체외**로 배출하다.
　　 다. 직접 그의 얼굴을 마주 대하니 격정의 **내연(內燃)**을 감
　　　　 당하기 어려웠다.

(50가)와 (나)에서의 '내/외'는 몸과 관련된 개념에서 나타난다. 즉 인체의 몸을 내용물을 담을 수 있는 그릇으로 간주하여, 몸 안에 있는 부분은 '체내'이고, 반대로 몸 밖에 있는 부분은 '체외'라고 한다. 위에 제시된 예문을 보면 알 수 있지만, '내/외'는 몸과 관련된 개념에서 단독적으로 나타나지 않고, 주로 단어의 구성요소로서 다른 명사와 결합하여 합성명사를 만들어서 나타난다. 몸과 관련된 의미뿐만 아니라, 몸 안에 마음과 관련된 것도 '내'로 표현할 수 있다. (50다)의 '내연(內燃)'은 '마음속에서 감정이 불타오름'을 이르는 말이다.

## → '조직은 그릇': 조직의 내부 '내'

(51) 가. 사회 전체의 생존이 그 사회 **내**의 어떤 개별 조직의 생존
　　　　 보다 우선한다.
　　 나. 조직 **내** 인사이동시 팀장급을 교체하려고 합니다.
　　 다. 대권을 앞두고 **당내(黨內)** 파벌 간의 눈치 보기가 한창이다.
　　 라. 근로기준법은 강행규정이기 때문에 회사 **내규(內規)**에
　　　　 규정되어 있지 않더라도 청구할 수 있습니다.

(51가)와 (51라)는 조직이나 소속을 그릇으로 인식하는 것이다. 사

람들이 사회활동을 하기 위하여 이루어진 조직은 마치 그릇처럼 일정한 공간이 존재하고, 해당 조직 사회 안의 구성원들이 하는 모든 활동은 이 그릇이 만든 공간 안에서 하는 것이다. 반대로 구성원들이 조직에서 벗어나 다른 곳에서 하는 행동이나 진행하는 활동은 그릇 밖에서 하는 것으로 인식할 수 있다. '조직이나 소속'과 같은 내외관계에서는 한자어 '내'만 나타나고 '외'를 잘 사용하지 않는다.

### → '범위는 그릇': 범위의 안은 '내', 범위를 벗어나면 '외'

범위 중에 숫자와 관련된 한정은 우리 일상과 밀접한 연관을 가지고 있다. 우리는 사람이나 사물의 수효를 헤아린 뒤에 숫자로 기록한다. 예를 들면, 인원수, 물건의 개수, 돈과 관련된 금전의 액수, 거리의 길이와 물건의 무거운 정도 등 다양한 것을 숫자로 기록할 수 있다. 일정한 숫자로 표현하는 양의 한도를 그릇으로 인식하고, 해당 양이 한도 안에 있으면 '내'로 말하고, 한도를 초과하면 '외'로 표현한다.

> (52) 가. 전국 194개 대학 가운데 166개 대학에서 **정원 내** 전형으로 10만 3959명과 재외국민 등 **정원 외** 특별전형으로 7453명을 뽑는 것으로 집계됐다.
> 나. 5만원 **내**에서 좋은 이어폰 찾기가 어렵다.
> 다. 그 외 엔진의 경우에도 $CO_2$ 배출량이 수동 변속기에 비해 10g/km **내**의 차이로 억제했다.

(52가)는 인원수의 한도를 말하는 것이다. '정원'은 '일정한 규정에 의하여 정한 인원'이며, '정원 내'는 정한 인원수의 한도 안에 있는 것이고, '정원 외'는 정한 인원수의 한도를 초과하는 것이다. (50나)에

서의 '내'는 5만원을 넘지 않으며 금액과 관련된 한도를 말하는 것이다. (50다)에서는 속도 단위의 한도를 말하는 것이다.

----------* * *----------

'내'와 '외'는 성별과 친족관계의 의미도 나타낼 수 있다. 《표준국어대사전》에는 '외'에 대하여 접두사로 친족 관계를 나타내는 일부 명사 앞에 붙어 '모계 혈족 관계인'의 뜻이라고 제시하였다.

(53) 외삼촌(外三寸), 외숙모(外叔母), 외숙부(外叔父), 외할머니(外---)

이상으로 '내'와 '외'의 공간적 의미, 시간적 의미와 추상적 의미를 살펴보았다. 자립명사로서의 '내'는 공간적 의미를 나타낼 수 있지만 '외'는 공간적 의미로 사용되지 않는다. 하자만 단어 구성요소로서의 '내/외+N'과 'N+내/외'는 합성어로 공간적 의미를 많이 나타낸다. 시간적 의미의 '내'는 앞에 살펴본 '안'처럼 '정해진 시간의 한계'의 의미를 나타낼 수 있지만 '외'는 시간적 의미를 가지고 있지 않다. 자립명사로서의 '내/외'와 단어 구성요소로서의 '내/외+N'이나 'N+내/외'가 모두 추상적 의미를 가지고 있지만 각각의 의미 분포가 다르게 나타나는 것으로 보인다. '내'와 '외'의 의미 분포를 다음 그림과 같이 나타낼 수 있다.

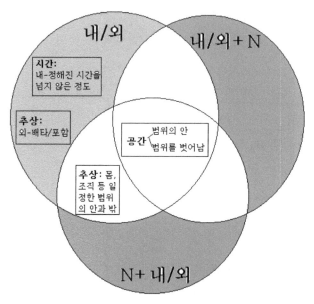

내/외

내/외＋N

시간:
내-정해진 시간을
넘지 않은 정도

추상:
외-배타/포함

범위의 안
공간 범위를 벗어남

추상: 몸,
조직 등 일
정한 범위
의 안과 밖

N＋내/외

〈그림 18〉 '내/외'의 의미 분포

위의 〈그림 18〉을 보면, 자립명사로서의 '내/외'는 단어 구성의 요소
로서의 '내/외＋N', 'N＋내/외'와 서로 공간적 의미만 겹친다. '내/외
＋N', 'N＋내/외'는 공간적 의미일 때 대칭적으로 나타난다. 그러나
자립명사로서의 '내/외'의 경우는 '외'가 공간적 의미를 가지지 않기
때문에 '무엇에 의하여 둘러싸이지 않은 공간'의 의미를 표현할 때
'외'를 사용하지 않는다. '외'는 공간적 의미와 추상적 의미를 가지고
있지 않지만 '배타'와 '포함'과 같은 추상적 의미를 많이 나타낸다.
'내'는 시간적 의미도 공간적 의미처럼 일정한 표준이나 한계와 관련
된 의미를 나타낼 수 있다. '내/외'와 'N＋내/외'는 그릇은유를 통하여
'몸, 조직' 등 일정한 범위의 '안'과 '밖'의 의미를 나타낼 수 있다.

## 4) '내/외'의 통사적 기능

한자어 '내'는 고유어 '안'처럼 공간적 의미, 시간적 의미와 추상적 의미를 모두 가지고 있기 때문에 뒤에 다양한 조사와 결합하여 나타날 수 있다. 먼저 '내'가 관형어의 용법에서 조사와 결합하는 양상을 살펴보자.

(54) 가. 낚시행위 등 상수원 보호구역 **내** 금지행위에 대한 감시 활동을 벌였다.
　　 나. 머지않아 회사 **내** 조직을 개편할 계획이다.
　　 다. 그가 최근 중국**내의** 조선족 포교를 선언하고 나섰다.
　　 라. 사회 전체의 생존이 그 사회 **내의** 어떤 개별 조직의 생존보다 우선한다.

(54가)-(54라)를 보면, '내'는 관형어의 용법으로 공간과 추상적 의미를 나타낼 때 격조사 '의'와 결합할 수도 있고, 조사와 결합하지 않고 나타날 수도 있다.

(55) 가. 백화점 **내** 입점된 매장에서 일을 하고 있습니다.
　　 나. 회원들이 자유의 다리 철문 빗장을 끊고 공동 경비 구역 **내로** 진입하는 소동을 벌이기도 했다.
　　 다. 진압에 나선 경찰은 교도소 **내에** 최루탄을 발사하고 총격전을 벌인 끝에 4시간여 만에 폭동을 진압했다.
　　 라. 문제는 전동차 **내에서** 폭탄이 터져 불이 붙는 장면이 나온다는 것.
　　 마. 아파트 반값 공약이 그렇고 집권 5년 **내** 2만 달러 소득 달성이 그렇다.
　　 바. 그들의 이야기를 바탕으로 70분 **내로** 완주하는 것을 목

표로 잡았다.

사. 게다가 태어난 새끼들도 절반 정도가 2주 **내에** 죽어버렸
다.

사'. *게다가 태어난 새끼들도 절반 정도가 2주 **내에서** 죽어
버렸다.

아. 머지않아 회사 **내** 조직을 개편할 계획이다.

자. 올해 임금 인상률을 4.7 ~ 8.9% 범위 **내로** 하자는 **데**
합의했습니다.

차. 현재 정부 **내에**는 대(對) 재벌 관계에서 광경 - 온건
노선이 혼재해 있는 것으로 알려지고 있다.

카. 5만원 **내에서** 좋은 이어폰 찾기가 어렵다.


위의 (55가)-(55카)에 제시된 예문을 보면, '내'가 부사어의 용법으
로 나타날 때 시간의 의미인 경우 격조사 '에서'와 결합할 수 없다는
것을 제외하면 나머지 공간 및 추상적 의미로는 '로', '에'나 '에서'와
모두 결합이 가능하다. 지금까지 제시된 '내'와 조사의 결합 양상은
아래 〈표 25〉와 같이 정리할 수 있다.

〈표 25〉 '내'의 격조사와의 결합 양상

| '내'의 의미별 격조사와의 결합 양상 | | | | | |
|---|---|---|---|---|---|
| 'N+ 내' | 관형어 | | 부사어 | | |
| 조사 | Ø | 의 | Ø | 로 | 에 | 에서 |
| 공간 | ○ | ○ | ○ | ○ | ○ | ○ |
| 시간 | × | × | ○ | ○ | ○ | × |
| 추상 | ○ | ○ | ○ | ○ | ○ | ○ |

한자어 '외'는 공간적 의미와 시간적 의미로는 나타나지 않고, 오직

추상적 의미만 가지고 있다. 먼저 '외'는 관형어의 용법일 때 조사 '의'와 결합할 수 있다.

> (56). 개인적으로 뭉크의 그림은 처음 접하는 셈인데 예상**외의** 성과였다.
>
> (56'). *개인적으로 뭉크의 그림은 처음 접하는 셈인데 예상**외** 성과였다.

(56')을 보면 '외'는 관형어의 용법으로 추상적 의미를 나타낼 때 뒤에 격조사 '의'를 생략할 수 없는 것으로 보인다.

> (57) 가. 그 **외** 경조비로 들어가는 비용도 또한 무시할 수 없을 만큼 큰 돈으로...
>
> 나. 예상 **외로** 낮은 점수에 제일제당은 고객불만족 원인 찾 기에 바쁘다.
>
> 다. 하루 세 끼 밥을 먹고 잠자는 시간 **외에** 다른 어떤 일도 하지 않았다.
>
> 라. 이에 대한 정확한 문헌적 고증은『원행정례』**외에서**는 찾 을 길이 없다.

(57가)-(57라)를 보면, '외'는 부사어의 용법으로 추상적 의미로 쓰이면 뒤에 조사와 결합하지 않고 나타날 수 있고, 격조사 '로', '에', '에서' 등과 결합하여 나타날 수도 있다. 이상으로 제시된 '외'와 격조사의 결합 양상은 아래 〈표 26〉과 같이 정리할 수 있다.

<표 26> '외'의 격조사와의 결합 양상

| 'N+ 외' | '외' 의 의미별 격조사와의 결합 양상 | | | | | |
| --- | --- | --- | --- | --- | --- | --- |
| | 관형어 | | 부사어 | | | |
| 조사 | Ø | 의 | Ø | 로 | 에 | 에서 |
| 공간/ | - | - | - | - | - | - |
| 시간 | - | - | - | - | - | - |
| 추상 | X | ○ | ○ | ○ | ○ | ○ |

## 4. 중

'가운데'의 의미에 해당되는 한자어 위치표현은 '중' 하나만 있다. '중'은 고유어 '가운데'보다 의미가 다양하고, 공간적 의미, 시간적 의미와 추상적 의미를 모두 가지고 있다.

> (58) 가. 원인을 조사해 보니, 공기 **중**에 있는 음이온 때문이었다.
> 나. 그는 오늘 내일 **중**으로 출국할 예정이다.
> 다. 유엔 가맹 국가 **중** 20개국 대표가 워싱턴에 모였다.
> 라. 책상 서랍을 정리하던 **중** 뜯어보지도 않고 넣어 두었던 편지를 발견했다.
> 마. 그는 휴양소에서 특별 휴가 **중**이었다.

(58가)에서의 '중'은 공간적 의미를 나타내고, (58나)에서의 '중'은 시간과 관련된 범위의 의미를 나타낸다. (58다)-(58마)에서의 '중'은 추상적 의미를 나타낸다. 특히, (58라)와 (58마)에서의 '중'은 시제와 상의 의미도 나타낸다. 사전에는 '중'의 의미가 다음과 같이 기술되어 있다.

〈표 27〉 '중'의 사전적 의미

| 중 | | |
|---|---|---|
| 《표준국어대사전》 | 《고려대 한국어대사전》 | 《우리말 큰사전》 |
| 「명사」<br>① 등급, 수준, 차례 따위에서 가운데. | 자립명사: ① 가운데 등급. | ① 등급, 수준, 차례 따위의 중간 정도. |
| ② 규모나 크기에 따라 큰 것 중간 것 작은 것으로 구분하였을 때에 중간 것을 이르는 말. | | |
| ③ 장기판의 끝으로부터 둘째 가로줄. | ② 장기판에서, 끝으로부터 둘째 가로줄. | ③ 장기판의 끝으로부터 둘째 가로줄. |
| ④ 『교육』(일부 숫자 앞에 쓰여) '중학교'의 뜻을 나타내는 말. | | |
| ⑤ 『북한어』'중년01(中年)'의 북한어. | | |
| 「의존명사」<br>① 여럿의 가운데. | 의존명사: ① 관형사나 명사의 뒤에 쓰여, 여럿의 가운데를 나타내는 말. | ② 여럿의 가운데. |
| ② (일부 명사 뒤에 쓰여)('-는/-던' 뒤에 쓰여) 무엇을 하는 동안.<br>③ 어떤 상태에 있는 동안. | ② 동사의 관형사형 어미 '-는', '-던'이나 상태, 동작, 시기를 나타내는 명사 뒤에 쓰여, 일정한 시간 동안이나 동작의 진행을 나타내는 말. | ④ '진행되고 있는 동안이나 과정'의 뜻. |
| ④ (주로 '중으로' 꼴로 쓰여) 어떤 시간의 한계를 넘지 않는 동안.<br>⑤ 안이나 속. | ③ 일부 명사 뒤에 쓰여, 둘러싸이거나 휩싸인 상태나 일정한 내용의 안을 나타내는 말. | |

〈표 27〉은 사전의 '중'의 뜻풀이를 제시한 것이다. 《표준국어대사전》에는 '중'을 명사와 의존명사의 두 가지로 나눠서 각자 가지고 있는 의미를 해석하였지만 《고려대 한국어대사전》과 《우리말 큰사전》에서는 명사 한 가지만 나타난다. 《표준국어대사전》과 《고려대 한국어대사전》에는 '중'의 의존명사로서의 공간적 의미가 제시되어 있지만 《우리말 큰사전》에는 이러한 용법이 보이지 않는다.

《표준국어대사전》에 제시된 '중'의 뜻풀이를 보면, 의존명사로서의 '중'은 ①번은 공간적 의미이고, ④번은 시간적 의미와 관련된 용법이다. 나머지 ②번과 ③번은 추상적 의미이다. 명사로서의 '중'은 전부다 추상적 의미로 볼 수 있다.

## 1) 공간적 의미

사전에 '중'의 의미는 '안이나 속'의 뜻으로 해석된다. 즉, '중'이 말하는 위치는 '물체의 안쪽 부분'으로 이해할 수 있다.

> (59) 가. 건조 속도는 공기 **중**의 습도에 의하여 영향을 받는다.
> 나. 해수 **중**에서 특이적으로 서식하는 부유생물이 존재한다.
> 다. 교실 **중간**에 난로를 놓았다.

(59가)와 (59나)에서의 '중'은 '어떤 현상이나 상황, 일의 안이나 가운데'의 뜻으로 나타나며 '속'과 대치하여 사용해도 무방하다. (59다)의 '중간'은 합성명사로 '공간 따위의 가운데'의 의미를 나타낸다.

## 2) 시간적 의미

《표준국어대사전》에 '중'의 시간과 관련된 의미는 주로 '중으로'

꼴로 쓰여 어떤 시간의 한계를 넘지 않는 동안으로 해석하였다. '중'의 이러한 용법은 역시 존재은유와 밀접한 연관을 가지고 있다. 즉, 정해진 시간의 범위를 그릇으로 인식하고, 해당 시간의 한계를 넘지 않는 동안은 그릇 안에 있다고 볼 수 있다. '중'으로 설정된 시간적 범위는 연, 월, 일 등이 가능하지만 구체적인 몇 시까지는 적용이 안 된다.

(60) 가. 신임 회장은 다음 주 **중**에 총회를 열어 선출할 예정이다.
　　　나. 올해 **중** 2천 개 업소에 2천5백만 원씩 지원하기로 했다.
　　　다. 12월중에는 1.49%까지 급등함으로써 **연중** 부도율이
　　　　　0.40%에 이르렀다.

(60가)와 (60나)에서의 '중'은 시간의 범위와 관련된 의미를 나타낸다. '시간 + 중'은 정해진 시간의 한계를 넘지 않는다는 뜻이다. (60다)의 '연중'은 '한 해 동안'의 의미를 나타낸다.

(61) 가. 동생은 대학 재학 **중**에 입대했다.
　　　나. 임신 **중**이라고 운동을 멀리한다거나 중단할 필요는 없다
　　　　　고 합니다.
　　　다. 그를 만나 여러 가지 얘기를 하는 **중**에 새로운 사실을
　　　　　알게 되었다.
　　　라. 아이폰을 계속 쓰고 있는 **중**이긴 한데 다른 걸로 갈아탈
　　　　　까 고민 중이다.

(61가)와 (61나)에서의 '재학 중'과 '임신 중'은 '어떤 상태에 있는 동안'의 뜻으로 나타나고, (61다)와 (61라)에서의 '하는 중'과 '쓰고 있는 중'은 '무엇을 하는 동안'을 가리키는 말이다. '재학'과 '임신'은

체언이고, '하다'와 '있다'는 동사이지만 뒤에 나타나는 '중'과 결합하면, 동작 및 상태가 지속하는 동안의 의미가 된다. '중'의 이런 의미는 문법화의 과정을 거쳐 공간적 범위부터 → 추상적 범위 → 시간적 범위 → 상태 및 동작의 지속 시간까지 전이해 온 것이다. '중'의 의미에 대한 선행연구에 따르면, 많은 학자들이 '중'이 가지고 있는 상태 및 동작의 지속 시간의 의미가 일본어의 '중'의 영향을 받아서 변천해 온 것이라고 한다. 알다시피 일본어에는 상태 및 동작이 지속하는 동안을 표현하는 문법이 두 가지가 있는데, 그 중 하나가 '동사 + 中'으로 나타나는 것이다. 예를 들면, '食事中', '調査中'과 '修繕中' 등에서의 '중'은 시제 및 상과 관련된 의미를 나타낸다. 중국의 역대 문헌자료를 조사해서 나온 결과를 보면, '중'의 이러한 용법은 중국의 중고 시기(중국 역사의 위진남북조(魏晉南北朝) 시대에서 당(唐)대까지)에 벌써 사용한 흔적이 있다고 하였다.[39] (董志翹: 2012) 결론적으로 말하자면, '중'의 시제 및 상과 관련된 의미는 중국 中古시기에서 시작되었고, 일본에서 이 용법을 차용한 다음에 한국에 들어와서 사용하게 된 것으로 추측된다.

'중'은 '어떤 상태에 있는 동안'의 뜻으로 나타날 때 주로 동작성 명사와 결합이 가능하다. 노명희(2004)에서는 '중'이 주로 '하다'와의 결합이 가능한 동작성 명사에 결합하여 쓰이고, 이것은 '중'이 'N을 하는 동안'이나 'N을 하는 상태에 있음'을 의미하기 때문에 동작성이 있는 명사와 어떤 상태를 나타내는 명사를 취하는 것이 더 자연스럽다고 하였다.

---

39) 〈世說新語〉: '魏武常雲 : '我眠中不可妄近 , 近便斫人.' 眠中 : 자는 중

(62) 가. 공부하다, 근무하다, 회의하다, 활동하다, 학습하다
　　 나. 공부 중, 근무 중, 회의 중, 활동 중, 학습 중
　　 다. 공부하는 중, 근무하는 중, 회의하는 중, 활동하는 중,
　　　　 학습하는 중

　(62가)는 '하다'와의 결합이 가능한 동작성 명사이고, 이러한 동작성 명사는 (62나)와 (62다)처럼 '중'이나 '-는 중이다'와 결합하여 '어떤 상태에 있는 동안'의 뜻으로 나타난다. 반면에, 'N+ 하다'의 구성으로 된 순간동사는 '중'과 결합이 불가능하다.

(63) 가. 도착하다, 시작하다, 목격하다, 사망하다
　　 나. *도착 중, *시작 중, *목격 중, *사망 중
　　 다. 도착하는 중, 시작하는 중, *사망하는 중

　(63나)에서 보인 듯이 'N+ 하다'의 구성으로 된 순간 동사는 '중'과 결합이 불가능하다. 하지만, 일부 순간 동사는 '-는 중'으로 나타날 수 있다. (63나)의 '도착 중'과 '시작 중'은 불가능하지만 (63다)의 '도착하는 중'과 '시작하는 중'은 '무엇을 하는 동안'의 의미를 나타낼 수 있다.

(64) 가. 홈케어 제품이 하나씩 **도착하는 중**이다.
　　 나. 설날 음식을 준비를 **시작하는 중**입니다.
　　 다. *그 사람이 **사망하는 중**이다.

　'도착'과 '시작'은 순식간에 일어나는 동작으로 볼 수 있지만 시간이나 단계를 거쳐 이루는 행위이기 때문에 (64가)와 (64나)에서처럼 '-는 중이다'와 통합이 가능하다. 하지만 (64다)에서의 '사망'은 한

순간에 일어나는 동작이므로 여전히 '-는 중이다'와 결합하여 '무엇을 하는 동안'의 의미를 나타낼 수 없다. 이처럼 '-는 중이다'는 '-고 있다'와 달리 사용하는 데 많은 제약을 받는다.

> (65) 가. 영희는 그 사실을 믿고 있다.
> 　　가'. *영희는 그 사실을 **믿는 중**이다.
> 　　나. 영희는 그 사실을 알고 있다.
> 　　나'. *영희는 그 사실을 **아는 중**이다.
> 　　다. 그는 마치 죽어 가고 있는 사람처럼 보인다.
> 　　다'. *그는 마치 **죽는 중**인 사람처럼 보인다.

'- 중이다'는 상태성을 가지는 동사와 결합할 수 없다. (65가')와 (65나')에서 '믿다'와 '알다'는 동작의 상태성을 나타내기 때문에 '믿는 중'과 '아는 중'처럼 통합되지 않는다. 상태성을 띠는 동사뿐만 아니라, 순간동사도 '-는 중이다'와 결합할 수 없다. (65다')에서의 '죽다' 혹은 '앉다' 등은 동작이 순간에 일어나기 때문에 '-는 중이다'와 결합할 수 없다.

## 3) 추상적 의미

'중'의 추상적 의미는 다양한 면에서 나타난다. 등급, 크기 등에서 판정하는 잣대로 나타날 수도 있고, '여럿의 가운데'의 뜻으로 나타날 수도 있다.

> (66) 가. 이번에**도 성적**이 **중**에 머물렀다.
> 　　나. 티셔츠를 사러 가서 동생은 소, 나는 중을 샀다.

(66가)에서의 '중'은 '등급, 수준, 차례 따위에서 가운데'의 뜻으로 나타난다. '중'의 이러한 용법은 앞에서 살펴본 '상/하'의 등급을 판정의 의미와 연관을 가지고 있다. '중'은 '상'과 '하'의 가운데에 나타나며, '등급, 수준, 차례 따위에서 가운데'의 뜻이다. (66나)에서의 '중'은 '규모나 크기에 따라 큰 것, 중간 것, 작은 것으로 구분하였을 때에 중간 것'을 이르는 말이다.

(67) 가. 유엔 가맹 국가 **중** 20개국 대표가 워싱턴에 모였다.
　　　나. 많은 영화들 **중**에 어떤 작품을 골라야 하는지 은근히 고민이 됐습니다.

(67가)와 (67나)에서의 '중'은 '여럿의 가운데'의 의미로 '여럿으로 이루어진 일정한 범위의 안'을 말하는 것이다. '범위'도 구조은유로 일종의 '그릇'으로 볼 수 있다고 하였다. 설정된 일정한 경계선을 가지는 범위의 안은 '그릇'의 안으로 생각하고, 범위의 경계선을 벗어나면 '그릇'의 밖으로 인식할 수 있다. 전 세계에서 200개 가까운 주권국이 유엔에 가입되어 있고, 유엔에의 가입여부를 조건으로 한 한 추상적인 범위 공간이 있다. 예문에서 말하는 20개국은 이 범위 안에 있어 '유엔 가입국 중'으로 말할 수 있다.

이상으로 '중'의 공간적 의미, 시간적 의미와 추상적 의미를 살펴보았다. '중'의 의미 분포를 다음 그림과 같이 나타낼 수 있다.

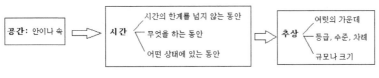

〈그림 19〉 '중'의 의미 분포

위의 〈그림 19〉를 보면, '중'의 공간적 의미는 '안'이나 '속'과 비슷하고, 시간적 의미는 '어떤 시간의 한계를 넘지 않는 동안'의 의미가 많이 나타나지만, 문법화 과정을 거쳐 '상태 및 동작의 지속 시간'의 의미도 나타난다. '중'의 추상적 의미는 먼저 '등급', '크기' 등에서 판정하는 잣대로 나타나고, 그 다음에 '여럿의 가운데'의 의미도 가지고 있다.

## 4) '중'의 통사적 기능

'중'은 공간적 의미, 시간적 의미와 추상적 의미를 모두 가지고 있기 때문에 다양한 조사와 결합하여 문장에서 관형어와 부사어의 용법으로 나타날 수 있다. 먼저 '중'이 관형어의 용법에서 조사와의 결합하는 양상을 살펴보자.

> (68) 가. 공기 **중** 유해물질을 해독하고 공중에 깨끗한 공기를 배출한다.
> 나. 유엔 가맹 국가 **중** 20개국 대표가 워싱턴에 모였다.
> 다. 공기 **중의** 산소는 인간 등 동물이 호흡하면서 소비한다.
> 라. 금년 **중의** 예상 소비량 64만톤에 대하여 한번 더 검토할 필요가 있다.
> 라'. ?금년 **중** 예상 소비량 64만톤에 대하여 한번 더 검토할 필요가 있다.
> 마. 안된 일이긴 하지만 흔히 접수되는 사건 **중의** 하나였다.

(68가)-(68마)에서는 '중'이 관형어의 용법으로 나타나는 경우이다. (68가)와 (68나)에서의 'N+ 중'은 뒤에 조사와 결합하지 않고 나타나는 경우이고, (68다)-(68마)에서의 'N+ 중'은 뒤에 격조사 '의'와 결합

하여 나타나는 경우이다. 보다시피 'N+ 중'은 공간적 의미와 추상적 의미로 관형어의 기능을 할 때 뒤에 다른 조사와 결합 없이 나타날 수 있는데, 시간적 의미로 (68라')처럼 나타날 때는 뒤에 보통 격조사 '의'를 생략할 수 없다. 조사 '의'와의 결합은 공간적 의미, 시간적 의미와 추상적 의미 모두 가능하다.

(69) 가. 메르스와 달리 지카 바이러스는 공기 **중으로** 전염되진 않는다.

　　가'. *메르스와 달리 지카 바이러스는 공기 **중** 전염되진 않는다.

　　나. 공기 **중에** 있는 먼지가 식품에 달라붙어 있을 수 있으니 주의해야 한다.

　　다. 그 소리의 파장을 측정하여 공기 **중에서의** 음속을 직접 측정한다.

　　마. 1997년 **중** 金融·外換市場은 연중 불안한 양상을 지속하였다.

　　바. 어떻게 되었든 오늘 **중으로** 세진 씨 아버지를 만나 담판을 지어야겠다.

　　사. 오늘 **중에** 와 달라는 내용이다.

　　사'. *오늘 **중에서** 와 달라는 내용이다.

　　아. 그날은 우리 **중** 한 명의 생일날이었기 때문에 케이크를 준비했다.

　　자. 현재 촬영 **중으로** 2016년 10월 21일 북미 개봉 예정입니다.

　　차. 집에 머무느냐 아니면 떠나느냐 두 가지 가능성 **중에** 후자를 선택했다.

　　카. 우리는 이 세 가지 **중에서** 우선 첫 번째 가설을 선택해보기로 한다.

(69가)-(69카)에서의 '중'이 부사어의 용법으로 나타나는 경우이다. (69가)-(69다)는 '중'이 공간적 의미를 나타낼 때 조사와 결합하는 양상이고, (69마)-(69사)는 '중'이 시간적 의미를 나타낼 때 조사와 결합하는 양상이다. (69아)-(69카)는 '중'이 추상적 의미를 나타낼 때 뒤에 어떤 조사와 결합할 수 있는지 보여준다. (69가')의 '중'은 공간적 의미를 나타낼 때 격조사를 생략하면 안 되고, 격조사 '에서'는 시간과 통합되지 않기 때문에 (69사')가 비문이라고 볼 수 있다. 이상으로 제시된 '중'과 조사의 결합 양상은 아래 〈표 28〉과 같이 정리할 수 있다.

〈표 28〉 '중'의 격조사와의 결합 양상

| 'N+ 중' | '중'의 의미별 격조사와의 결합 양상 | | | | | |
|---|---|---|---|---|---|---|
| | 관형어 | | 부사어 | | | |
| 조사 | Ø | 의 | Ø | 로 | 에 | 에서 |
| 공간 | ○ | ○ | × | ○ | ○ | ○ |
| 시간 | × | ○ | ○ | ○ | ○ | × |
| 추상 | ○ | ○ | ○ | ○ | ○ | ○ |

지금까지 한자어 방위명사 '상/하', '전/후', '내/외'와 '중'을 대상으로 하여, 이들의 공간적 의미, 시간적 의미와 추상적 의미를 살펴보았다. '전/후'는 다른 한자어 방위명사와 달리 기본적 공간의미가 존재하지 않는다. 시간적 의미에서는 '상/하'가 빠져 나가고, 추상적 의미에서는 '전/후'의 실현 양상이 없는 것으로 나타난다. 공간적 의미는 '상/하', '내/외'와 '중'이 각각 뚜렷하지만 시간적 의미는 이와 다른 양상이 보인다. 보통 시간적 의미는 '과거'와 '미래'로 나타나지만 '내/

외'와 '중'의 시간적 의미는 시제와 아무 연관이 없이 단지 일정한 시간의 범위를 가리킨다. 특히, '중'은 더 나아가 문법화 과정을 거쳐 어떤 동작이나 동작의 상태의 의미도 나타낸다.

# 제4장

# 방위명사의 비교

한국어 고유어 방위명사와 한자어 방위명사는 공간적 의미, 시간적 의미와 추상적 의미를 모두 가지고 있지만 어휘의 특성에 따라 둘 사이에 차이점도 많이 나타난다. 예를 들면, '위/아래'와 '상/하'는 모두 공간적 의미를 가지고 있지만 실제 언어생활에서는 '어떤 기준보다 더 높은 쪽'의 의미로 고유어 '위'만 사용되고, 한자어 '상'은 사용되지 않는다. 즉 같은 의미를 가지고 있더라도, 고유어 방위명사와 한자어 방위명사는 용법에 차이가 있다. 특히 한자어 방위명사는 중국어의 영향을 많이 받았기 때문에 중국어 방위명사와도 깊은 연관이 있다고 볼 수 있다. 이 장에서는 먼저 한국어 고유어 방위명사와 한자어 방위명사의 의미를 바탕으로 하여, 기본적 공간 의미와 의미 확장에서 나타나는 공통점과 차이점을 살펴볼 것이다. 그 다음에 한국어 방위명사와 중국어 방위명사 사이에 어떤 의미 차이가 있는지 논의할 것이다.

## 1. 고유어 방위명사와 한자어 방위명사의 차이

앞에서는 고유어 방위명사와 한자어 방위명사를 대상으로 하여, 그 공간적 의미, 시간적 의미와 추상적 의미를 살펴보았다. 《표준국어대사전》에 실려 있는 뜻풀이에 따르면, 고유어 방위명사와 한자어 방위명사는 모두 공간적 의미, 시간적 의미와 추상적 의미를 가지고 있다. 다만 고유어 방위명사와 한자어 방위명사가 제각기 가지고 있는 의미와 사용 환경이 다르기 때문에 실제 사용 면에서는 차이를 보인다. 마찬가지로 고유어 방위명사와 한자어 방위명사는 둘 중 어느 것을 사용해도 의미를 전달하는 데에는 문제가 생기지 않지만, 일반적으로 고유어 방위명사와 한자어 방위명사 중 하나를 사용해야 하는 환경이 정해져 있기 때문에 서로 대치하여 사용하기가 불가능한 경우가 많다.

### 1) '위/아래'와 '상/하'

《표준국어대사전》에 따르면, 고유어 방위명사 '위/아래'는 공간적 의미, 시간적 의미와 추상적 의미까지 모두 가지고 있지만 한자어 '상/하'는 시간적 의미가 없고 공간적 의미와 추상적 의미만 가진다.

(1) 공간적 의미

《표준국어대사전》에는 '위/아래'와 '상/하'에 대하여 공간적 의미에 해당되는 뜻풀이를 모두 제시하였지만, 실제 '상/하'는 '위/아래'와 달리 자립명사로서 공간적 의미를 잘 나타내지 않는다.

(1) 가. 책상 **위/\*상**에 책을 쌓아 놓고 무엇인가 자기만의 공부를
    하곤 했답니다.

나. 30일 서울 청계천 다리 **아래/\*하**에서 많은 사람들이 더위
    를 피하고 있다.

다. 태평양 **공해상/\*위**(으)로 발사할 가능성이 더 높다고 밝
    혔습니다.

(1가)과 (1나)에서 보이듯 '어떤 기준보다 더 높은/낮은 쪽, 또는 사물의 중간 부분보다 더 높은/낮은 쪽'의 공간적 의미로는 고유어 '위'와 '아래'가 사용되고, 한자어 '상'과 '하'는 사용되지 않는다. 즉, 공간적 의미인 '상'은 자립명사로서 단독적으로 나타나 '위'와 대치하여 사용될 수 없고, '하'도 '아래'와 대치하여 사용하면 문장이 비문이 된다. '상/하'의 공간적 의미는 (1다)에서 보이는 것처럼 주로 단어의 구성요소로서 다른 명사와 결합하여 합성어를 만들 때 나타난다.

(2) 가. 도로 **위**의 자동차들은 물 속에 반쯤 잠긴 채 엉금엉금
    기고 있었다.

나. 도로**상** 불법노점, 불법광고물 정비를 위해 합동단속을 실
    시하고 있다고 1일 밝혔다.

다. 얼어붙은 호수 **위/\*상**에서 사람들이 스케이트를 타고 있
    었다.

라. 거기서 흰색 분말의 세제가 남자의 바지 **위/\*상**로 쏟아진다.

'어떤 사물의 거죽이나 바닥의 표면'의 경우에도 '위'와 '상'은 많은 차이가 있다. (2가)와 (2나)에서 '위'와 '상'은 모두 '도로' 뒤에 나타나 공간적 의미를 갖지만 각각 뜻하는 바가 다르다. (2가)의 '위'는 사전

에 나와 있는 것처럼 '어떤 사물의 거죽이나 바닥의 표면'의 뜻으로, 즉 '도로의 표면'의 뜻이지만, (2나)의 '도로상'은 '도로'를 한 공간으로 간주하여 그 '도로'라는 장소를 가리키는 것이다. 결론적으로, (2다)와 (2라)에서 보이는 것처럼 '상'은 '어떤 사물의 거죽이나 바닥의 표면'의 의미를 가지지 않는다.

(3) 가. **위/*상**에서 얘기한 게임의 규칙들도 그러한 역할을 한다.
　　나. 자세한 내용은 **아래/*하**를 참고하길 바랍니다.

(3가)와 (3나)를 보면 '상'과 '하'는 지면적인 공간과 관련된 의미를 나타낼 수 없는 것으로 보인다. 사전에 '위/아래'와 '상/하'는 모두 공간적 의미를 가지고 있는 것으로 풀이되고 있지만, 실제로는 '위/아래'의 '높은/낮은 쪽', '바닥의 표면'과 지면 공간의 의미는 한자어 '상/하'가 나타낼 수 없는 것이다. '상/하'의 공간적 의미는 주로 단어의 구성요소로서 다른 명사와 결합하여 이루는 복합어에서 나타난다.

(4) 가. 교회 첨탑의 **상단**에 피뢰침을 설치하다.
　　나. 선희는 **탁상**의 담배를 집어 불을 붙였다.
　　다. 낙동강 **하부**에는 삼각주가 형성되어 있다.
　　라. 큰비가 오면 **수하**에 사는 사람들은 걱정이 끊이지 않는다.

(2) 시간적 의미

사전에 '위/아래'의 시간적 의미는 '시간적 순서가 앞/나중에 오는 것'으로 풀이되어 있고, 한자어 '상/하'의 시간적 의미는 아예 등재되어 있지 않다. 앞에서 살펴본 공간적 의미의 경우와 마찬가지로, '상/

하'는 시간적 의미일 때도 자립명사로 나타나지 않고 보통 다른 명사와 결합하여 합성어로 시간과 관련된 의미를 표현한다. 이렇게 보면 '위/아래'와 '상/하'는 모두 시간과 순서의 의미를 나타낼 수 있지만 서로 사용하는 환경이 다르다.

> (5) 가. 중국의 역사는 **위**/*상(으)로 5000년 전까지 거슬러 올라
>      간다.
>    나. 시월 **상순**으로 접어든 날씨는 해가 떨어지자 놀랄 만큼
>      서늘했다.

(5가)를 보면, '위'는 '시간적 순서가 먼저 오는 것'의 의미를 나타낼 때는 '상'으로 대신하여 나타날 수가 없다. 즉, '상'은 '현재'를 기준으로 하여, 역사라는 시간 축에서 볼 때 이미 지나간 수백 년 혹은 수천 년이라는 과거 시간의 의미를 가지고 있지 않다. (5나)에서 보이듯이 '상/하'는 주로 단어의 구성요소로서 다른 명사와 결합하여 이루는 복합어로 시간의 순서와 관련된 의미를 나타낸다.

(3) 추상적 의미

앞에서는 Lakoff and Johnson(1980)에서의 영상 도식 이론을 도입하여 '위/아래'와 '상/하'의 추상적 의미가 지향은유와 밀접한 연관을 가지고 있다는 것을 논의하였다. Lakoff and Johnson(1980)에서 제시한 영어 'UP/DOWN'에 대한 영상 도식을 '위/아래'와 '상/하'에 각각 적용할 때 겹치는 부분은 등급과 지위와 관련된 의미이다. 그런데. 등급과 지위와 관련된 의미는 고유어와 한자어를 모두 사용할 수 있지만, 사용하는 환경과 지시하는 내용이 다르기 때문에 서로 대치하

여 사용하는 것이 불가능하다.

> (6) 가. 이 사과는 품질이 **상**/\***위**에 속하다.
>
> 나. 성적이 **하**/\***아래**에 머물렀다.
>
> 다. 우리 팀이 상대 팀보다 한 수 **위**/\***상**(으)로 평가되었다.
>
> 라. **위**/\***상**에서 명령하면 **아래**/\***하**에서는 복종한다.

(6가)와 (6나)에서의 '상/하'와 (6다)에서의 '위'는 모두 등급과 관련된 의미이고, (6라)에서의 '위/아래'는 신분, 지위와 관련된 의미이다. 여기서 '상/하'와 '위/아래'는 사용하는 환경이 다르기 때문에 서로 대치하여 사용할 수 없다. 지위나 등급과 관련된 의미일 때 한자어 '상/하'는 아래 (7가)와 (7나)처럼 자립명사보다 단어의 구성요소로 다른 명사와 결합하여 복합어가 되어 나타나는 경우가 더 많다.

> (7) 가. 직장 생활을 하다 보면 **상사**나 부하 직원과 의견이 맞지
> 않을 때도 있다.
>
> 나. 부당해고에 관한 대법원 및 **하급**법원 판례요지입니다.

'위'는 '어떤 일이나 조건 따위에 의하여 특징지어지는 테두리나 범위'의 의미도 가지고 있지만 '상'은 이러한 의미가 보이지 않는다.

> (8) 가. 튼튼한 뿌리 **위**/\***상**에 좋은 꽃과 열매가 있다.
>
> 나. 우리 고유문화의 바탕 **위**/\***상**에 외국 문화를 받아들여야
> 한다.

사전에 '상/하'는 일부 한자말 이름씨 아래에 쓰여 '처지, 조건' 따위의 뜻을 많이 나타낸다고 하며, 특히 '아래'도 '-하'처럼 '조건, 영향

따위가 미치는 범위'로 나타날 수 있기 때문에 '아래'와 '하'는 서로 대치하여 사용이 가능하다.

(9) 가. 정교한 계획 **하/아래** 신중하게 추진할 것을 당부한다.
　　나. 당시 이탈리아에는 아직도 동로마 제국의 지배 **하/아래**
　　　　있는 영토가 적지 않았는데.
　　다. 그 모든 고모의 보호 **하/ 아래서** 나는 고모로부터 탈출이
　　　　나에게 가져다 줄 자유와 해방감을 기다리고 있었을 것이다.

(9가)에서의 '계획 하'는 조건과 관련된 의미이고, (9나)에서의 '지배 하'는 통치와 관련된 의미이고, (9다)에서의 '보호 하'는 도움을 받아서 실현하는 행위와 관련된 의미이다. '-하'가 이러한 의미를 나타낼 때는 '아래'와 교체하여 사용이 가능한 것으로 보인다.
이상으로 '위/아래'와 '상/하'의 의미 및 용법상의 차이를 고찰하였다. '위/아래'와 '상/하'의 의미 분포를 다음 그림과 같이 나타낼 수 있다.

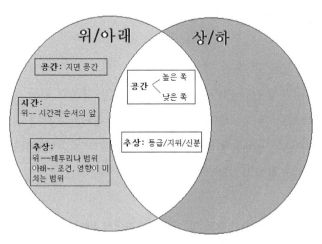

〈그림 20〉 '위/아래'와 '상/하'의 의미 분포

위의 〈그림 20〉을 보면, 고유어 방위명사 '위/아래'와 한자어 방위명사 '상/하'는 공간적 의미와 일부 추상적 의미가 겹치는 것으로 나타난다. '위/아래'와 '상/하'는 기본적으로 '어떤 기준보다 더 높은/낮은 쪽'의 공간적 의미를 가지고 있지만 한국어에는 공간적 의미를 나타내는 고유어가 존재하기 때문에 한자어 '상/하'가 거의 사용되지 않는다. 시간이나 순서와 관련된 의미도 역시 한자어 '상/하'가 사용되지 않는다. 추상적 의미의 '위/아래'와 '상/하'는 서로 겹치는 의미가 있지만 사용하는 환경과 지시하는 내용이 다르기 때문에 서로 교체하여 사용할 수 없고, 다만 '조건, 영향 따위가 미치는 범위'등의 의미일 때 '아래'와 '하'가 서로 대치될 수 있다.

## 2) '앞/뒤'와 '전/후'

《표준국어대사전》에 따르면, 고유어 '앞/뒤'는 공간적 의미, 시간적 의미와 추상적 의미를 모두 가지고 있지만, 한자어 '전/후'는 주로 시간 및 순서의 의미를 나타낸다.

(1) 공간적 의미

'앞/뒤'가 공간적 의미를 나타낼 때 '앞'은 '향하고 있는 쪽이나 곳'을 가리키고, '뒤'는 '향하고 있는 방향과 반대되는 쪽이나 곳'의 의미를 나타낸다. '앞/뒤'에 해당되는 한자어 '전/후'는 자립명사로서 공간적 의미를 가지지 않는다.

(10) 가. 우리는 학교 **앞**/*전 사거리에서 만나기로 약속했다.
　　　나. 등 **뒤**/*후에서 이상한 소리가 난다.

(10가)과 (10나)에서 보이는 것처럼 한자어 '전/후'는 자립명사로서 공간적 의미를 가지지 않기 때문에 '향하고 있는 쪽과 향하고 있는 방향과 반대되는 쪽'의 의미를 나타낼 때는 고유어 '앞'과 '뒤'를 사용해야 하고, '전'과 '후'로 교체할 수 없다. 다만, 아래 (11가)와 (11나)에서는 '전/후'가 단어 구성의 요소로서 다른 명사와 결합하여 합성어를 만들어서 공간과 관련된 의미를 나타낸다.

(11) 가. **전방** 20미터 지점에 적의 보초가 있다.
    나. 태영이 안내된 방은 건물 **후면**에 있는 1층 방이었다.

(2) 시간적 의미

시간의 흐름을 볼 때 시간이 인간을 통과하느냐, 혹은 인간이 시간을 통과하느냐에 따라 고유어 '앞'과 '뒤'가 각각 '과거'와 '미래'의 시간을 모두 가지고 있다고 앞에서 논의하였다. 하지만 한자어는 이와 달리 '전'은 과거의 시간, '후'는 미래 시간의 뜻만 나타낸다. 그 외에 '전'과 '후'는 순서와 관련된 의미도 가지고 있다.

(12) 가. 摘記가 다음 시간의 강의와 **앞**/*전 시간의 강의를 연결해
        줄 수 있다.
    나. **앞**에 말했지만 1년 미만 대출이 반 이상이라 탕감이 많이
        안 될 수 도 있다.
    다. **전**에 말했지만 1년 미만 대출이 반 이상이라 탕감이 많이
        안 될 수도 있다.

'전'은 '막연한 과거의 어느 때'의 의미를 많이 나타내기 때문에 (12가)처럼 현재 시간과 가까운 과거 시간을 가리킬 때는 '앞'을 사용

하는 것이 더 적절하다. (12나)와 (12다)에서 '앞'과 '전'은 둘 다 과거의 시간의미를 나타내지만, 같은 문맥과 같은 자리에서 사용되더라도 각각 전달하는 구체적인 과거의 시간의미가 다르다. (12나)에서 '앞'은 '조금 전'의 뜻으로 나타난다. 즉 현재의 발화 시각보다 아주 가까운 과거의 시간 의미를 가리키는 것이다. 예를 들면, (12나)의 경우, 현재의 발화 시각에서 '10분 전', 혹은 '30분 전'에 한 말을 '앞에 말했다'라고 할 수 있다. 반면, (12다)에서의 '전'은 '과거의 어느 때'를 말하는 것이다. 즉 현재의 발화 시각보다 거리가 먼 과거의 시간 의미를 가리키는 것이다. 예를 들면, (12다)의 경우에는 현재의 발화 시각에서 '일주일 전', 혹은 '한 달 전'에 한 말을 '전에 말했다'라고 할 수 있다. 이처럼 '앞'과 '전'은 모두 과거 시간의 의미를 가지고 있기 때문에 잘못 사용하면 의미를 전달하는 데 혼돈이 생길 수도 있다.

(13) 가. 검찰은 **앞**/*전(으)로 이 점을 철저히 파헤쳐야 할 것이다.
     나. 앞/*전을 내다보다.
     다. 시간의 경계에 서서 시인은 **뒤**/*후를 돌아보고, 다시 앞을 내다본다.
     나. **뒤**/*후로는 추억을, 앞으로는 희망을 가지고 산다.

'전'은 '앞'과 달리 과거 시간의 의미만 있고 미래 시간의 의미를 가지지 않기 때문에 (13가)와 (13나)처럼 미래 시간의 의미를 나타낼 때 '전'이 '앞'을 대신하여 사용될 수 없다. 마찬가지로 '후'도 미래 시간의 의미만 있고 과거 시간의 의미를 가지지 않기 때문에 (13다)와 (13라)에서의 '뒤'는 한자어 '후'로 바꿀 수 없다

(14) 가. 그 문제는 **후/뒤**에 다시 얘기하자.

　　　나. 4년제 대학교를 졸업한 **후/뒤**에 취업을 하였습니다.


'후'는 '뒤'와 같이 '시간이나 순서에서 다음이나 나중'의 의미도 가지고 있기 때문에(14가)와 (14나)처럼 '후'와 '뒤'를 서로 교체하여 사용해도 의미를 전달하는 데 차이가 생기지 않는다. 반면에 '전'과 '앞'은 모두 '차례의 먼저'라는 의미를 가지고 있지 만 사용하는 환경이 다르기 때문에 서로 교체하여 나타날 수가 없다.


(15) 가. 우리는 **앞/*전**에 간 사람보다 먼저 도착했다.

　　　나. 죽기 **전/*앞**에 외손자를 꼭 한 번 본다면 더 이상 소원이
　　　　　 없겠다고 했다.


(15가)에서의 '앞'은 '시간의 먼저'의 뜻으로 나타나고, (15나)에서의 '전'은 '이전'의 의미를 한다. 여기서 '앞'과 '전'은 모두 순서와 관련된 의미를 나타내지만 서로 교체하여 사용할 수 없다.


(3) 추상적 의미

'전/후'는 추상적인 의미를 가지지 않기 때문에 '앞/뒤'가 추상적 의미를 나타내는 자리를 '전/후'로 교체하여 사용하는 것이 불가능하다. 다만, 부치는 문서나 물건 따위를 받을 편의 이름 다음에 쓸 때는 '앞'과 '전'의 의미와 같다. 이러한 용법에서 '전'은 '앞'의 높임말이다.


(16) 가. 김철수 **앞**으로 온 편지가 있는지 봐 주세요.

　　　나. 부모님 **전** 상서

이상으로 고유어 방위명사 '앞/뒤'와 한자어 방위명사 '전/후'의 의미 및 용법상의 차이를 고찰하였다. '앞/뒤'와 '전/후'의 의미 분포를 다음 그림과 같이 나타낼 수 있다.

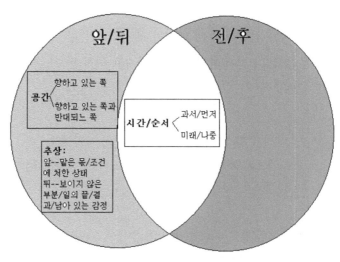

〈그림 21〉 '앞/뒤'와 '전/후'의 의미 분포

위의 〈그림 21〉을 보면, 고유어 방위명사 '앞/뒤'와 한자어 방위명사 '전/후'는 서로 시간적 의미가 겹치는 것으로 나타난다. 그러나 '앞/뒤'와 '전/후'는 표현하는 시간적 의미에 차이가 있다. '전/후'의 경우, '전'은 '과거', '후'는 '미래'의 의미만 나타내는 반면, 고유어 '앞'과 '뒤'는 양자가 각각 '과거'와 '미래'의 의미를 함께 가지고 있다. '앞/뒤'는 의미가 확장되어 사람 신체부터 조건이나 상황까지 전이되었다. 특히, '뒤'는 은유를 통하여 파생된 추상적 의미를 여러 가지로 나눌 수 있다. 반면 한자어 방위명사 '전/후'는 시간적 의미만 가지고 있기 때문에 의미의 확장이 많이 제한되어 있다.

## 3) '안/밖'과 '내/외'

사전에 '안/속'과 '밖'의 의미는 공간적 의미, 시간적 의미와 추상적 의미로 나누어 등재되어 있지만 '내'와 '외'는 공간, 시간과 추상으로 나누지 않고, 통틀어 범위나 한계의 의미를 가지고 있다고 하였다. 여기서 말하는 범위나 한계는 공간에서도 나타날 수 있고, 시간과 추상에서도 나타날 수도 있다.

### (1) 공간적 의미

공간적 의미는 우선 큰 입체공간에서의 경우, '안'과 '내'가 모두 '어떤 물체나 공간의 내부'의 의미를 가지고 있기 때문에 서로 교체하여 사용하는 경우가 있다.

> (17) 가. 공장을 공업 단지 **안/내**(으)로 옮겼다.
> 나. 학교 **안/?내**(으)로 들어가면 대학본부가 보인다.
> 다. 보험사 직원으로부터 가급적 건물 **밖/*외**에 나가지 말라
> 는 말을 들었다.

(17가)에서는 '안'과 '내' 중 어느 것을 사용해도 가능하지만, (17나)에서는 '학교 내'가 '학교 안'보다 많이 어색하다는 느낌이 들 수 있다. 일반적으로 공간적 의미는 한자어 '내'보다 고유어 '안'을 사용하는 것이 더 자연스럽다. 반면에 '외'는 공간적 의미를 나타내는 경우가 드물어 '밖'과 '외'를 서로 교체하여 사용하면 (17다)처럼 문장이 비문이 될 수도 있다. 일반적으로 '무엇에 의하여 둘러싸이지 않은 공간'의 의미로는 한자어 '외'를 사용하지 않고 고유어 '밖'을 사용한다. '외'는 주로 '일정한 범위나 한계를 벗어남을 나타내는 말'로 나타나기 때문

에 '밖'이 '외'로 교체되면 의미를 전달하는 데 혼란이 생길 수도 있다.

(18) 가. 지갑 **안**/*내에 넣어두었는데 나중에 찾아보니 어디로
　　　　갔는지 보이지 않다.
　　나. 가장 정확한 방법은 냉장고 **안**/*내에 온도계를 넣어보는
　　　　겁니다.

큰 입체공간에서는 '안'과 '내'가 서로 대치하여 나타날 수 있지만
(18가)와 (18나)처럼 지갑, 옷장과 같은 작은 공간의 '내부'를 표현할
때는 고유어 '안'만 사용하고, 한자어 '내'를 사용하지 않는다.

(19) 가. 그 모습을 찍기 위해 신발을 벗고 바다 **안**/*내(으로)
　　　　조금 걸어 들어갔다.
　　나. 바다 밖/***외**의 넓은 세상을 보고 싶다.
　　다. 바다에서 수영할 때 반드시 안전선 **안/내**에서 해야 한다.
　　라. 선 **밖**/*외(으)로 나가지 말고 연두색으로 얼룩 없이 꽉
　　　　꿰매요.

(19가)와 (19나)를 보면, '바다 안'과 '바다 밖'은 가능하지만 '바다
내'와 '바다 외'는 안 된다. 즉, 평면공간에서는 '안/밖'이 사용 가능하
지만 한자어 '내/외'는 사용이 불가능하다. 한편, 선 공간에서는 (19다)
와 (19나)처럼 '안'과 '내'가 대치 가능하지만 '밖'과 '외'는 여전히
교체가 불가능한 것으로 보인다. 결론적으로 말하자면, 한자어 '외'는
공간적 의미를 가지지 않는다.

(2) 시간적 의미

시간적 의미는 '안'과 '내'만 해당되고 '밖'과 '외'는 시간과 관련된 의미로 사용되지 않는다.

(20) 가. 48시간 **안/내**에 해독제를 먹어야 인간으로 돌아올 수 있다.
     나. 오늘 **안/내**(으)로 완성해야 하는 거라서 시간이 없어요.

(20가)와 (20나)에서는 '안'과 '내'는 모두 '정해진 시간을 넘지 않은 정도'의 의미를 가지고 있기 때문에 시간의 범위에서 서로 교체하여 사용이 가능하다.

(3) 추상적 의미

(21) 가. 십만 원 **안/내**에서 물건을 사라.
     나. 가계의 예산 **안/내**에 맞춰서 살아가겠다는 각오가 필요하다.

추상적 의미의 '안'과 '내'는 모두 '일정한 표준이나 한계를 넘지 않은 정도'의 의미를 가지기 때문에 위의 (21가)와 (21나)처럼 '정해진 한도와 범위'와 관련된 의미를 나타낼 수 있다.

앞에서도 살펴보았지만 고유어 방위명사 '안/밖'과 한자어 방위명사 '내/외'의 추상적 의미를 존재은유를 도입하여 살펴보면, 범위와 한도와 관련된 의미에서 출발하여 사람의 신체부터 사회적 규범까지 다양한 것을 그릇에 은유하여 한도나 범위를 표현한다. '안/밖'과 '내/

외'가 '그릇'으로 인식하는 대상 중 겹치는 부분은 '몸은 그릇'과 '조직
은 그릇'이다.

> (22) 가. 몸 **안**/\***내**에 있는 모든 긴장이 풀려나가듯 진우의 마음
>    은 평화로웠다.
> 나. 온 몸을 가득 채우고 있던 탄산가스가 몸 **밖(으)**/\***외**로
>    빠져 나갔다.
> 다. 세균이 **체내**에 침투하다.
> 라. 노폐물을 **체외**로 배출하다.

(22가)와 (22나)에서 보듯 '몸은 그릇'에서 '안/밖'은 자립명사로서
나타날 수 있지만 '내/외'는 불가능하다. 즉, '몸 안'과 '몸 밖'은 되지만
'몸 내'와 '몸 외'라는 용법은 없다. (22다)와 (22라)처럼 '내/외'는 다
른 명사와 결합해야 하며, 합성명사 '체내'와 '체외'가 되어 '몸 의
안'과 '몸의 밖'의 의미를 나타낸다. 이렇게 때문에 (22가)와 (22나)에
서 '안/밖'을 '내/외'로 교체하는 것이 불가능한 것으로 보인다.

> (23) 가. 목록을 통해 회사 **안**/**내**에서 어떤 업무들이 진행되고
>    있는지 알 수 있다.
> 나. 회사 내에서든 회사 **밖**/\***외**에서든 잘하는 사람을 찾아가
>    서 세밀하게 관찰하고 궁금한 점을 꼬치꼬치 묻는다.

(23가)의 '조직은 그릇'에서는 '안'과 '내'가 서로 교체하여 나타날
수 있다. 하지만, '외'는 뒤에 조사 '에'나 '에서'가 나타나면 보통 '배
타', 혹은 '포함의 의미'를 나타내기 때문에 (23나)처럼 '밖'과 대치하
여 사용이 불가능하다.

이상으로 고유어 방위명사 '안/밖'과 한자어 방위명사 '내/외'의 의미 및 용법상의 차이를 고찰하였다. '안/밖'과 '내/외'의 의미 분포를 다음 그림과 같이 나타낼 수 있다.

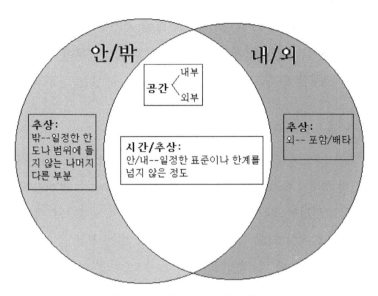

〈그림 22〉 '안/밖'과 '내/외'의 의미 분포

위의 〈그림 22〉를 보면, 고유어 방위명사 '안/밖'과 한자어 방위명사 '내/외'는 공간적 의미, 시간적 의미, 추상적 의미에서 모두 겹치는 부분이 있는 것으로 보인다. '안'과 '내'는 모두 공간적 의미를 가지고 있지만 일반적으로 한자어 '내'는 공간적 의미에 많은 제약을 받기 때문에 공간적 표현에는 고유어 '안'이 더 많이 사용된다. 한편 고유어 '밖'은 공간적 의미를 가지고 있지만 '외'는 공간적 의미를 나타낼 수 없다. 일정한 시간의 범위나 '어떤 표준이나 한계와 관련된 의미를 표현할 때는 '안'과 '내'를 모두 사용할 수 있지만 '외'는 보통 '배타'와

'포함'의 의미를 나타내기 때문에 '밖'과 잘 교체하여 사용하지 않는다.

## 4) '가운데'와 '중'

사전에는 '가운데'와 '중'의 공간적 의미, 시간적 의미와 추상적 의미가 모두 실려 있지만 서로 사용 환경이 다르기 때문에, '가운데'와 '중'을 교체할 수 있는 경우도 있고 교체할 수 없는 경우도 있다.

(1) 공간적 의미

'가운데'와 '중'은 둘 다 공간적 의미를 가지고 있지만 각각 뜻하는 공간적 의미가 다르기 때문에 서로 교체하여 나타날 수 없다. '가운데'는 주로 '일정한 공간이나 길이를 갖는 사물에서, 한쪽으로 치우치지 않고 양 끝에서 거의 같은 거리가 떨어져 있는 부분'을 가리키고, '중'은 '안이나 속'의 의미이다.

> (24) 가. 함께 쓰는 물건은 책상 **가운데/\*중**에 놓아라.
>     나. 이 효소는 공기 **중/?가운데** 산소의 도움을 받아 티로신
>         을 산화시키고 몇 단계를 더 거쳐 갈색 멜라닌 색소를
>         만든다.
>     다. 나란히 늘어선 세 건물 중 **가운데/\*중** 건물이 가장 높다.

(24가)에서의 '가운데'는 '양 끝에서 거의 같은 거리가 떨어져 있는 부분'의 의미를 나타낸다. '중'의 공간적 의미에는 이와 비슷한 용법이 없기 때문에 여기서 '중'이 '가운데'를 대신하여 나타나면 문장이 비문이 될 수 있다. 반대로 (24나)에서의 '중'은 '안이나 속'의 의미를

나타내기 때문에 '가운데'와 교체하여 사용할 수 없다. 특히 (24다)에서는 '중'이 '양쪽의 사이'나 '순서에서, 처음이나 마지막이 아닌 중간'의 의미를 가지지 않기 때문에 '가운데'와 교체하여 나타날 수 없다. 이처럼 공간적 의미의 '가운데'와 '중'은 서로 뜻하는 공간적 의미가 어느 정도 차이가 있기 때문에 서로 교체하여 사용할 수가 없는 것으로 보인다.

(2) 시간적 의미

사전에 '가운데'는 시간과 관련된 의미를 가지고 있다는 것이 명시적으로 등재되어 있지 않지만 '중'처럼 시간과 관련된 명사 뒤에 나타나 '어떤 시간의 한계를 넘지 않는 동안'의 의미를 나타낼 수 있는 경우가 보인다.

(25) 가. 한해 **가운데/중** 낮이 가장 짧고 밤이 가장 긴 날은 동지라고 한다.
나. 오늘은 한 달 **가운데/중** 제일 바쁜 날이다.
다. 신임 회장은 다음 주 **중/*가운데**에 총회를 열어 선출할 예정이다.
라. 더 이상 지원자도 없으면 오늘 **중/*가운데(으로)** 마감될 예정이다.

(25가)와 (25나)에서 보이듯이 '년', '해', '달'과 같은 긴 기간 범위에서는 '가운데'와 '중'이 모두 사용이 가능하다. 반면 (25나)와 (25나)에서의 '주'와 '오늘'처럼 짧은 기간 범위에서는 '중'은 나타날 수 있지만 '가운데'는 나타날 수 없다. 이처럼 '가운데'와 '중'은 모두 '시간의 한계'와 관련된 의미를 뜻할 수 있기 때문에 서로 교체하여 사용할

수 있는 경우도 있다.

(3) 추상적 의미

추상적 범위의 의미인 '가운데'는 '여럿으로 이루어진 일정한 범위의 안'과 '어떤 일이나 상태가 이루어지는 범위의 안'의 두 가지로 나눌 수 있다. 한자어 '중'도 이와 비슷한 의미를 가지고 있기 때문에 '가운데'와 대치하여 사용이 가능하다.

> (26) 가. 많은 꽃들 **가운데/중** 내가 제일 좋아하는 꽃은 코스모스
> 이다.
> 나. 어려운 **가운데/중**에, 형언할 수 없는 기쁨과 감사도 느낄
> 수 있다.

(26가)와 (26나)에서의 '중'은 '가운데'처럼 명사 뒤뿐만 아니라, 관형사형 '-ㄴ' 다음에도 나타나 '어떤 일이나 상태가 이루어지는 범위의 안'의 뜻을 표할 수 있다.

> (27) 가. 성적이 중/\***가운데**은 된다.
> 나. 이번 시험 문제의 난이도가 중/\***가운데**은 갈 것이다.
> 다. 티셔츠를 사러 가서 동생은 소, 나는 중/\***가운데**을 샀다.

(27가)와 (27나)에서의 '중'은 '등급, 수준, 차례 따위에서 가운데'의 의미를 나타낸다. '가운데'는 이와 비슷한 의미를 가지지 않기 때문에 '중'과 교체하여 사용하면 해당 문장은 비문이 된다. 마찬가지로 (27다)에서도 '가운데'는 '규모나 크기에 따라 중간의 것'의 의미가 없기 때문에 '중'과 교체하여 사용이 불가능하다.

이상으로 고유어 방위명사 '가운데'와 한자어 방위명사 '중'의 의미 및 용법상의 차이를 고찰하였다. '가운데'와 '중'의 의미 분포를 다음 그림과 같이 나타낼 수 있다.

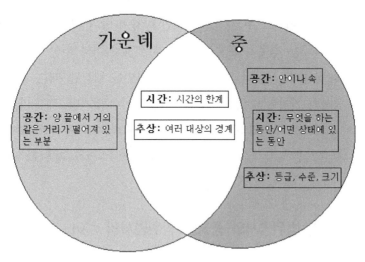

〈그림 23〉 '가운데'와 '중'의 의미 분포

위의 〈그림 23〉을 보면, 고유어 방위명사 '가운데'와 한자어 방위명사 '중'은 서로 시간적 의미와 일부 추상적 의미에서 겹치는 부분이 있는 것으로 보인다. '가운데'와 '중'은 모두 공간적 의미를 가지고 있지만 서로 뜻하는 바가 다르기 때문에 교체하여 사용하기가 어렵다. 시간적 의미는 기간의 범위에 따라 서로 교체하여 사용하는 경우도 있고, 그러지 못하는 경우도 있다. 추상적 의미는 '가운데'와 '중'이 모두 '어떤 시간의 한계를 넘지 않는 동안'과 '추상적 범위의 안'의 의미를 가지고 있기 때문에 서로 교체하여 사용할 수 있다. 그 외에 '중'은 '규모나 크기에 따라 큰 것, 중간 것, 작은 것으로 구분하였을 때에 중간 것'이라는 추상적 의미도 가지고 있다.

지금까지《표준국어대사전》에 실려 있는 뜻풀이를 바탕으로 하여, 한국어 고유어 방위명사와 한자어 방위명사의 의미 차이와 용법 차이를 살펴보았다. 한국어 고유어 방위명사는 공간적 의미, 시간적 의미와 추상적 의미를 모두 가지고 있지만 한자어 방위명사는 공간적 의미를 나타내는 경우가 드물고, 주로 시간적 의미와 추상적 의미를 많이 나타낸다. 시간적 의미와 추상적 의미를 나타낼 때는 고유어 방위명사와 한자어 방위명사가 모두 나타날 수 있지만, 각각 가지고 있는 구체적인 의미와 사용하는 환경이 다르기 때문에, 서로 교체하여 사용할 수 있는 경우도 있고 그렇게 할 수 없는 경우도 있다.

## 2. 한국어 방위명사와 중국어 방위명사의 차이

중국어에서 방향 및 위치를 나타나는 어휘는 方位詞라고 부른다. 《現代漢語辭典》에서는 方位詞를 명사의 부류라고 하고, 방향 및 위치를 나타내는 말이라고 하였다. 중국어 방위사는 단순 방위사와 합성 방위사로 나눌 수 있고, 단순 방위사는 '上, 下, 前, 後, 左, 右, 東, 西, 南, 北, 裏, 外, 中, 內, 間, 旁'등으로 열거할 수 있다. 연구자 가운데에는 중국어 방위사를 명사의 하위 부류로 간주하는 입장도 있고, 독립적인 품사로 인정하는 입장도 있다.[40] 반면에, 한국어 방위명사

---

40) 중국학계의 방위사의 정의와 품사 소속은 다음과 같이 정리할 수 있다.
　　張志公(1955): 명사 중에 방위를 나타내는 낱말
　　鄒韶華(2001): 방위를 나타내는 것
　　劉月華(2005): 방향과 상태의 위치를 표시하는 단어

는 명사의 하위 부류에 속한다는 한 가지 주장밖에 없다. 한국어 방위 명사와 중국어 방위사는 모두 공간적 의미, 시간적 의미와 추상적 의미를 가지고 있다. 한국어 한자어 방위명사는 한편으로 중국어의 영향을 많이 받았기 때문에 의미 및 용법상의 공통점을 많이 찾을 수 있고, 다른 한편으로 한국어와 중국어가 다른 언어 계통에 속하기 때문에 차이점도 많이 발견할 수 있다. 예를 들면, 한국어 고유어 방위 명사 '위'와 중국어 방위명사 '上'은 모두 과거의 시간 의미를 가지고 있지만 '위'는 '현재'를 기준으로 하여, 역사상으로 볼 때 이미 지나간 수백 년 혹은 수천 년이라는 과거 시간으로만 나타나고, '上'은 '上周' 나 '上次'처럼 복합어로 아주 가까운 '지난 주', '지난 번'등의 의미를 가지고 있다. 이처럼 한국어 방위명사와 중국어 방위사는, 물론 공통 점도 많이 있지만, 의미 및 용법상의 차이가 많다. 이 절에서는 한국어 방위명사와 중국어 방위사의 의미를 중심으로 하여, 두 언어에 나타 나는 방위명사의 의미 차이를 자세히 살펴볼 것이다. 중국어 방위사 와 비교하는 데 한국어 고유어 방위명사를 중심으로 진행하지만, 필 요하면 한국어 한자어 방위명사도 언급할 것이다. 또, 중국어 방위사 는 단순 방위사보다 합성 방위사를 더 많이 사용하기 때문에 논의의 필요에 따라 같이 살펴볼 것이다. 먼저 비교 연구를 진행하기 전에 연구 대상을 아래와 같이 선정하였다.

趙元任(1997): 체언중의 위치를 표시하는 단어
郭銳(2002): 위치사, 명사와 같음
劉丹青(2012): 후치사에 속함
朱德熙(2004): 체언 중의 위치를 표시하는 단어

한국어 고유어 방위명사: 위/아래, 앞/뒤, 안/밖, 가운데

중국어 방위사: (단순) 上/下, 前/后, 內/外, 中

(합성): 上/下/前/后/外 + 面/邊, 中間

## 1) '위/아래'와 '上/下'

한국어 고유어 방위명사 '위'와 '아래'가 대응하는 중국어 방위사는 '上'과 '下'이다. 《現代漢語辭典》에는 '上'과 '下'의 의미가 다음과 같이 기술되어 있다.

〈표 29〉 '上'과 '下'의 사전적 의미

| 上 | 下 |
|---|---|
| ① 높은 위치, 높은 쪽<br>예: 桌子上 | ① 낮은 위치, 낮은 쪽<br>예: 床下 |
| ② 명사 뒤에 나타나 물체의 표면<br>예: 地板上 | ② 등급, 품질 따위에서 어떠한 것보다 낮은 쪽<br>예: 下級 |
| ③ 명사 뒤에 나타나 범위의 안<br>예: 火車上 | ③ 시간이나 순서상으로 다음이나 나중<br>예: 下週 |
| ④ 어떤 부분, 분야<br>예: 物理上 | ④ 조건, 영향 따위가 미치는 범위<br>예: 環境下 |
| ⑤ 등급, 품질 따위에서 어떠한 것보다 더 높거나 나은 쪽<br>예: 上等品 | |
| ⑥ 시간이나 순서상으로 앞서는 것<br>예: 上週 | |

《現代漢語辭典》에서 제시된 '上/下'의 뜻풀이를 보면, 중국어 방위사 '上'과 '下'의 의미는 공간적 의미, 시간적 의미와 추상적 의미의

세 가지로 나눌 수 있다. '上'의 의미에서 ①번-③번은 공간적 의미이고, ⑥번은 시간적인 의미이고, ④번과 ⑤번은 추상적인 의미이다. '下'의 의미에서 ③번은 공간적 의미이고, ②번과 ④번은 추상적인 의미이다. 이제부터는 《표준국어대사전》과 《現代漢語辭典》에 제시된 뜻풀이를 바탕으로 '위/아래'와 '上/下'의 의미 차이를 살펴본다.

(1) 공간적 의미

사전의 뜻풀이를 보면, 한국어 방위명사 '위/아래'와 중국어 방위사 '上/下'는 공간적 의미일 때 많은 공통점을 가지고 있다. 예를 들어 '위'와 '上'은 모두 '높은 쪽', '물체의 표면'이라는 뜻을 가지고 있다.

(28) 가. 桌子上(面)有一本書。
    책상 **위**에 책이 한 권 있다.
  나. 山上(面)有一座房子。
    산 **위**에 집 한 채가 있다.
  다. 蟲子在地板**上**爬。
    벌레가 장판 **위**를 기어가고 있다.
  라. 墙**上**有一幅画。
    **벽에** 그림이 하나 걸려 있다.
  마. 打開天花板**上**吊著的電燈。
    천장(위)**에** 매달린 전등을 켰다.

(28가)-(28다)에서의 '上'은 공간적 의미를 나타낸다. (28가)와 (28나)에서의 '上'은 '높은 위치'의 의미로 '어떤 기준보다 더 높은 쪽'을 말하는 것이다. '上'의 이러한 의미는 한국어 방위명사 '위'의 '어떤 기준보다 더 높은 쪽. 또는 사물의 중간 부분보다 더 높은 쪽'과 같다

고 볼 수 있다. (28다)에서의 '上'은 명사 뒤에 나타나 '물체의 표면'을 가리킨다. '위'도 (28다)에서의 한국어 번역문처럼 '어떤 사물의 거죽이나 바닥의 표면' 의미를 가지고 있지만 '上'과 비교하면 사용상의 차이점이 많다. (28다)의 한국어 번역문을 보듯, '호수 위', '바지 위', '장판 위' 등 표현도 있기는 하지만, 한국어에서 '바닥 표면의 위'를 표현할 때는 (28라)의 한국어 번역문처럼 방위명사 '위'보다 격조사 '에'를 더 많이 사용한다. 마찬가지로 (29마)에서의 한국어로의 번역문에서 '표면'의 뜻으로 나타나는 '위'를 사용해도 되지만 일반적으로 한국어에서 '바닥의 표면'을 표현하는 '위'를 사용하지 않고 격조사 '에'로 나타난다.

(29) 가. 爸爸在车上听音乐。
　　　아버지가 차 안에서 음악을 듣고 있다.
　　나. 飛機上發生緊急情況時該怎麼辦？
　　　비행기 안에서 비상상황이 발생했을 때 어떻게 행동해
　　　야 될까?

　(29가)와 (29나)에서의 '上'은 명사 뒤에 나타나 '범위의 안'의 의미를 나타낸다. 하지만 한국어의 '위'는 이와 비슷한 의미를 가지지 않는다. '범위의 안'의 의미는 (29가)와 (29나)의 '차 안'과 '비행기 안'처럼 방위명사 '위'를 사용하지 않고 '안'을 사용해야 표현이 가능하다.
　'上'의 공간적 의미는 '위쪽', '바닥의 표면'과 '범위의 안'의 세 가지로 나누어져 있지만 '上'과 반대로 되어 있는 '下'의 공간적 의미는 '아래쪽'밖에 없다.

(30) 가. 箱子在床下。

　　　박스가 침대 **아래**에 있다.

　　나. 村庄位于山下。

　　　마을이 산 **아래**에 위치해 있다.

　'下'의 공간적 의미는 '아래'의 '어떤 기준보다 낮은 위치'와 같다고 볼 수 있다. (30가)에서의 '床下'는 침대 아내의 의미이고, (30나)에서의 '山下'는 산보다 아래 위치를 말하는 것이다.

　사전에는 언급되어 있지 않지만 '上'과 '下'에는 지면적인 공간과 관련된 의미도 있다. 즉, '上'은 '글 따위에서, 앞에서 밝힌 내용'의 의미가 있고, '下'는 '뒤에서 밝힌 내용'의 의미가 있다.

(31) 가. **上面**說的遊戲規則也是起這個作用。

　　　**위**에서 얘기한 게임의 규칙들도 그러한 역할을 한다.

　　나. 具體內容請參考**下面**。

　　　자세한 내용은 **아래**를 참고하길 바랍니다.

　(31가)과 (31나)를 보면, 지면 공간의 의미일 때 한국어의 '위'와 '아래'는 자립명사로서 나타날 수 있지만 중국어의 '上/下'는 이러한 용법에서 자립명사로서 나타는 것이 아니라, '面'과 결합하여 합성어 '上面'과 '下面'이 되어 지면상에서 먼저 나온 내용과 뒤에 밝힌 내용을 가리킨다.

　(2) 시간적 의미

　'上'과 '下'의 시간적 의미는 대칭적으로 나타난다. 즉, '上'은 '시간이나 순서상으로 앞서는 것'이고, '下'는 '시간이나 순서상으로 다음이나 나중'인 것이다.

(32) 가. 上/下星期　　上/下個月　　上/下學期
　　　　지난/다음 주　지난/다음 달　지난/다음 학기
　　　　上/下半年　　上/下一代
　　　　상/하반년　　전세대/후대
　　나. 上/下次　　上/下回
　　　　지난/다음 번　지난/다음 번

(32) 가. 上/下星期　　上/下個月　　上/下學期
　　　　지난/다음 주　지난/다음 달　지난/다음 학기
　　　　上/下半年　　上/下一代
　　　　상/하반년　　전세대/후대
　　나. 上/下次　　上/下回
　　　　지난/다음 번　지난/다음 번

　　보다시피 '上'과 '下'의 시간적 의미는 자립명사로서 나타날 수 없고, 주로 다른 명사와 결합해서 합성어로 나타난다. (32가)에서의 '上'과 '下'는 '시간에서 앞서는 것과 다음이나 나중'을 가리키는 것이고, (32나)에서의 '上'과 '下'는 '순서에서 앞서는 것과 다음이나 나중'을 말하는 것이다. 한국어 방위명사 '위'는 시간적 의미를 가지고 있지만 '上'과의 용법이 다르다. '위'는 '시간적 순서가 먼저 오는 것'을 의미한다. 즉, '현재'를 기준으로 하여, 역사상으로 볼 때 이미 지나간 수백 년 혹은 수천 년이라는 과거 시간이 '위'이다. 그렇게 때문에 (32가)에서의 '上星期'는 지난 가까운 과거 시간의 의미로 한국어에서 '위주'가 아니라 '지난 주'로 해야 되고, 마찬가지로 '下星期'는 미래 시간을 가리키기 때문에 '하주'가 아니라 '다음 주'로 표현해야 된다. 한편, '위'와 '아래'는 순서와 관련된 의미를 가지지 않기 때문에 한국어에서는 순서도 시간과 같이 '위/아래'를 사용하지 않고 '지난'과 '다음'을 사용하여 표현한다.

(3) 추상적 의미

'上'은 '어떤 부분이나 분야'의 의미를 가지고 있다. '上'의 이러한 의미는 '방면'으로 해석할 수도 있다.

> (33) 가. 在這個問題上我持反對意見。
> 　　　　이 문제에 **대**하여 나는 반대 주장을 가지고 있다.
> 　　　나. 他在物理上很有天賦。
> 　　　　그는 물리**에** 타고난 재질이 있다.

한국어의 '위'는 '어떤 분야'의 의미를 가지지 않기 때문에 (33가)와 (33나)에서의 '問題上'과 '物理上'은 번역문에 나와 있는 것처럼 '에 대하여'를 통하여 표현해야 한다.

등급, 품질과 관련된 의미인 경우 중국어 '上'과 '下'는 대칭적으로 나타난다. 즉, '上'은 '등급, 품질 따위에서 어떠한 것보다 더 높거나 나은 쪽'을 가리키는 것이고, '下'는 '등급, 품질 따위에서 어떠한 것보다 낮은 쪽'을 가리키는 것이다. 한국어 '위/아래'의 경우 자립명사로서 등급, 정도와 관련된 의미를 나타날 수 있으나, 중국어의 '上'과 '下'는 보통 자립명사로서 나타나는 것이 아니라, 다른 명사와 결합하여 합성어로 나타난다. 예를 들면, '上級(상급)', '部下(부하)', '下層(하층)', '上面', '下面' 등이 있다. 한국어 방위명사 '위'와 '아래'도 이와 비슷한 추상적 의미를 가지고 있다. 즉, '위'는 '신분, 지위, 연령, 등급, 정도 따위에서 어떠한 것보다 더 높거나 나은 쪽'을 가리키는 것이고, '아래'는 '신분, 연령, 지위, 정도 따위에서 어떠한 것보다 낮은 쪽'을 말하는 것이다.

(34) 가. 從**上**面的會長 , 到**下**面的職員都一起參加這次修煉會。
　　　 **위**로는 회장에서, **아래**로는 평사원까지 모두 수련회에
　　　 참석했다.
　　나. 他看起來在三十歲**以下**。
　　　 그는 삼십 대 **아래**로 보인다.

(34가)에서의 '上面/下面'은 한국어에서 '지위가 높은 사람/지위가 낮은 사람'과 대응한다. 여기서 '위'는 '신분이나 지위가 더 높은 쪽'을 가리키는 것이고, '아래'는 '더 낮은 쪽'을 말하는 것이다. (34나)의 '以下'는 주로 수량·위치·등급 등에서 '이하'의 뜻으로 나타난다. 해당 한국어에서 '아래'는 '연령의 적은 쪽'을 가리킨다.

(34가)와 (34나)를 보면, '신분, 지위, 연령, 등급, 정도 등'의 의미일 때 한국어 '위/아래'는 자립명사로 나타날 수 있지만 중국어 '上/下'는 보통 단어의 구성요소로서 다른 명사와 결합하여 합성명사로 나타난다.

'下'는 '조건, 영향 따위가 미치는 범위'의 의미도 가지고 있다. '下'의 이러한 의미는 '아래'와 같다고 볼 수 있다.

(35) 가. 他還在父母的保護**下**。
　　　 그는 아직 부모의 보호 **아래**/하에 있다.
　　나. 那件事是在周密地計劃**下**進行的。
　　　 그 일은 치밀한 계획 **아래**/하 진행되었다.

(35가)와 (35나)의 '下'는 한국어로 '아래'로 번역되어 있는데, 고유어뿐 아니라 한자어 '하'도 같은 뜻으로 나타날 수 있다. 앞에서 한자어 '-하'의 접미사 용법을 '조건이나 배경', '통치나 지배'와 '도움과 의지'의 세 가지로 나누어서 논의하였다. '-하'의 이러한 용법은 중국어의 영향을 받기 때문에 '下'의 '조건, 영향 따위가 미치는 범위'의 의미와 많이 유사하다.

(36) 가. 這樣的競爭也不是在所有的環境下進行的。
　　　　이러한 경쟁이 모든 환경하에서도 이루어지는 것은 아니다.
　　나. 在日本統治下，開始了介紹從日本來的加工食品。
　　　　일제 통치하에서는 일본으로부터 가공식품이 소개되기 시작했다.
　　다. 在誰的帶領下，就去了那個連是哪都不知道的地方。
　　　　누군가의 인도하에 그곳이 어디인지도 모르고 갔습니다.

(36가)-(36다)에서의 '環境下-환경하', '統治下-통치하', '帶領下-인도하'는 서로 대응하고, 용법과 의미도 매우 유사한 것으로 보인다. (36가)에서의 '下'는 '조건 및 배경'의 의미로 앞에 '體制', '條件', '餘件', '法規', '計劃'와 '制度' 등 명사가 부가될 수 있다. 마찬가지로, 한국어에서의 한자어 '-하'도 '조건 및 배경'의 의미로 앞에 명사가 부가된다. 예를 들면, '체제', '조건', '여건', '법규', '계획'와 '제도' 등 명사가 '-하'의 앞에 나타날 수 있다. (36나)에서의 '下'는 '통치나 지배'의 의미로 앞에 동사성을 띠는 '管理', '統制', '管轄', '支配', '監視' 등의 명사가 부가된다. 한국어 한자어 '-하'도 '통치나 지배'의 의미로 앞에 동사성을 띠는 '관리', '통제', '관할', '지배', '감시' 등의

명사가 '-하'의 앞에 나타날 수 있다. 마찬가지로 '인도(引導)', '격려(激勵)', '협조(協助)'와 '지원(支援)' 등 동사성을 띠는 명사는 (36다)처럼 '下'와 '-하' 앞에 부가되어 '도움과 의지'의 의미를 나타낸다.

이상으로 중국어 방위사 '上/下'와 한국어 고유어 방위명사 '위/아래'의 의미 차이를 고찰하였다. '上/下'와 '위/아래'에 관련된 의미는 다음 그림과 같이 나타낼 수 있다.

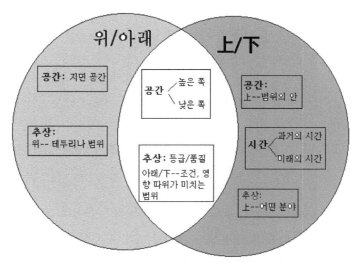

〈그림 24〉 '위/아래'와 '上/下'의 의미 분포

위의 〈그림 24〉를 보면, 한국어 방위명사 '위/아래'와 중국어 방위사 '上/下'는 공간적 의미와 일부 추상적 의미에서 겹치는 부분이 있는 것으로 보인다. '上/下'와 '위/아래'는 공간적 의미 면에서는 비슷하지만 시간적 의미 면에서는 차이가 많다. '上/下'는 가까운 과거 시간과 미래 시간을 가리킬 수 있는 반면 '위/아래'는 이러한 의미를 가지지 않는다. '조건, 영향 따위가 미치는 범위'의 추상적 의미는 '下'와 '아래/하'의 용법이 많이 유사한 것으로 보인다.

## 2) '앞/뒤'와 '前/後'

한국어 고유어 방위명사 '앞'과 '뒤'에 대응하는 중국어 방위사는 '前'과 '後'이다. 《現代漢語辭典》에는 '前'과 '後'의 의미가 다음과 같이 기술되어 있다.

〈**표 30**〉 '前'과 '後'의 사전적 의미

| 前 | 後 |
|---|---|
| ① 정면<br>예: 前面 | ① 뒷면, 뒤쪽<br>예: 後方 |
| ② 순서상으로 앞서는 것<br>예: 前一個 | ② 시간상으로 다음이나 나중<br>예: 後年 |
| ③ 이미 지나간 시간<br>예: 前年 | ③ 순서가 끝이 되는 부분<br>예: 最後 |
| ④ 이전의 경력을 나타내는 말<br>예: 前首相 | |
| ⑤ 어떤 일이 생기기 전의 시간<br>예: 前資本主義 | |
| ⑥ 장차 올 시간<br>예: 前程 | |

《現代漢語辭典》에 제시된 '前/後'의 뜻풀이를 보면, 중국어 방위사 '前'과 '後'의 의미는 공간적 의미와 시간적 의미만 있고, 추상적 의미가 없다. '前'과 '後'는 동일하게 ①번은 공간적 의미이고, 나머지는 모두 시간이나 순서와 관련된 의미이다. 사전에 기술된 '前/後'의 뜻풀이를 보면, 한국어 방위명사 '앞/뒤'와 차이가 많다. 한국어의 '앞/뒤'는

공간적 의미와 시간적 의미뿐만 아니라, 추상적 의미도 가지고 있다. 특히 추상적 의미에서 '뒤'는 은유를 통하여 여러 의미로 전이하였다.

(1) 공간적 의미

'前'과 '後'의 공간적 의미는 대칭적으로 나타난다. 사전에 따르면 '前'은 '정면에 있는 곳'이고, '後'는 '뒷면이나 뒤쪽에 있는 곳'이다. '前/後'의 공간적 의미는 '앞/뒤'와 같다고 볼 수 있다.

(37) 가. 他朝書桌前走去。

그는 책상 **앞**으로 나간다.

나. 我們約好在學校前**面**的十字路口見面。

우리는 학교 앞 네거리에서 만나기로 약속했다.

다. 我向**後**退了一步。

나는 한 발짝 **뒤**로 물러섰다.

라. 房子後**面**有座山。

집 **뒤**에는 산이 있다.

(37가)와 (37나)의 '前'과 '後'는 단순방위사로 공간적 위치의 '앞쪽'과 '뒤쪽'을 표현하고, (37다)와 (37라)의 '前面'과 '後面'은 합성방위사로 공간적 의미를 나타낸다. 한국어에서의 '앞'과 '뒤'도 공간적 의미를 자립명사로서 나타낼 수도 있고, 단어의 구성요소로서 다른 명사와 결합하여 합성어로 나타낼 수도 있다. (37가)-(37라)를 보면, 공간 위치에서 한국어의 '앞'과 '뒤'의 공간적 의미는 중국어 단순방위사 '前'과 '後'뿐만 아니라, '前面'과 '後面' 등의 합성방위사로 해석될 수도 있다.

(2) 시간적 의미

'前'과 '後'의 시간적 의미는 시간과 순서로 나눌 수 있다. '前'은 과거 시간의 의미와 미래 시간의 의미를 모두 가지고 있지만 '後'는 미래 시간의 의미만 있고 과거 시간의 의미는 없다. 하지만 한국어 방위명사 '앞'과 '뒤'는 각각 과거 시간의 의미와 미래 시간의 의미를 모두 가지고 있다.

(38) 가. 他和**從前**沒什麼區別。

　　　　그 사람은 **종전**과 다를 바 없었다.

　　나. **前天**受傷的手腕還是很酸疼。

　　　　**그저께** 다친 손목이 아직도 쑤신다.

　　다. **以後**不管發生什麼事情我也不管了。

　　　　**앞**으로 벌어진 어떤 일에도 나는 신경 쓰지 않겠다.

　　라. 明天 , 最遲**後天**去那。

　　　　내일 아니면 늦어도 **모레**까지 그곳에 가마.

　　마. 此事**前景**堪憂。

　　　　이 일은 **앞날**이 걱정스럽다.

(38가)과 (38나)에서의 '從前'과 '前天'은 합성방위사로 과거 시간의 의미를 나타난다. '從前'은 '지금보다 이전', 즉 '먼 옛날'을 말하는 것이고, '前天'은 가까운 과거 시간을 말하는 것이다. 한국어 '앞'도 과거 시간의 의미를 가지고 있지만 '前'과 용법이 아주 다르다. '從前'과 '前天'은 한국어에 고유어 어휘가 존재하기 때문에 따로 '前'을 사용하여 복합어를 만들지 않는다. 마찬가지로 (38다)와 (38라)의 '以後'와 '後天'은 합성방위사로 미래 시간의 의미를 나타내지만 한국어에서는 단일어 '앞'을 사용하거나 미래 시간의 의미를 가지고 있는 고유어 어휘를 선정하여 '後天'의 의미를 표현한다. 여기서 '뒤'와 '後'

의 차이점이 한 가지 더 발견하였다. 한국어에서의 '뒤'는 미래 시간의 의미를 가질 뿐만 아니라, 과거 시간의 의미로도 사용 가능하지만 '後'는 미래 시간의 의미만 가지고 있다. 반면 '前'은 한국어의 '앞'처럼 과거 시간의 의미와 미래 시간의 의미를 모두 가지고 있다. (38마)에서의 '前景'은 '앞날'의 뜻으로 나타난다. 한국어에서도 '앞'은 단어 구성의 요소로 다른 명사와 결합하여 합성어 '앞날'을 만들어 '앞으로 닥쳐올 날'의 의미를 나타낼 수 있다.

(39) 가. **前**電視台播音員

　　**전** 방송국 아나운서

　　나. **前**資本主義時期

　　**前** 자본주의 시기

(39가)와 (39나)에서의 '前'은 '이전의 경력을 나타내는 말'이다. '前'의 이러한 의미는 한국어에서도 찾을 수 있다. 한국어에서 한자어 '전'은 관형사로서 직함이나 자격을 뜻하는 명사 앞에 쓰여 이전의 경력을 나타낼 수 있다. '전 대통령', '전 서울 시장', '전 대학 총장' 등으로 예를 들 수 있다.

(40) 가. 老人啪啪地拍了一下坐在他**前面**的年輕人的肩膀。

　　노인이 **앞**에 앉은 젊은이의 어깨를 툭툭 쳤다.

　　나. 他好像畢業**後**也在學習。

　　그는 졸업 **뒤/후**에도 계속 공부한 모양이다.

(40가)에서의 '前面'은 합성방위사로 '차례나 열에서 앞서는 것'의 의미를 나타나고, (40나)에서의 '後'는 '순서상으로 다음이나 나중'을

말하는 것이다. '後'는 단순방위사로 순서를 나타낼 수 있지만, '後面'
처럼 합성방위사로 순서의 의미를 표현할 수도 있다. 한국어 방위명
사 '앞/뒤'도 순서의 의미를 가지고 있기 때문에 이러한 의미에서 '前/
後'와 용법이 같다고 볼 수 있다. 특히(40나)의 한국어 번역문을 보면
한국어에서 '순서상으로 다음이나 나중'의 의미는 고유어 '뒤'와 한자
어 '후'를 같이 사용할 수 있다.

　한국어에서 '앞'과 '뒤'는 공간적 의미와 시간적 의미뿐만 아니라
추상적 의미도 가지고 있다. 특히 '뒤'의 추상적 의미는 몇 가지로
다시 세분할 수 있다. '前/後'는 이와 달리 추상적 의미를 활발하게
나타내지 않는다.

　이상으로 한국어 방위명사 '앞/뒤'와 중국어 방위사 '前/後'의 의미
차이를 고찰하였다. '앞/뒤'와 '前/後'의 의미 분포를 다음 그림과 같이
나타낼 수 있다.

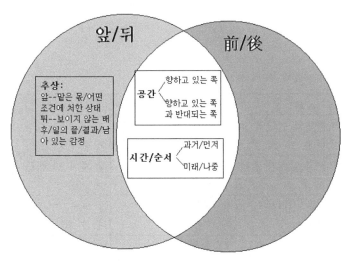

〈그림 25〉 '앞/뒤'와 '前/後'의 의미 분포

위의 〈그림 25〉를 보면, 한국어 방위명사 '앞/뒤'와 중국어 방위사 '前/後'는 공간적 의미와 시간적 의미가 겹치는 것으로 보인다. '앞/뒤' 와 '前/後'의 공간적 의미는 서로 일치한다고 볼 수 있다. 즉, '앞'과 '前'은 '향하고 있는 방향과 반대되는 쪽이나 곳'을 가리키고, '뒤'와 '後'는 '향하고 있는 방향과 반대되는 쪽이나 곳'을 말하는 것이다. '앞'과 '뒤'는 공간적 의미, 시간적 의미와 추상적 의미를 모두 가지고 있지만 '前/後'는 공간적 의미와 시간적 의미만 있다. 시간적 의미의 '앞과 '뒤'는 양쪽 모두 과거와 미래의 의미를 함께 가지고 있지만 중국어 '前/後'는 이와 달라서 '前'에는 과거의 의미만 있고, '後'에는 미래의 의미만 있다.

## 3) '안/밖'과 '內(裏)/外'

한국어 고유어 방위명사 '안'과 '밖'에 대응하는 중국어 방위사는 '內'와 '外'이다. 《現代漢語辭典》에는 '內'와 '外'의 의미가 다음과 같 이 기술되어 있다.

〈표 31〉 '內/裏'와 '外'의 사전적 의미

| 內 | 裏 | 外 |
|---|---|---|
| ① 안, '外'의 반대말<br>예: 公司內 | ① 내부, '外'의 반대말<br>예: 電影院裡 | ① '內'의 반대말<br>예: 公司外 |
| ② 아내 혹은 처가 친척<br>예: 內人 | ② 거주하는 곳<br>예: 故里 | ② 자기 편 아닌 것<br>예: 外族 |
| ③ 가깝게 지내다<br>예: 內君子 | ③ 계량 단위<br>예: 一里 | ③ 외국<br>예: 外國 |
| | ④ 의류의 속<br>예: 被里 | ④ 모계 혈족 관계<br>예: 外婆 |

| 內 | 裏 | 外 |
|---|---|---|
| | | ⑤ 장인 장모<br>예: 外父 |
| | | ⑥ 남편<br>예: 外子 |
| | | ⑦ 친하지 않은 사람<br>예: 外人 |

《現代漢語辭典》에 제시된 '內(裏)/外'의 뜻풀이를 보면, 중국어 방위사 '內(裏)'와 '外' 의 의미는 공간적 의미와 추상적 의미만 있고, 시간적 의미를 가지지 않는다. '안'/'밖'과 동일하게 ①번은 공간적 의미이고, 나머지는 모두 추상적 의미라고 볼 수 있다. 사전에 '內'의 시간적 의미는 언급하고 있지 않지만, 실제로 '內'는 한국어 방위명사 '안'처럼 시간적 의미도 나타낼 수 있다. '裏'는 '내부'의 뜻으로 주로 공간적 의미로 많이 사용된다. '外'의 추상적 의미는 '사람'과 관련된 의미를 많이 나타내기 때문에 한국어의 '밖'에 비하여 의미가 많이 전이되었다고 볼 수 있다. 사전에는 '內/外'의 범위나 한계의 의미가 실려 있지 않지만 한국어 '안/밖'과 동일하게 '일정한 표준이나 한계'에 관한 의미도 가지고 있다.

(1) 공간적 의미

'內(裏)/外'의 공간적 의미는 '안/밖'과 비슷하다. 즉, '內'는 '어떤 물체나 공간의 둘러싸인 가에서 가운데로 향한 쪽'을 가리키고, '外'는 '어떤 선이나 금을 넘어선 쪽'이나 '무엇에 의하여 둘러싸이지 않은 공간'을 말하는 것이다. '裏'의 의미는 '內'와 비슷하지만 중국어에서는 공간의 내부를 가리킬 때 '內'보다 '裏'를 더 많이 사용한다.

(41) 가. 電影院內/裏不能吸煙。

극장 **안**에서 흡연하면 안 된다.

나. 他沒進屋，就在**門外**打了招呼就走了。

그는 대문 안으로 들어오지 않고 **밖**에서만 인사를 하고
가 버렸다.

다. 去**外面**玩吧。

**밖**에 나가서 놀아라.

 

　(41가)의 '內'는 한국어의 '안'처럼 '어떤 공간의 내부'를 말하는
것이다. 하지만, 중국어에서는 어떤 공간의 '안'이나 '내부'를 기술할
때 '內'보다 '裏'를 더 많이 사용한다. '內'는 문어체에서 많이 사용되
고, '裏'는 구어체에서 많이 사용되는 것으로 보인다. 예를 들면, '학교
의 안'은 '學校裏'라고 하고, '방의 안'은 '房間裏'라고 한다. (41나)의
'門外'는 '문을 넘어서는 구역'을 말하는 것이고, (41다)의 '外面'은
'무엇에 의하여 둘러싸이지 않은 공간'을 의미한다. (41다)처럼 '內/裏
/外'는 자립명사로서 공간적 의미를 나타낼 수 있지만 다른 명사와
결합하여 '內部', '裏邊', '外面' 등 합성방위명사로서 공간적 의미를
나타낼 수도 있다.

 

　(2) 시간적 의미

　사전에는 '內'의 시간적 의미가 기재되어 있지 않지만, '內'는 시간
적 의미인 '일정한 시간적 범위의 안'의 뜻을 나타낼 수 있다. 반면,
'外'는 시간과 관련된 의미를 잘 나타내지 않는다.

 

(42) 가. 一個小時**內**得把這些題做完。

한 시간 **안/내**에 문제를 다 풀어야 한다.

나. 這個星期之**內**得還給圖書館。

이번 주 **안/내**에 도서관에 반납해야겠다.


(42가)와 (42나)에서의 '內'는 한정된 시간의 의미를 나타낸다. '內'의 이러한 용법은 한국어 '안'의 의미와 같다고 볼 수 있다. 한국어 고유어 '안'뿐만 아니라 한자어 '내'도 '內'처럼 한정된 시간적 표현으로 나타날 수 있다. 예를 들면, '이번주 내', '오늘 내' 등이 있다.


(3) 추상적 의미

사전에 따르면, '內/外'는 사람과 관련된 추상적 의미를 많이 가진다.


(43) 가. **內**人/**內**弟

　　　**안**사람/처남

　　나. **內**君子而**外**小人

　　　겸손하고 고상한 사람과 가까이 지내고, 비열한 사람과

　　　멀리 지낸다.

　　다. **內行/外行**

　　　(어떠한 사정이나 일에 대하여) 능숙한 사람, 전문가/문

　　　외한, 비전문가

　　라. **外**婆/**外**公

　　　외할머니/외할아버지

　　마. **外**人

　　　타인, 모르는 사람


(43가)의 '內'는 '아내 혹은 처가 친척'의 의미를 나타난다. 한국어에서의 '안'은 '아내'의 의미도 갖기 때문에 '內'의 이러한 의미는 '안'과 같다고 볼 수 있다. 하지만 '內'는 '처가 친척'의 의미까지 확장하였

지만 '안'은 비슷한 의미가 없고, 대신에 '아내'뿐만 아니라, '집안의 여자'의 뜻으로 나타나기도 한다. '안노인(老人)', '안주인(主人)', '안사돈(査頓)' 등으로 예를 들 수 있다. 마찬가지로 한국어에서 '밖'은 '집안의 남자'를 의미하며 '바깥노인(老人)', '바깥주인(主人)', '바깥사돈(査頓)' 등을 많이 찾을 수 있지만 중국어에서 '外'는 '남편'의 의미만 가지고 있다. (43나)에서의 '內'와 '외'는 '가깝다'와 '멀다'의 의미를 나타내지만 한국어의 '안/밖'은 이러한 의미를 가지지 않는다. (43다)의 '內行'과 '外行'은 각각 '어떤 분야의 전문가와 비전문가'의 의미를 나타내지만 한국어에서의 '안/밖'은 이러한 의미를 가지지 않는다. (43라)에서의 '外'는 '모계 혈족 관계를 가지는 사람'을 의미를 나타낸다. 한국어에서도 이와 비슷한 용법이 있지만 고유어 '밖'을 사용하지 않고, 한자어 '외'를 사용하고 있다. 예를 들면, '외할머니', '외할아버지' 등이 있다. (43마)에서의 '外'는 '타인이나 모르는 사람'의 의미도 가지고 있지만 한국어에서의 '밖'은 이와 비슷한 용법이 보이지 않는다.

사전에 실려 있는 '內/外'의 뜻풀이 외에도, '內'는 '일정한 표준이나 한계를 넘지 않은 정도'의 의미를 나타낼 수 있고, '外'는 '일정한 한도나 범위에 들지 않는 나머지 다른 부분이나 일'의 의미를 나타낸다.

(44) 가. 怎麼才能在預算內吃得健康？
   예산 내에서 어떻게 건강하게 먹을 수 있을까?
 나. 半徑兩米內什麼都沒有。
   반경 2 미터 안에는 아무도 없다.
 다. 意料之外，事情變得很複雜。
   예상 밖으로 일이 복잡해졌다.

라. 這是我能力範圍**之外**的事。

　　내 능력 **밖**의 일이다.

(44가)-(44라)를 보면, '內/外'도 한국어의 '안/밖'처럼 그릇은유를
통하여 범위와 관련된 의미를 가지고 있다.

이상으로 중국어 방위사 '內(裏)/外'와 한국어 고유어 방위명사 '안/
밖'의 의미 차이를 고찰하였다. '內(裏)/外'와 '안/밖'의 의미 분포를
다음 그림과 같이 나타낼 수 있다.

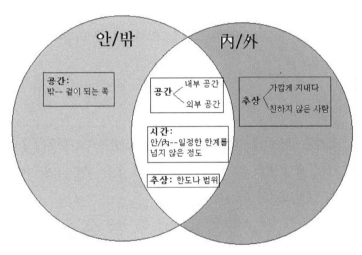

〈그림 26〉 '안/밖'과 '內/外'의 의미 분포

위의 〈그림 26〉을 보면, 한국어 방위명사 '안/밖'과 중국어 방위사
'內/外'의 의미는 공간적 의미, 시간적 의미, 일부 추상적 의미에서
겹치는 것으로 보인다. '안/밖'과 '內/外'의 공간적 의미는 유사하다고
볼 수 있다. 즉, '안'과 '內'는 '일정한 범위의 안'이고, '밖'과 '外'는
'무엇에 의하여 둘러싸이지 않은 공간'이다. 시간적 의미의 '안'과 '內'

는 '정해진 시간적 범위를 넘지 않은 정도'의 의미를 가지고 있지만 '밖'과 '外'는 이와 반대되는 시간적 의미를 표현하지 않는다. 추상적 의미의 '안/밖'과 '內/外'는 모두 한도나 범위를 가지고 있고, 특히 중국어 방위사 '內'와 '外'는 각각 '가깝게 지내다'와 '친하지 않은 사람'의 의미도 가지고 있다.

## 4) '가운데'와 '中'

한국어의 '가운데'가 대응하는 중국어의 방위사는 '中'이다. 《現代漢語辭典》의 '中'의 해석은 '가운데'와 많은 차이가 있는 것으로 보인다. 먼저 《現代漢語辭典》에는 '中'의 의미가 다음과 같이 기술되어 있다.

中:

① 일정한 공간이나 길이를 갖는 사물에서, 한쪽으로 치우치지 않고 양 끝에서 거의 같은 거리가 떨어져 있는 부분. (예: 中心)

② 일정한 범위의 안. (예: 房中)

③ 규모나 크기에 따라 큰 것, 중간 것, 작은 것으로 구분하였을 때에 중간 것을 이르는 말. (예:中間)

④ 무엇을 하는 동안. (예: 研究中)

⑤ 중국. (예: 中國)

《現代漢語辭典》에 제시된 '中'의 뜻풀이를 보면, '中'은 공간적 의미2만 있고, 시간적 의미를 가지고 있지 않다. 이 점은 한국어의 '가운데'와 비슷하다. ①-③번은 공간적 의미이고, 나머지는 ④-⑥번은 추상적 의미라고 볼 수 있다. '中'의 의미는 '가운데'와는 차이가 많지만 한자어 '중'과는 공통점이 많다. 특히 한국어의 '중'은 문법화 과정을 거쳐 '무엇을 하는 동안'이나 '어떤 상태에 있는 동안'의 의미를 가진 다는 점에서 중국어 '中'과 용법이 같다고 볼 수 있다.

(1) 공간적 의미

(45) 가. 江**中**有一艘船。

강 **가운데** 배가 떠 있다

나. 一起用的物品放在桌子**中間**。

함께 쓰는 물건은 책상 **가운데**에 놓아라.

다. 並排的三個大樓**中間**的最高。

나란히 늘어선 세 건물 중 **가운데** 건물이 가장 높다.

(45가)와 (45나)에서의 '中'과 '中間'은 각각 단순방위사와 합성방위사로서 공간적 의미를 나타낸다. '中'과 '中間'의 이러한 의미는 '가운데'와 같다. (45가)에서의 '江中'은 '일정한 범위의 안'의 의미로, 즉 '강의 가운데'로 해석할 수 있다. (45나)에서의 '中間'은 '한가운데'나 '한복판'의 의미이지만 (45다)에서의 '中間'은 '양쪽의 사이'의 의미를 나타낸다. 이처럼 '中'의 공간적 의미는 한국어의 '가운데'와 비교하면 많은 공통점을 가지고 있다고 할 수 있다.

(2) 추상적 의미

'中'의 '일정한 범위의 안'의 의미는 공간뿐만 아니라, 추상적 의미도 있다.

(46) 가. 你們**當中**誰的個子最高？

너희 **중**에 누가 제일 키가 크냐?

나. 買T恤，弟弟買了小號，我買了**中號**。

티셔츠를 사러 가서 동생은 소, 나는 **중**을 샀다.

다. 他在困難的處境**中**也幫助別人。

그는 어려운 **가운데**서도 남을 돕는다.

라. 他到現在還在研究**中**。

그는 아직도 연구 **중**이다.


(46가)-(46라)에서의 '中'은 추상적 의미를 나타낸다. (46가)에서의 '當中'은 합성방위사로서 범위의 의미를 나타낸다. (46나)에서의 '中號'도 합성방위사로서 크기와 관련된 의미이다. (46다)에서의 '中'은 한국어의 '가운데'처럼 '어떤 일이나 상태가 이루어지는 범위의 안'의 의미를 나타낸다. (46라)에서의 '中'은 '무엇을 하는 동안'의 의미로 한국어의 '중'의 용법과 비슷하다. 하지만 한국어의 '중'은 '무엇을 하는 동안'의 의미뿐만 아니라, '어떤 상태에 있는 동안'의 의미도 가지고 있다. 예를 들어 '임신 중', '수감 중', '재학 중' 등이 있다. 하지만 중국어 '中'은 '어떤 상태에 있는 동안'의 의미로는 아직 많이 받아들여지지 않는다. 그 외에 한국어에서의 '중'은 '무엇을 하는 동안'의 의미로 사용되는 범위가 넓지만 중국어의 '中'은 그렇지 못하다. 예를 들면, 한국어에서는 '수업 중', '근무 중', '수업 중', '회의 중', '식사 중' 등으로 '하다'와 결합할 수 있는 명사가 거의 다 '중'과 결합하여 '무엇을 하는 동안'을 의미를 나타낼 수 있지만, 중국어에서 '上課中', '上班中', '會議中', '吃飯中'은 다 문법에 어긋나는 말이다. 이처럼 중국어에서 '중'의 '무엇을 하는 동안'의 의미는 많은 제약을

받는다.

이상으로 '中'과 '가운데'의 의미 차이를 고찰하였다. '가운데'와 '中'의 의미 분포를 다음 그림과 같이 나타낼 수 있다.

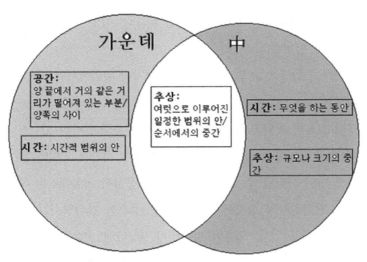

〈그림 27〉 '가운데'와 '中'의 의미 분포

위의 〈그림 27〉을 보면, 한국어 방위명사 '가운데'와 중국어 방위사 '中'은 일부 추상적 의미만 겹치는 것으로 보인다. 즉, '여럿으로 이루어진 일정한 범위의 안'이나 '순서에서의 중간'의 의미일 때 '가운데'와 '中'이 모두 나타날 수 있다. 중국어 방위사 '중'은 자립명사로서 공간적 의미를 나타내지 않고, 주로 합성방위사로 나타나 '가운데'처럼 '양 끝에서 거의 같은 거리가 떨어져 있는 부분'의 의미를 나타낸다. '가운데'와 '중'은 둘 다 시간적 의미를 나타낼 수 있지만 각각 가지고 있는 의미가 다르다.

이상으로《現代漢語辭典》에 실려 있는 뜻풀이를 바탕으로 하여,

중국어 방위사와 한국어 방위명사의 의미 차이를 살펴보았다. 한국어 방위명사와 중국어 방위사는 모두 공간적 의미, 시간적 의미와 추상적 의미를 가지고 있다. 특히 한국어 한자어 방위명사는 중국어의 영향을 많이 받아 의미상으로 볼 때 많은 공통점을 찾을 수 있고, 또 한국어와 중국어는 각각 다른 언어 계통에 속해 있기 때문에 차이점도 많이 발견할 수 있다.

지금까지 한국어 고유어 방위명사와 한자어 방위명사의 의미 차이, 그리고 한국어 방위명사와 중국어 방위사의 의미 차이를 살펴보았다. 한국어 고유어 방위명사, 한자어 방위명사와 중국어 방위사는 기본적인 공간의 의미에서 출발하여, 은유를 통하여 시간적 의미와 추상적 의미도 많이 나타낼 수 있게 되었다. 먼저 공간적 의미에서는 한국어 고유어 방위명사와 한자어 방위명사 중 고유어 방위명사가 비중을 많이 차지하고 있다. 고유어 방위명사 '위/아래', '앞/뒤', '안/밖'과 '가운데'는 모두 공간적 의미를 가지고 있지만, 한자어 방위명사는 '상/하', '전/후', '내/외'와 '중'에서 '내'와 '중'만 공간적 의미를 나타낼 수 있다. 시간적 의미에서도 '위'는 '시간적 순서가 앞에 오는 것'의 의미를 가지고 있지만 '아래'는 시간과 관련된 의미가 없다. 한자어 '상/하'도 시간적 의미를 나타낼 수가 없다. '앞'과 '뒤'는 각각 과거의 시간과 미래의 시간을 모두 가지고 있지만 한자어는 '전'은 과거 시간의 의미, '후'는 미래 시간의 의미만 나타낼 수 있다. '안'과 '가운데'의 시간적 의미는 과거와 미래와 관련된 것이 아니라, 일정한 시간적 범위의 의미를 나타낸다. 추상적 의미는 고유어 방위명사와 한자어 방위명사가 각각 다양한 의미를 가지고 있다. 한국어 한자어 방위명사뿐만 아니라, 고유어 방위명사도 중국어의 영향을 많이 받기 때문에 한국어 방위명사와 중국어 방위사는 서로 많은 연관이 있다고 볼 수 있다. 한국어의 '위/아래', '앞/뒤', '안/밖', 와 '가운데'는 자립명사로서 공간, 시간과 추상적 의미를 나타내지만 중국어의 '上/下', '前/後', '內外', '中'은 단순방위사보다 '上面/下面'과 '前邊/後邊'처럼 합성방위사로 나타내는 경우가 더 많다. 공간적 의미로는 '위/아래', '앞/뒤', '안/밖', '가운데'와 '上/下', '前/後', '內外', '中'이 서로 대등한 의미를 가지고 있지만 시간적 의미와 추상적 의미는 많은 차이점이 있다. '上/下'는 다른 명사와 결합하여 합성명사로서 가까운 과거의 시간과 미래의 시간을 가리킬 수 있지만 '위/아래'는 이와 비슷한 의미를 가지지 않는다. '안'과 '가운데'는 일정한 시간적 범위의 의미를 나타날 수 있지만 중국어에서는 '內'만 이러한 용법이 있고 '中'은 없다. 추상적 의미는 한국어의 방위명사가 중국어의 영향을 받아 많은 공통점을 찾을 수 있다. 예를 들면, '아래'와 '下'는 '보호 아래서'와 '保護下''처럼 둘 다 '조건, 영향 따위가 미치는 범위'의 의미를 가지고 있다.

제5장

# 결 론

이 책은 현대 한국어에서 공간 개념을 나타나는 방위명사를 대상으로, 방위명사의 의미를 살펴보았고, 고유어 방위명사와 한자어 방위명사의 의미 차이를 밝히고 중국어 방위명사와 대조하여 한·중 방위명사의 공통점과 차이점도 논의하였다.

이 책에서 논의된 내용을 정리하면 다음과 같은 결론을 내릴 수 있다.

먼저 한국어는 영어처럼 고유한 공간 위치, 절대적 공간 위치, 상대적 공간 위치와 같은 방위 표현 형식을 모두 사용한다. 영어 등의 서구어에서는 공간 위치를 주로 전치사를 사용하여 표현하지만 한국어는 서구어와 달리 '상하', '전후', '내외' 등의 공간적 위치 및 방향을 명사를 사용하여 표현한다. 예를 들면, '위'는 '어떤 기준보다 더 높은 쪽'을 가리키고, '아래'는 '어떤 기준보다 낮은 위치'를 말하는 것이다. 한국어에서 공간적 개념을 나타내는 방위명사는 '위/아래'와 같은 고유어뿐만 아니라, '상/하'와 같은 한자어도 존재한다.

둘째, '위'와 '아래/밑'의 기본적 의미는 수직차원에서 일정한 기준을 중심으로 그 기준보다 위치가 높음과 낮음을 지시한다. X와 Y의 구체적인 위치 형태에 따라 서로 접촉된 상태와 분리된 상태로 나눌 수가 있고, X가 Y의 한 부분을 포괄하기도 한다. '위/아래'는 공간적 의미 외에 은유와 문법화 과정을 거쳐 시간적 의미와 추상적 의미도 가지고 있다. 추상적 의미는 Lakoff and Johnson(1980)의 '위/아래'에 대한 영상도식의 분류를 바탕으로 한국어에 적용하여 다시 네 가지로 분류할 수 있다. '앞/뒤'는 일반적으로 '앞'이 '향하고 있는 쪽이나 곳', '뒤'가 '향하고 있는 방향과 반대되는 쪽이나 곳'을 가리킨다. 참조물 Y가 사람이나 사물로 된 경우에는 '앞/뒤'가 자연스럽게 정해져 있기 때문에 쉽게 구분이 되지만 그 자체가 '앞'과 '뒤'가 정해져 있지 않을 경우에는 발화자의 상황 인식과 대상물이 가지고 있는 특성에 따라 '앞'과 '뒤'를 다르게 구분한다. 시간적 의미의 경우 '앞/뒤'는 시간과 관련된 사건이 일어나는 선후의 순서의 의미도 가지고 있다. 시간적 의미와 관련하여 '앞'은 '과거, 미리, 먼저, 지난 것'을 나타내고, '뒤'는 '미래, 나중, 다음, 다가올 것'을 나타낸다. 추상적 의미의 경우, '앞'은 공간적 의미에서 전이된 것이 많지만 '뒤'는 시간적 의미에서 전이된 것이 더 많다. '안(속)/밖'을 보면, 공간적 의미의 '안/밖'은 공간이나 선과 관련이 있기 때문에 내외 공간관계를 크게 입체 공간, 수평 공간과 선 공간의 세 가지로 나눌 수 있다. '안'과 '밖'은 모두 한도와 관련된 의미를 가지고 있지만 시간적 범위에서는 '안'만 나타날 수 있고, '밖'은 불가능한 것으로 보인다. '안/밖'의 추상적 의미는 존재은유를 도입하여 알아볼 수 있는데, 범위와 한도와 관한 의미에서 출발하여 사람 신체와 사회적 규범 등을 그릇으로 인식하는

'몸은 그릇', '서적은 그릇', '지역은 그릇', '조직은 그릇', '규칙은 그릇', '눈은 그릇' 등으로 나눌 수 있다. '속'과 '안'은 비슷한 의미를 가지고 있고 둘이 가리키는 영역에 겹치는 부분도 있지만 '속'은 '어떤 물체의 가운데 공간'의 의미 외에 '한 물체의 깊숙이 안'의 의미도 가지고 있다. '속'은 한도의 의미가 없기 때문에 시간적 의미를 가지지 못하지만 추상적 의미는 '안'처럼 다양하게 나타난다. '가운데'도 '안' 처럼 범위와 관련된 의미를 가지고 있다.

셋째, 한자어 방위명사 '상/하', '전/후', '내'/'외', '중'은 공간적 의미, 시간적 의미, 추상적 의미를 모두 가지지 않는다. 특히 한자어 방위명사는 공간적 의미로 많이 사용되지 않는다. 사전에는 '상/하'의 공간적 의미가 실려 있지만 실제 '상'과 '하'는 자립명사로서는 공간적 의미를 잘 나타내지 않고, 주로 단어의 구성요소로서 다른 명사와 결합하여 합성어로 공간적 의미를 나타낸다. 추상적 의미로는 '상'과 '하'가 자립명사로 나타날 수도 있고, 일부 한자어 명사와 결합하여 '사유, 처지, 조건' 따위의 뜻으로 나타날 수도 있다. '-상/하'는 접미사로 앞에 오는 명사와 결합하여 문장에서 관형어와 부사어의 두 가지 용법으로 나타난다. 관형어와 부사어로 나타나는 'N+ 상/하'뒤에 '의, 로, 에, 에서' 등 다양한 격조사가 결합될 수 있다. '전'과 '후'는 자립명사로서 시간 및 순서와 관련된 의미를 나타낼 수도 있고, 단어 구성의 요소로 다른 명사와 결합하여 합성어로 그런 의미를 나타낼 수도 있다. 특히 '전'은 명사뿐만 아니라, 관형사로서도 시간 및 순서의 의미를 가지고 있다. '내'와 '외'는 공간적 범위와 관련된 의미를 자립명사 신분으로 나타낼 수도 있고, 단어구성의 제1 요소와 제2 요소로서 복합어로 나타날 수도 있다.

넷째, 고유어 방위명사와 한자어 방위명사는 모두 공간적 의미, 시간적 의미, 추상적 의미를 가지고 있지만 의미상의 차이점이 많이 나타난다. '위/아래'와 '상/하' 중에 '상/하'는 공간적 의미를 잘 나타내지 않는다. 추상적 의미에서도 '상/하'보다 '위/아래'가 의미 확장의 영역이 더 폭넓다. '앞/뒤'는 공간적 의미, 시간적 의미와 추상적 의미를 모두 가지고 있고, 특히 의미 확장이 사람 신체부터 조건까지 전이하였다. 이와 반대로, '전/후'는 시간적 의미만 가지고 있기 때문에 의미의 확장이 많이 제한된다. '안'과 '내'는 공간적 의미로는 보통 '안'을 사용하는 것이 더 자연스럽다. 반면에 '밖'은 공간적 의미를 폭넓게 사용할 수 있지만 '외'는 공간적 의미를 나타낼 수 없다. 설정된 시간의 범위나 '일정한 표준이나 한계를 넘지 않은 정도'의 의미로는 '안'과 '내'가 모두 사용 가능하지만 '밖'과 '외'는 서로 교체하여 사용할 수가 없다. '가운데'와 '중'은 공간적 의미에서 각각 뜻하는 바가 다르기 때문에 서로 교체하여 사용하기가 어렵다. 반면에 시간적 의미와 추상적 의미에서 '가운데'와 '중'은 모두 '어떤 시간의 한계를 넘지 않는 동안'과 '추상적 범위의 안'의 의미를 가지고 있기 때문에 서로 교체하여 사용할 수 있다.

다섯째, 중국어 방위사와 한국어 방위명사의 의미 차이도 많이 발견하였다. '上/下'와 '위/아래'는 공간적 의미로는 비슷하다고 볼 수 있지만 시간적 의미는 많은 차이가 나타난다. 특히 '上/下'는 가까운 과거 시간과 미래 시간을 가리킬 수 있는 반면에 '위/아래'는 이러한 의미가 없다. 추상적 의미의 '上/下'와 '위/아래'는 모두 등급을 매기는 데 쓰일 수 있지만 용법이 완전히 다르다. '前/後'는 '앞/뒤'와 달리 공간적 의미와 시간적 의미만 있다. '內/外'는 사전에 공간적 의미와 추상적 의미만 실려 있지만 시간적 의미도 나타날 수 있다. '內/外'의 시간적 의미와 추상적 의미가 은유와 밀접한 관련이 있다는 점에서 '안/밖'과 많은 공통점이 있다고 볼 수 있다. '中'과 '가운데'는 많은 공통점을 가지고 있고, 특히 한자어 '중'의 용법과도 비슷하다고 볼 수 있다.

마지막으로 이 책의 미흡한 부분은 다음과 같다.

첫째, 이 책은 한국어 한자어 방위명사의 의미뿐만 아니라, 형태·통사적 특징을 살펴보았다. 그러나 한국어 고유어 방위명사의 형태·통사적 특징은 고찰하지 못하였다. 선행연구에는 고유어 방위명사의 형태적 특징과 관련된 논의가 나와 있지만, 이를 바탕으로 고유어 방위명사의 형태 및 통사적 특징을 더 찾아볼 필요가 있다.

둘째, 방위명사의 비교와 관련된 내용에서 특히 중국어 방위사와 한국어 방위명사의 의미 및 용법상의 비교를 더 모색할 필요가 있다.

# 참고문헌

## I. 논저류

고영근·구본관(2008),《우리말 문법론》, 집문당.

고영근(1980), 국어 진행상 형태의 처소론적 해석,《어학연구》16-1, 41-56, 서울대학교 어학연구소.

고영근(1981), 중세국어 시상과 서법에 대한 연구, 서울대학교 박사학위논문.

구종남(2003), 국어 부정극어의 유형,《국어문학》38, 5-27, 국어문학회.

권경원(1999), 개념적 은유에 관한 연구,《언어연구》15, 3-23, 한국언어연구회.

김건희(2009), '밖에'의 의미와 형태,《어문학》104, 103-140, 한국어문학회.

김기수(1993), 은유의 인지적 연구, 경북대학교 박사학위논문.

김기수(1994), 관용적 은유의 인지적 연구,《인문사회과학연구》1, 세명대학교.

김미현(2002), 다의성에 관한 언어학적 고찰, 숙명여자대학교 석사학위논문.

김보경(2000), 한국어 신체어의 은유와 환유, 상명대학교 석사학위논문.

김상기(2002), 은유와 인지과학,《언어과학연구》22, 49-66, 언어과학회.

김선희(1987), 현대국어의 시간어 연구, 연세대학교 박사학위논문.

김선희(1988), 공간어와 시간적 의미, 《목원어문학》 7, 5-34, 목원대학교 국어교육과.

김성일(1995), 은유의 의미론적 분석, 경북대학교 박사학위논문.

김억조(2009), 국어 차원 형용사의 의미 대립 연구, 경북대학교 박사학위논문.

김영일(2000), 개념적 은유 구조 분석에 관한 연구, 한남대학교 석사학위논문.

김은영(2011), 方位詞에 나타난 文化적 含意, 성균관대학교 석사학위논문.

김은혜(2001), 현대국어 합성명사류의 의미 연구: 은유 표현을 중심으로, 서울대학교 석사학위논문.

김종도(2003), 《은유의 세계》, 한국문화사.

김주식(2002), 공간 개념어의 인지적 의미 분석, 《동양대학교논문집》 8-1, 185-203, 동양대학교.

김주식(2003), 다의성의 내적구조 연구, 《언어과학연구》 25, 23-44, 언어과학학회.

김중현(2001), 국어 공감각 표현의 인지언어학 연구, 《담화와 인지》 8-2, 23-46, 담화·인지언어학회.

김진도(1999), 공간어휘에서의 의미적 대립 관계, 《중원인문논총》 20, 21-40, 건국대학교 동화와 번역 연구소.

김진우(1999), 《인지언어학의 이해》, 한국문화사.

김태헌(2001), 은유의 신체적 경험과 문화와의 관련성 연구: 정서은유를 중심으로, 계명대학교 박사학위논문.

김한샘(2006), 말뭉치에 기반한 공간 명사의 의미 변화 연구, 《반교어문연구》 21, 159-186, 반교어문학회.

나익주(1995), 은유의 신체적 근거, 《담화와 인지》 1, 187-214, 담화·인지언어학회.

남승호(1998), 한국어 부정극어의 유형과 그 허가조건, 《언어학》 22, 217-244, 한국언어학회.

노재민(2009), 공간어에 관한 인지의미론적 연구, 충북대학교 박사학위논문.

민현식(1990), 공간어와 시간어의 상관성(Ⅰ), 《국어학》 20, 47-71, 국어학회.

민현식(1991), 공간어와 시간어의 상관성(Ⅱ), 《국어학의 새로운 인식과 전개》, 836-860, 민음사.

민현식(1998), 시간어의 낱말밭, 《한글》 240·241, 323-354, 한글학회.

박경현(1986), 現代國語의 空間概念語 硏究 : 上下, 前後, 左右, 內外, 順位關係語를 中心으로, 명지대학교 박사학위논문.

박기숙(1999), 현대 중국어 방위사의 공간계통 연구: '상'형과 '裏'형을 중심으로, 《중국어문논역총간》 4, 113-130, 중국어문논역학회.

박민수(2006), 현대중국어의 "前˙后˙上˙下" 호환연구, 《比較文化硏究》 10-1, 21-43, 경희대학교비교문화연구소.

박민수(2009), 한국어와 중국어 방위사 '前, 後, 上, 下'의 비교분석, 《비교문화연구》 13, 29-40, 경희대학교 비교문화연구소.

박승윤(1997), '밖에'의 문법화 현상, 《언어》 22-1, 57-70, 한국언어학회.

박영수(1994), 개념적 시간과 문법적 시제, 《현대문법연구》 5-1, 1-28, 현대문법학회.

박영순(2004), 《한국어 의미론》, 고려대학교 출판부.

박정구(2000), 중국어 허화의 원리와 조건, 《중국언어연구》 10-1, 1-41, 한국중국 언어학회.

박지영(1996), '겉, 바깥, 속, 안'의 의미 분석: 복합어 구성을 중심으로, 경북대학교 교육대학원 석사학위논문.

박지영(2014), 현대중국어 방위사 '裏'와 '中'의 의미 특징과 문법화 연구, 이화여자대학교 박사학위논문.

박지영(2014), 현대중국어 방위사 '中'의 의미 특징과 문법화 연구, 《한국

중국어교육학회 학술대회》 11, 101-108, 한국중국어교육학회.

배승호(1996), 은유와 화용론적 접근,《어문학》 57, 109-125, 한국어문학회.

백석원(1997), 현대국어 공간지각어의 의미연구, 국민대학교 석사학위논문.

범기혜(2004), 위치어 '앞', '뒤', '전', '후'의 의미론적 고찰,《관악어문연구》 29, 213-238, 서울대학교 국어국문학과.

서은(2004), 공간어에 나타나는 개념적 은유 연구, 이화여자대학교 석사학위논문.

손평효(2012),《공간말 '앞'과 '뒤'의 연구》, 박이정.

손평효(2012a), 공간말 '위', '아래'의 의미,《한국어 의미학》 39, 291-317, 한국어 의미학회.

손평효(2012b), 공간말 '앞'과 '뒤'의 의미와 복합어 구성 연구, 부산대학교 박사학위 논문.

손평효(2013), '앞/뒤'와 '위/아래'의 비교 연구,《人文論叢》 31, 131-158, 경남대학교 인문과학연구소.

송원용(1998), 활용형의 단어형성 참여 방식에 대한 연구, 서울대학교 석사학위논문.

신경선(2008), 試論'NP上'表方所的用法及其偏誤分析,《중국어문학논집》 49, 195-210, 중국어문학연구회.

신은경(2005), 국어 공간어의 의미 변화 연구: 위치 어휘를 중심으로, 고려대학교 박사학위논문.

악호염(2013), 한중 공간 개념어 대조연구, 경희대학교 석사학위논문.

안주호(1997),《한국어 명사의 문법화 현상 연구》, 한국문화사.

안주호(2001), 한국어 문법화와 역문법화 현상,《담화와 인지》 8-2, 23-40, 담화·인지언어학회.

엄순천(2011), 러시아어 공간전치사 B의 공간적 원형의미 및 의미 분포 양상 분석,《유럽사회문화》 7, 70-91, 연세대학교 유럽사회문화연구소.

연승하(2013), 현대중국어 ‘上/下’의 은유의미 분석, 고려대학교 석사학위
논문.

올가 쉐스탁(Olga Shestak)(2002), 한국어 위치표시 어휘의 통사·의미론
적 연구, 한국학중앙연구원, 석사학위논문.

요시모토 하지메(吉本一)(1997), 한국어의 시간 인식과 표현,《우리말 연
구》7, 235-268, 우리말학회.

요시모토 하지메(吉本一)(1998), 한국어의 시간 전후 표현,《우리말 연구》
8, 우리말학회.

요시모토 하지메(吉本一)(1999), 공간어와 시간어,《일본어문학》8,
147-179, 일본어문학회.

요시모토 하지메(吉本一)(1999), 시간 표현의 인지 언어학적 연구, 부산대
학교 박사학위논문.

요시모토 하지메(吉本一)(2003), 신체어에 의한 시간 표현,《우리말 연구》
13, 67-91, 우리말학회.

유성은(2005), 중국어의 時間과 공간 개념 표현에 관한 一考,《중국어문학
논집》33, 111-128, 중국어문학연구회.

유성은(2006), 中國語와 韓國語의 空間槪念 隱喩에 關한 一考,《동아인문
학》9, 299-319, 동아인문학회.

유수경(2014), ‘上’, ‘上面’, ‘上邊’의 어법특성 비교,《한국중어중문학회
2014연도 추계연합학술대회 논문집》.

유현경(2007), ‘속’과 ‘안’의 의미 연구: 결합 관계를 중심으로,《한글》276,
133-154, 한글학회.

윤석만(2000), 도식의 개념과 언어 연구- 개론적 고찰,《외국어교육연구논
집》14, 103-12, 한국외대 외국어연구소.

윤평현(2008),《국어의미론》, 역락.

이건환(1998), 의미확장에 있어서 도식의 역할,《담화와 인지》5-2,
81-100, 담화·인지언어학회.

이경(1996), 韓中 '內外'方位詞的對比硏究, 한국외국어대학교 석사학위 논문.

이성하(1998),《문법화의 이해》, 한국문화사.

이수련(1991), 공간의 인지론적 해석,《새얼어문논집》10, 313-338, 동의대 학교 국어국문학과 새얼어문학회.

이수련(2005),《한국어와 인지》, 박이정.

이정식(2002), 국어 다의 발생의 양상과 원인, 고려대학교 박사학위논문.

이정애(1996), {안/밖/속/겉}의 의미 연구,《한국언어문학》37, 153-169, 한국언어문학회.

이종열(2001), 환유와 은유의 인지적 상관성에 관한 연구,《언어과학연구》 19, 169-190, 언어과학회.

이지양(2003), 문법화의 이론과 국어의 문법화,《정신문화연구》26-3, 211-239, 한국학중앙연구원.

임소영(1988), 한국어 시간어의 언어학적 분석: 형식과 의미 유형을 중심 으로, 상명대학교 석사학위논문.

임지룡(1980), 국어에 있어서의 시간과 공간의 개념,《국어교육연구》 12-1, 111-126, 국어교육학회.

임지룡(1984), 공간감각어의 의미특성,《배달말》9, 119-137, 배달말학회.

임지룡(1991), 국어의 기초어휘에 대한 연구,《국어교육연구》23, 87-131, 경북대학교 사범대학 국어교육연구회.

임지룡(1995a), 은유의 인지적 의미특성,《한국학논집》22, 157-176, 계명 대학교 한국학연구소.

임지룡(1995b), 환유의 인지적 의미특성,《국어교육연구》27, 223-254, 경 북대학교 사범대학 국어교육연구회.

임지룡(1996b), 의미의 인지모형에 대하여,《어문학》57, 321-340, 한국어 문학회.

임지룡(1997),《인지의미론》, 탑출판사.

임지룡(1999), 감정의 생리적 반응에 대한 언어화 양상,《담화와 인지》

6-2, 89-117, 담화·인지언어학회.

임지룡(2000), '화'의 개념화 양상,《언어》 25-4, 693-721, 한국언어학회.

임지룡(2002a), 기본 감정표현의 은유화 양상 연구,《한국어학》 17, 135-162, 한국어학회

임지룡(2002b), 시간의 개념화 양상,《어문학》 77, 201-222, 한국어문학회.

임지룡(2008),《의미의 인지언어학적 탐색》, 한국문화사.

임혜원(2004),《공간 개념의 은유적 확장》, 한국문화사.

장가영(2014), 현대중국어 공간척도사의 의미와 개념화 연구, 서울대학교 박사학위논문.

전수태(1996), 공간 개념어의 반의 구조,《한어문교육》 4, 389-421, 한국언어문화 교육학회.

전수태(1997),《국어 반의어의 의미 구조》, 박이정.

정경숙(1989), 공간말과 시간말의 의미론적 상관성,《국어국문학》26, 부산대학교 국어국문학과.

정규태(1996), 은유 이해의 인지적 요소에 관한 연구, 고려대학교 석사학위논문.

정수진(2010), 국어 공간어의 의미 확장 연구, 경북대학교 박사학위논문.

정영혜(1997), 국어의 접두사화 연구, 동아대학교 석사학위논문.

정정승(2002), 시간과 공간의 은유적 표현,《언어과학연구》 22, 221-242, 언어과학회.

정현애(2013), 시간의 공간은유 한(韓),중(中) 대조: 한국어 앞/뒤와 중국어 전(前)/후(後)를 중심으로,《중국언어연구》 49, 129-158, 한국중국 언어학회.

조남호(1998), 내외 개념어의 변천사,《국어 어휘의 기반과 역사》, 태학사.

홍달오(2011), 국어 공간어의 시간 개념화 양상 연구, 중앙대학교 박사학위논문.

최경화(2010), 현대중국어 '下'의 의미변천과 어법특징 연구, 연세대학교 박사석위논문.

최지영(2005), '在....上下' 형식의 어법 특성 연구, 성균관대학교 석사학위 논문.

홍수아(2008), 現代 漢語 空間名詞와 方位詞 硏究, 성균관대학교 석사학위논문.

홍종선(1992), 한국어 위치어의 연구,《홍익어문》10, 459-473, 홍익대학교 사범대학 홍익어문연구회.

崔健(1995), 韓漢'內外'槪念的表達對比, 延邊大學出版社.

崔健(1999), 韓漢方位隱喩對比, 延邊大學學報.

鄧芳(2006), 方爲結構"X中/里/內"的比較硏究, 暨南大學碩士論文.

董海燕(2004), 朝漢空間槪念的隱喩對比, 延邊大學碩士論文.

董志翹(2012), 表示過程、狀態持續的"中"及其來源,《日本硏究》13, 63-80, 부산대학교 일본문제연구소.

金海燕(2011), 韓漢空間維度詞的對比分析, 延邊大學碩士論文.

靳雅殊(2003), "東西南北"與方位文化, 延邊大學碩士論文.

李艶華(2006), 韓漢方位詞對比, 延邊大學 碩士學位論文.

朴珉秀(2005), 現代漢語方位詞'前, 後, 上, 下'硏究, 復旦大學.

張大紅(2004), 方位詞'上', '中', '下'的綜合考察及認知解釋, 華中師範大學.

趙紅梅(2011), 朝漢語空間指示對比, 延邊大學碩士論文.

Barcelona, A.(2000), *Metaphor and Metonymy at the Crossroads, Berlin*, New York: Mouton de Gruyter.

Fillmore, C. J.(1975a), *Santa Cruz Lectures on Deixis*, University of California, Berkeley.

Fillmore, C. J.(1982), *Frama Semantics. In The Linguistic Society of Korea*, Linguistics in the Morning Calm, Seoul: Hanshin Publishing.

Heine, et. al(1991), *Grammaticalization*, The University of Chicago Press.

Hill, C. A.(1978), *Linguistic representation of spatial and temporal orientation*, BLS 4, 524-538.

Hill, C. A.(1991), *Recherches interlinguistiques en oritentation spatiale*, Communications 53, 171-207.

Lakoff, G. & M, Johnson.(1980), *Metaphors We Live By*, University of Chicago Press.

Taylor, J. R.(1989), *Linguistic Cateorization: Prototypes in Linguistic Theory*, Oxford: Clarendon Press.

## II. 사전류

국립국어연구원 편(1999), 《표준국어대사전》, 두산동아.

고려대학교민족문화연구원(2009), 《고려대 한국어대사전》

한글학회 지음(1992), 《우리말 큰사전》, 어문각.

중국사회과학원 언어연구소 (2012), 《現代漢語辭典》, 북경상무인서관.

| 지은이 소개 |

**곽휘**郭輝
중국 연변대학교 한국어학과 학사
한국 서울대학교 국어국문학과 석사
한국 서울대학교 국어국문학과 박사

현 중국 廣東外語外貿大學南國商學院 한국어학과 조교수로 재직 중이며 한국
어 문법과 언어유형론에 관심을 가져 이와 관련된 논문들을 써 오고 있다.
논문「중국어 형용사의 언어유형론적 특징― 한국어와 대비를 중심으로 ―」,
「한국 한자어 '전/후'와 중국어 '前/後'에 대한 의미 비교」 등이 있다.

# 현대 한국어 방위명사 연구

초판 인쇄  2023년 12월 15일
초판 발행  2023년 12월 31일

지 은 이 | 곽휘
펴 낸 이 | 하운근
펴 낸 곳 | 學古房

주     소 | 경기도 고양시 덕양구 통일로 140 삼송테크노밸리 A동 B224
전     화 | (02)353-9908 편집부(02)356-9903
팩     스 | (02)6959-8234
홈페이지 | http://hakgobang.co.kr/
전자우편 | hakgobang@naver.com, hakgobang@chol.com
등록번호 | 제311-1994-000001호

ISBN 979-11-6995-471-6  93700

**값 : 27,000원**

■ 파본은 교환해 드립니다.